名古屋市博物館編

# 豊臣秀吉文書集 一

永禄八年～
天正十一年

吉川弘文館 刊行

# はしがき

日本の近世社会形成に重要な役割を果たした豊臣秀吉が発給した文書の数は、一個人の発給としては日本随一の数を誇る。その内容は、織田信長家臣の時代に始まり、関白・太閤となり、慶長三年（一五九八）に没するまでの秀吉の一生を物語るとともに、日本史の転換期となった安土桃山時代を解き明かす基本史料であることは言を俟たない。

これまで、多くの先学がこの膨大な秀吉発給文書の収集に取り組み、いくつかの文書集が編集され、歴史研究の手がかりとなってきた。しかしながら、数千にのぼる秀吉文書が日本各地に所在するため全貌の把握も困難で、全文書の集大成には程遠い状況にあった。その点、織田信長・徳川家康の発給文書が一九七〇年代までにほぼ集成され、文書集という形でその後の研究の出発点になっていることと著しい対照をなしている。

幸いなことに、近年、各自治体史においては地域関連の文書調査が進められ、博物館等の展示では各地域に伝わる秀吉文書が続々と紹介されている。また、所蔵機関による史料集の刊行やインターネット等による画像公開が進んだことにより、これまで以上に秀吉文書に接することができるようになった。

本書は、三鬼清一郎編『豊臣秀吉文書目録』（一九八九年）を出発点とし、原文書・写・編纂史料などの形で残された秀吉文書の総体を、編年の形で提示するものである。目録発行後に確認された補遺文書や新発見文書を加え、第一巻校了時点で確認できた秀吉文書の数は七千通に及ばんとし、『豊臣秀吉文書目録』の段階から千通余も増加している。地域や伝来主体をこえて、全国に所在する秀吉文書を経時的・相関的に通覧することで、新たな秀吉像や政権論に結びつき、研究者だけでなく、より多くの人々が秀吉文書に触れる機会となることを願うものである。

本書の編集にあたっては、二〇一二年度より名古屋市博物館に編集委員会と事務局を設置し、構想と討論を重ね、本書のように第一巻の内容を取りまとめた。釈文・年代比定はもちろん、人名・地名等についても編集会議で意見が分かれる点がある。諸賢の厳しいご批判を賜るとともに、第二巻以降、秀吉の行動範囲が全国に及ぶにつれ、それぞれの地域や専門テーマの研究者各位のご協力をお願いする次第である。

最後に、本書の刊行にあたり、多くの所蔵者・所蔵機関に文書の閲覧や情報提供をいただきました。深く感謝いたします。

二〇一五年一月

名古屋市博物館『豊臣秀吉文書集』編集委員会

# 凡　例

一　第一巻には、豊臣秀吉発給文書のうち、天正十一年までの発給と判断される文書を年代順に収録し、年次未確定ながら天正十年六月二日（本能寺の変）までの発給と判断される文書を巻末に日付順で収録した。なお、第二巻には、年次未確定文書のうち、天正十三年七月十一日（関白任官）までの発給と判断される文書を収録する予定である。

一　文書には通し番号を付し、文書ごとに文書標題・出典・文書本文の順に並べた。原文書以外の写・記録等に拠る場合は標題に写と表記した。東京大学史料編纂所の影写本・写真帳・レクチグラフ等は原文書と同様に扱った。木製の制札は標題の下に（木札）と記した。

一　収録にあたり、原文書・影印本・写本等との照合を行い、本文の照合に用いたものを原則として出典に表記した。原蔵者に伝わる文書等に拠る場合は「○○文書」で記し、それ以外の所蔵にかかる場合は文書標題に続けて現所蔵者名を記した。書籍に所収されている写真または活字に拠る場合は、書籍名を『　』で示した。東京大学史料編纂所の影写本・謄写本・写真帳・写本に拠る場合は、「　」による資料名表記に続き、分類を東大史影写・東大史謄写・東大史写真・東大史写本と記した。

一　文書本文の表記は、概ね左記の基準に拠った。

（1）　字体は原則として常用漢字および通用漢字を用いた。

（2）　写本や活字本にある返り点やふりがなは、原則として省略した。

（3）　官途・名乗・署判・脇付の位置は、適宜統一を行った。宛名の高さは、月日との相対的位置に配置した。

（4）原文書にある花押は（花押）、朱印は（朱印）、写本等に書写された花押は（花押影）、朱印は（朱印影）と表記した。

（5）無年号文書のうち年代比定可能な文書については、（　）で推定年等を示した。

（6）本文中の地名・人名注や説明・校訂注には（　）を用いた。推定によるものは（〇〇ヵ）と付した。

（7）内容に検討を要するものには各本文末にその旨を付した。

（8）脱字の場合は（〇脱）を付し、推定の場合は（〇脱ヵ）を付した。

（9）原文のままで理解しがたい部分には（ママ）を付した。

（10）欠損または判読不能であるが、その文字が推定可能な場合は、□□□〔　〕、その字数が推定可能な場合は、□□□、その字数が推定不可能な場合は□で示した。

（11）史料が前欠の場合は（前欠）、後欠の場合は（後欠）で示した。

（12）文字が抹消されている場合は、左傍にミセケチの印（ミ）を付した。

（13）本文以外の部分、あるいは異筆などの部分には「　」を付し、それぞれ（端裏書）・（ウワ書）・（異筆）などと傍注した。

# 目　次


はしがき
凡　例

**永禄八年（一五六五）**
一　坪内喜大郎宛判物写　永禄八年十一月二日……1

**永禄九年（一五六六）**
二　福富平左衛門他宛書状写　永禄九年九月二十五日……1

**永禄十一年（一五六八）**
三　佐々平太他宛連署状　（永禄十一年）六月十日……2
四　松永弾正少弼宛連署状　（永禄十一年）十二月十六日……2

**永禄十二年（一五六九）**
五　新庄他名主百姓中宛連署状写　永禄十二年四月十六日……3
六　立入左京亮宛連署状　（永禄十二年）四月十六日……3
七　梶又左衛門宛連署状　（永禄十二年）四月十六日……3
八　広野孫三郎宛連署状　（永禄十二年）四月十六日……4
九　治部助宛連署状　（永禄十二年四月十）六日……4
一〇　宇津右近大夫宛連署状　（永禄十二年）四月十八日……5
一一　宇佐美民部少輔宛書状写　永禄十二年五月九日……5
一二　東寺雑掌宛書状　（永禄十二年）閏五月二十五日……5
一三　東寺所々散在名主百姓中宛判物　（永禄十二年）閏五月二十五日……6
一四　西蓮坊宛書状写　（永禄十二年）九月六日……6
一五　芝薬師阿弥陀寺宛連署状　（永禄十二年）十月九日……6
一六　当地名主百姓中宛書状　（永禄十二年）十一月十九日……6
一七　徳勝軒分百姓中宛書状写　（永禄十二年）十一月二十九日……7
一八　当所名主百姓中宛書状　（永禄十二年）十一月晦日……7

## 元亀元年（一五七〇） 四月二十三日改元

一九 小早川左衛門佐宛書状 （永禄十三年）三月十八日……8
二〇 大住庄三ケ村名主御百性中宛連署状 永禄十三年三月二十二日……8
二一 大住庄名主御百姓同小作中宛連署状 （永禄十三年）三月二十八日……9
二二 賀茂庄中宛連署状 （永禄十三年）四月十四日……9
二三 昨夢斎宛書状 （元亀元年）六月四日……9
二四 竹生島惣中宛判物 元亀元年七月二十五日……10
二五 東寺領上久世名衆百性中宛書状写 元亀元年八月十九日……10
二六 大津近松寺内顕証寺宛書状 （元亀元年）十月二十日……10
二七 河島周善宛書状 （元亀元年カ）十月二十五日……10
二八 竹田政所宛書状写 （元亀元年）十一月十一日……11
二九 立入左京進宛書状 （元亀元年）十一月十一日……11
三〇 本興寺寺内惣中宛書状 （元亀元年）十一月十五日……11
三一 伊源入宛書状 （元亀元年）十一月二十日……11
三二 相楽庄蔵方中宛書状 （元亀元年）十一月二十日……12
三三 木津春松宛連署状写 （元亀元年）十一月二十三日……12
三四 賀茂郷銭主方并惣中宛書状 （元亀元年）十一月二十五日……12
三五 久徳左近兵衛尉宛書状 （元亀元年）十一月二十五日……12
三六 広隆寺御同宿中宛書状 （元亀元年）十二月二日……13
三七 蜂須賀彦右衛門宛自筆書状 （元亀元年）十二月二十七日……13

## 元亀二年（一五七一）

三八 小早川左衛門佐宛連署状 （元亀二年）四月十一日……14
三九 徳山右衛門尉他宛書状 （元亀二年）五月十一日……14
四〇 幡枝他郷中宛書状 （元亀二年カ）六月十三日……14
四一 観世小次郎宛書状 （元亀二年）七月十三日……15
四二 山城大住庄名主御百姓中宛連署状 （元亀二年）七月二十日……15
四三 曽我兵庫頭宛書状写 （元亀二年）十一月十九日……16
四四 賀茂郷銭主方并惣中宛書状写 （元亀二年）十一月二十五日……16
四五 沼田弥七郎宛書状写 （元亀二年）十二月二日……16
四六 賀茂御役者中宛書状 （元亀二年）十二月二十二日……17
四七 城州狭山郷名主百姓中宛判物 （元亀二年）十二月二十三日……17

## 元亀三年（一五七二）

四八 紹悦公宛書状 （元亀三年）四月二十一日……18
四九 長福寺役者御中宛書状 （元亀三年）五月六日……18
五〇 西院之内妙智院領百姓中宛連署状 （元亀三年）九月

二十日……18
五一　上平寺惣中宛書状　(元亀三年)十月五日……19
五二　御牧勘兵衛宛書状　(元亀三年ヵ)十月十三日……19
五三　大徳寺各御中宛連署状　(元亀三年)十一月二日……19
五四　松尾社家神方中宛書状　元亀三年十二月三日……19
五五　某宛連署状　(元亀三年)十二月六日……20
五六　松室三宛書状　(元亀三年)十二月十七日……20
五七　松尾社中宛書状　(元亀三年)十二月二十五日……20

**天正元年（一五七三）　七月二十八日改元**

五八　遊佐勘解由左衛門宛書状写　(元亀四年ヵ)五月十七日……21
五九　大山崎惣中宛書状　(元亀四年)七月二十日……21
六〇　古橋郷名主百姓中宛判物　(天正元年)八月十一日……22
六一　矢野備後守宛書状　(天正元年)八月二十二日……22
六二　織田大明神寺家中宛連署状写　天正元年八月二十八日……22
六三　織田大明神寺中門前宛禁制　天正元年八月日……23
六四　橘屋三郎五郎宛連署状　(天正元年)九月五日……23
六五　安居三河守宛連署状　(天正元年)九月六日……23
六六　小早川宛連署状　(天正元年)九月七日……24
六七　毛利宛書状　(天正元年)九月七日……24
六八　宝慶寺宛連署寺領宛行状　(天正元年)九月九日……24
六九　徳山次郎右衛門宛連署知行目録写　天正元年九月十八日……25
七〇　湊瀧谷寺宛連署寺領宛行状　(天正元年)九月十九日……25
七一　大徳寺宛書状　(天正元年)九月二十一日……25
七二　小早川左衛門佐宛書状　(天正元年)十月十二日……26
七三　小早川左衛門佐宛連署状　(天正元年)十一月七日……26
七四　浅野弥兵衛尉宛知行宛行状　天正元年十二月吉日……26
七五　春木衆一宛知行宛行状写　天正元年十二月吉日……27
七六　樋口源四郎宛知行宛行状写　天正元年十二月吉日……27
七七　真野左近宛知行宛行状　天正元年十二月吉日……27

**天正二年（一五七四）**

七八　竹生島寺家中宛書状　(天正二年)正月二十三日……28
七九　西福寺并櫛川宛判物　(天正二年)正月二十五日……28
八〇　龍巌院宛寺領寄進状　天正二年二月十八日……28
八一　八幡宛社領宛行状　天正二年二月二十日……28
八二　飯福寺惣中宛書状写　天正二年二月二十一日……28
八三　在々所々定写　天正二年三月十九日……29
八四　在所掟之事写　天正二年三月二十二日……29
八五　三田村郷名主百姓中宛判物　天正二年三月二十六日……29
八六　石道寺上坊御坊中宛書状写　天正二年五月九日……30
八七　丹後若狭舟手御人数中宛書状　(天正二年)五月二十日……30
八八　平方名主百性中宛判物　(天正二年)六月六日……30
八九　下八木地下人中宛判物　(天正二年)六月八日……31
九〇　唐川他百姓中宛判物　(天正二年)七月十六日……31

九一　高田専修寺他宛書状　（天正二年）七月二十日……31
九二　上部大夫宛寄進状　天正二年八月一日……32
九三　今井権六宛書状　（天正二年）八月十七日……32
九四　浅倉宛書状　（天正二年）八月十八日……32
九五　関四郎宛書状　（天正二年）八月二十五日……32
九六　国友藤二郎宛知行宛行状　天正二年八月吉日……33
九七　久賀宛書状　（天正二年）九月八日……33
九八　浅野弥兵衛宛領知宛行状　天正二年九月十一日……33
九九　竹生島衆中宛寺領寄進状　天正二年九月十一日……34
一〇〇　樋口源四郎宛知行宛行状写　天正二年九月十一日……34
一〇一　加納広之介宛知行宛行状　天正二年十月七日……34
一〇二　根来寺御在陣衆中宛連署状　（天正二年）十月二十日……34
一〇三　こほ宛書状　（天正二年）十月二十二日……35
一〇四　国友藤二郎宛書状　天正二年十月二十九日……35
一〇五　誉田八幡社家中宛連署状　天正二年十月二十九日……36
一〇六　和州西京薬師寺宛書状　（天正二年）十一月十七日……36
一〇七　大神宮宮司宛書状　（天正二年）閏十一月十日……36
一〇八　某宛書状　（天正二年）閏十一月十六日……37

**天正三年**（一五七五）

一〇九　小早川宛連署状　（天正三年）四月七日……37
一一〇　伏見惣中宛連署状　（天正三年）四月八日……38
一一一　堅田猪飼野甚助宛書状　（天正三年）六月十九日……38
一一二　京三条町伊藤与左衛門尉宛書状　（天正三年）六月十九日……38
一一三　瀧川左近宛書状　（天正三年）六月十九日……38
一一四　宮田喜八郎宛知行宛行状　天正三年七月二十六日……39
一一五　西草野鍛冶共宛判物　（天正三年ヵ）七月二十八日……39
一一六　公文所法眼宛書状　（天正三年）八月五日……39
一一七　畳指中宛判物　天正三年八月七日……40
一一八　加藤隼人佐宛書状写　（天正三年）八月十二日……40
一一九　佐治覚内宛領知宛行状　天正三年十月七日……40
一二〇　小出甚左衛門尉宛書状　（天正三年ヵ）十一月二十四日……40

**天正四年**（一五七六）

一二一　堀久太郎宛書状　（天正四年）正月十七日……41
一二二　小早川左衛門佐宛書状　（天正四年）正月十九日……41
一二三　観音寺惣坊中宛判物　天正四年二月十八日……42
一二四　野瀬太郎左衛門尉宛書状　（天正四年ヵ）二月二十六日……42
一二五　吉川駿河守宛書状　（天正四年）三月四日……42
一二六　吉川駿河守宛連署状　（天正四年）三月四日……43
一二七　徳雲軒宛書状　（天正四年ヵ）三月九日……43
一二八　小早川左衛門佐宛書状　（天正四年）四月一日……43
一二九　医王寺侍者御中宛寺領寄進状　天正四年十月十五日……43
一三〇　長浜知善院宛寄進状写　天正四年十月二十二日……44
一三一　卜真他宛書状　（天正四年ヵ）十月晦日……44

一三二　一柳菅左衛門他宛書状　天正四年十一月二十九日……44
一三三　竹生島奉加帳　（天正四年）……45

## 天正五年（一五七七）

一三四　鞍蒔絵自筆注文　天正五年正月……46
一三五　諸福庄福蘇庵宛判物　天正五年二月二日……46
一三六　伊部郷百姓中宛判物　天正五年四月十日……46
一三七　小田井中宛禁制写　天正五年五月日……46
一三八　天主手伝衆自筆人数書　天正五年六月五日……47
一三九　小寺官兵衛尉宛書状　（天正五年）六月二十三日……47
一四〇　小寺官兵衛宛自筆書状　（天正五年）七月二十三日……47
一四一　伊藤与左衛門宛請取状　天正五年閏七月十七日……48
一四二　永寿寺宛判物写　天正五年九月二日……48
一四三　浅野弥兵衛宛切手写　天正五年九月三日……48
一四四　小出甚左衛門尉宛切手　天正五年九月十二日……49
一四五　小寺官兵衛宛条々　天正五年十月十五日……49
一四六　江見九郎次郎宛書状　（天正五年）十月二十六日……49
一四七　三吉五郎左衛門尉他宛書状　（天正五年）十月二十六日……50
一四八　但州室尾寺宛禁制（木札）　天正五年十一月九日……50
一四九　新免弾正左衛門尉宛判物　（天正五年）十一月二十二日……50
一五〇　新免弾正左衛門尉宛書状　（天正五年ヵ）十一月二十六日……50
一五一　所付欠禁制　天正五年十一月二十八日……51
一五二　下村玄蕃助宛書状　（天正五年）十二月五日……51
一五三　網干郷宛禁制　天正五年十二月六日……52
一五四　別所孫右衛門他宛自筆書状　天正五年十二月十日……52
一五五　神主惣中宛社領宛行状　天正五年十二月十七日……52

## 天正六年（一五七八）

一五六　生駒甚介宛書状写　天正六年正月二日……53
一五七　江見九郎次郎宛書状　（天正六年）正月十八日……53
一五八　某宛判物　（天正六年）正月二十日……54
一五九　その辺与三郎宛請取状　天正六年正月二十一日……54
一六〇　地下人中宛書状　（天正六年）二月二十一日……54
一六一　藤井新右衛門宛判物　（天正六年ヵ）二月二十一日……54
一六二　江見九郎次郎宛知行宛行状　（天正六年）三月十三日……54
一六三　中島吉衛門尉他宛知行宛行状　天正六年三月十五日……55
一六四　広峰社宛禁制写　天正六年三月二十日……55
一六五　戸田宛禁制　天正六年三月二十五日……55
一六六　志方庄宛禁制　天正六年三月二十九日……56
一六七　石峰寺宛禁制写　天正六年三月二十九日……56
一六八　福成寺広原谷中宛禁制　（天正六年）三月晦日……56
一六九　小寺官兵衛宛書状　（天正六年）四月二日……56
一七〇　瀧川彦二郎宛書状　（天正六年）五月七日……57

一七一 山名宛条々写 天正六年五月十六日……57
一七二 福屋彦太郎宛書状 （天正六年）六月二十四日……57
一七三 新免弾正左衛門宛書状 （天正六年）七月十六日……57
一七四 中権六宛書状 （天正六年）七月二十二日……58
一七五 網干弥兵衛留主中宛判物 （天正六年ヵ）八月十三日……59
一七六 高田長左衛門尉他宛書状 （天正六年）九月十五日……59
一七七 伊藤与左衛門宛自筆切手 天正六年九月二十三日……59
一七八 小寺藤兵衛尉宛知行宛行状 天正六年十月二日……59
一七九 樋口彦助宛書状写 天正六年十月二十二日……60
一八〇 小寺休夢斎宛書状写 （天正六年）十一月十一日……60
一八一 神照寺惣中宛寺領宛行状 天正六年十二月十七日……60
一八二 所付欠禁制写 天正六年十二月十七日……61
一八三 所付欠禁制写 天正六年十二月十七日……61
一八四 摂州有馬郡名塩村宛禁制 天正六年十二月日……61

## 天正七年（一五七九）

一八五 軍勢注文 天正七年正月八日……62
一八六 浅野弥兵衛宛知行宛行状 天正七年正月十一日……62
一八七 赤松左京大夫宛書状写 （天正七年）正月十九日……62
一八八 上部大夫宛書状 天正七年二月三日……63
一八九 石川杢兵衛宛切手 天正七年二月五日……63
一九〇 鳥居安芸守他宛書状 （天正七年）二月二十三日……63
一九一 矢部善七他宛書状写 （天正七年）三月二十八日……63
一九二 湯山阿弥陀堂宛寺領宛行状 天正七年四月五日……64
一九三 藤右衛門宛切手 天正七年五月十四日……64
一九四 八幡宮舎那院宛寺領寄進状 天正七年五月十五日……64
一九五 隠岐安右衛門宛書状写 天正七年五月二十二日……64
一九六 中川瀬兵衛尉宛起請文 （天正七年）六月五日……65
一九七 一牛斎宛自筆書状 （天正七年）六月十八日……65
一九八 亀井新十郎宛書状 （天正七年）六月二十七日……65
一九九 淡川市庭宛掟条々（木札） 天正七年六月二十八日……66
二〇〇 丹生寺舟井坊宛判物 天正七年七月十七日……66
二〇一 湯山中宛書状写 （天正七年ヵ）七月二十四日……66
二〇二 瀧川彦二郎宛書状 （天正七年）九月十二日……67
二〇三 垣屋源三郎宛書状 （天正七年）九月十七日……67
二〇四 谷甚太郎宛朱印状写 天正七年九月二十八日……67
二〇五 小寺休夢斎宛自筆書状 （天正七年）十月二十八日……67
二〇六 一牛宛書状 （天正七年）十一月二十三日……68
二〇七 有馬郡之内道場河原百姓中町人宛判物 天正七年
十一月二十六日……68
二〇八 湯之山惣中宛判物 （天正七年）十一月二十六日……68
二〇九 浄土寺和泉宛書状 天正七年十二月十日……69

## 天正八年（一五八〇）

二一〇 村上源太宛書状 （天正八年）正月五日……69
二一一 赤佐左衛門尉宛書状 （天正八年）正月十四日……70

二一二　別所小三郎宛書状写　（天正八年）正月十五日……70
二一三　別所小三郎宛書状写　（天正八年）正月十六日……70
二一四　三木町宛条々（木札）　天正八年正月十七日……71
二一五　中川駿河守宛奉公人被出候衆次第写　天正八年正月二十八日……71
二一六　奉公人被出候衆次第　天正八年正月二十八日……72
二一七　百姓仕置条々（木札）　天正八年二月三日……72
二一八　市場掟（木札）　天正八年二月十二日……72
二一九　半夢斎他宛書状　（天正八年カ）二月二十五日……73
二二〇　某宛書状　（天正八年カ）三月三日……73
二二一　八木但馬守宛書状写　（天正八年カ）三月二十二日……73
二二二　江州坂田郡八幡宮奉加状　天正八年三月吉日……73
二二三　村上河内守宛書状写　（天正八年）閏三月五日……74
二二四　野里村宛条々　（天正八年閏）三月十二日……74
二二五　陣取等ニ付条々　天正八年閏三月十二日……74
二二六　原田蔵人宛書状　（天正八年）閏三月十六日……75
二二七　小寺休夢斎宛書状　（天正八年）閏三月十七日……75
二二八　網干地下中宛判物　（天正八年）閏三月二十九日……75
二二九　赤松弥三郎宛書状　（天正八年）閏三月晦日……75
二三〇　白国村宛制札写　（天正八年）閏三月晦日……76
二三一　菅生之谷中宛制札写　（天正八年）閏三月晦日……76
二三二　安積将監宛書状　（天正八年）四月二十四日……76
二三三　安積将監他宛書状　（天正八年）四月二十四日……76
二三四　網干惣中宛判物　（天正八年）四月二十六日……77
二三五　国中城わるへき覚　（天正八年）四月二十六日……77
二三六　惣社宛禁制　天正八年四月二十八日……77
二三七　安積将監他宛書状　（天正八年）四月二十九日……78
二三八　木下平大夫宛書状　（天正八年）五月一日……78
二三九　一柳市介他宛書状　（天正八年）五月四日……78
二四〇　田恵村宛禁制（木札）　天正八年五月十二日……78
二四一　田路五郎左衛門他宛書状　（天正八年）五月十三日……79
二四二　山方之郷宛禁制　天正八年五月十六日……79
二四三　布施南北宛禁制写　天正八年五月二十日……79
二四四　所付欠禁制写　天正八年五月二十日……79
二四五　小田井中宛禁制写　天正八年五月日……80
二四六　用瀬之郷宛禁制写　天正八年五月日……80
二四七　垣屋駿河守宛書状　（天正八年）六月八日……80
二四八　長宗我部宮内少輔宛条々写　（天正八年）六月十九日……80
二四九　仕置条々　天正八年六月十九日……82
二五〇　仕置条々　天正八年六月十九日……82
二五一　湯原豊前守宛書状写　（天正八年）六月二十八日……82
二五二　野瀬大郎左衛門宛領知宛行状　天正八年七月十二日……83
二五三　蒔田平左衛門尉宛書状　（天正八年）七月十七日……83
二五四　亀井新十郎宛書状　（天正八年）七月二十日……83
二五五　黒田官兵衛宛書状　（天正八年）七月二十四日……83
二五六　竹木ニ付制札　天正八年七月二十八日……84

二五七 吉川駿河守宛書状写 天正八年八月一日……84
二五八 正直屋安右衛門尉宛判物 天正八年八月六日……84
二五九 亀井新十郎宛書状 （天正八年）八月十七日……84
二六〇 英賀道場宛寺領宛行状 天正八年九月一日……85
二六一 鵤寺宛寺領宛行状 天正八年九月一日……85
二六二 黒田官兵衛尉宛知行宛行状 天正八年九月一日……85
二六三 浄土寺宛寺領宛行状写 天正八年九月一日……85
二六四 刀田山宛寺領宛行状 天正八年九月一日……85
二六五 福西長右衛門尉宛領知宛行状 （天正八年）九月九日……86
二六六 亀井新十郎宛書状 （天正八年）九月十一日……86
二六七 吉川村百姓中宛判物 （天正八年）九月十二日……86
二六八 亀井新十郎宛書状 （天正八年）九月十七日……86
二六九 福屋彦太郎宛書状 （天正八年）九月十七日……87
二七〇 片桐駒千代宛知行宛行状 天正八年九月十九日……87
二七一 加藤虎介宛知行宛行状 天正八年九月十九日……87
二七二 立木藤蔵宛知行宛行状 天正八年九月十九日……87
二七三 平塚三郎兵衛尉宛知行宛行状写 天正八年九月十九日……88
二七四 上部越中守宛知行宛行状 （天正八年）九月二十一日……88
二七五 一柳市助宛知行宛行状 天正八年九月二十一日……88
二七六 某宛知行宛行状 天正八年九月二十一日……88
二七七 岩屋船人中宛判物写 天正八年九月二十三日……88
二七八 某宛書状 （天正八年）九月二十五日……89
二七九 弓之河内宛条々写 天正八年十月六日……89
二八〇 村上源太宛書状 （天正八年ヵ）十月十四日……89
二八一 妙光寺宛寺領宛行状 天正八年十月二十日……89
二八二 増位山行事坊宛寺領宛行状 （天正八年）十月二十七日……90
二八三 村上源太宛書状 （天正八年ヵ）十月二十七日……90
二八四 龍野町宛条々 （木札） 天正八年十月二十八日……90
二八五 奉公人等ニ付条々 （木札） 天正八年十月二十九日……90
二八六 浅野弥兵衛宛切手 天正八年十一月十六日……91
二八七 黒田官兵衛宛書状 （天正八年）十一月二十一日……91
二八八 芯山さいゐん宛切手写 天正八年十一月二十六日……91
二八九 亀井新十郎宛書状 （天正八年）十二月八日……91

**天正九年**（一五八一）

二九〇 杉原七郎左衛門宛自筆切手 天正九年正月十一日……92
二九一 祐obj宛書状 天正九年正月十五日……92
二九二 某宛書状断簡 （天正九年正月ヵ）……93
二九三 徳雲軒他宛書状 （天正九年）二月四日……93
二九四 亀井新十郎宛書状 （天正九年）二月十三日……93
二九五 生熊左介宛自筆請取状 天正九年二月十六日……94
二九六 亀井新十郎宛書状 （天正九年）二月二十一日……94
二九七 山名五郎宛書状 （天正九年ヵ）二月二十一日……94
二九八 長谷川竹宛書状 （天正九年）三月五日……95

二九九　妙覚院宛寺領寄進状写　天正九年三月五日……95
三〇〇　善福寺宛書状　(天正九年)三月六日……95
三〇一　亀井新十郎宛書状　(天正九年)三月十日……95
三〇二　浅野弥兵衛宛知行宛行状　天正九年三月十八日……96
三〇三　浅野弥兵衛尉宛知行目録　天正九年三月十八日……96
三〇四　鵤寺宛寺領寄進状写　天正九年三月十八日……96
三〇五　黒田官兵衛尉宛領知宛行状　天正九年三月十八日……96
三〇六　黒田官兵衛尉宛知行目録　天正九年三月十八日……97
三〇七　杉原七郎左衛門宛切手　天正九年三月二十五日……97
三〇八　別当坊宛判物　天正九年四月十一日……97
三〇九　後藤四郎兵衛宛書状　(天正九年ヵ)四月十八日……97
三一〇　建徳寺侍衆宛寺領宛行状　天正九年四月十九日……98
三一一　野村弥八郎宛連署知行宛行状　天正九年四月二十二日……98
三一二　瑠璃坊他宛判物写　天正九年四月二十二日……98
三一三　伊藤宛自筆書状　天正九年五月六日……99
三一四　今井宗久宛自筆書状　(天正九年)五月十七日……99
三一五　亀井新十郎宛書状　(天正九年)五月二十九日……100
三一六　亀井新十郎宛書状　(天正九年)六月二日……100
三一七　きさいもん宛自筆切手　天正九年六月三日……100
三一八　伊藤与左衛門宛切手　天正九年六月五日……100
三一九　城崎郡竹野浜宛判物写　(天正九年)六月八日……101
三二〇　杉原七郎左衛門宛自筆書状　天正九年六月二十一日……101
三二一　八木但馬守宛書状　(天正九年)六月二十四日……101
三二二　寺村喜才宛掟　天正九年六月二十五日……101
三二三　一柳市介宛掟写　天正九年六月二十五日……101
三二四　小野玄蕃宛判物写　(天正九年)六月二十九日……102
三二五　加藤虎之助宛判物写　天正九年六月二十九日……102
三二六　毛利新左衛門他宛書状　(天正九年)七月四日……102
三二七　某宛書状　(天正九年)七月四日……103
三二八　亀井新十郎宛書状　(天正九年)七月十二日……103
三二九　宇喜多和泉守宛書状写　(天正九年)七月十四日……103
三三〇　亀井新十郎宛書状　(天正九年)七月十六日……104
三三一　亀井新十郎宛書状　(天正九年)七月十九日……104
三三二　亀井新十郎宛書状　(天正九年)七月二十日……104
三三三　亀井新十郎宛書状　(天正九年)七月二十二日……105
三三四　亀井新十郎宛書状写　(天正九年)七月二十二日……105
三三五　豊池孫次郎宛定　天正九年七月二十二日……105
三三六　亀井新十郎宛書状　(天正九年)七月二十六日……106
三三七　弓之河内宛禁制　天正九年七月日……106
三三八　宮内卿法印宛書状　(天正九年)八月八日……106
三三九　光源院宛書状　(天正九年)八月十八日……107
三四〇　鷹取備中守宛書状写　(天正九年ヵ)八月二十七日……107
三四一　亀井新十郎宛書状　(天正九年)八月二十八日……107
三四二　亀井新十郎宛書状　(天正九年)九月十六日……107
三四三　亀井新十郎宛書状　(天正九年)九月二十二日……108

三四四 小左宛書状写 （天正九年）九月二十五日……108
三四五 某宛書状 （天正九年）九月二十八日……108
三四六 前野将右衛門他宛書状 （天正九年ヵ）九月□日……108
三四七 亀井新十郎宛書状 （天正九年）十月二十日……109
三四八 平三郎宛判物 天正九年十月二十三日……109
三四九 与一左衛門尉宛判物 天正九年十月二十三日……110
三五〇 堀久太郎宛書状写 （天正九年）十月二十六日……110
三五一 宮部善浄坊宛国之掟覚 天正九年十一月四日……110
三五二 一友斎宛書状 （天正九年）十一月五日……111
三五三 多雲宛書状写 （天正九年）十一月八日……111
三五四 松浦宛自筆請取状 天正九年十一月十一日……112
三五五 安宅河内守宛連署状写 （天正九年）十一月十五日……112
三五六 生駒甚介宛書状 （天正九年）十一月十六日……112
三五七 桑山修理進宛書状 （天正九年）十一月二十二日……112
三五八 小出甚左衛門宛自筆切手 天正九年十一月二十五日……113
三五九 掃守宛禁制写 天正九年十一月日……113
三六〇 保内六村こや共宛禁制写 天正九年十一月日……113
三六一 所付欠禁制写 天正九年十一月日……113
三六二 中川瀬兵衛尉宛書状 天正九年十二月三日……114
三六三 村上右衛門大夫宛書状 （天正九年）十二月三日……114
三六四 野口孫五郎宛書状 （天正九年）十二月十四日……114
三六五 安文三宛書状写 （天正九年）十二月十六日……115
三六六 御太刀等目録写 （天正九年）十二月十六日……115
三六七 昨夢斎他宛書状 （天正九年）十二月二十三日……115


## 天正十年（一五八二）


三六八 亀井新十郎宛書状 （天正十年）正月八日……116
三六九 庄駿河守宛書状写 （天正十年）正月十日……116
三七〇 伊藤与左衛門尉宛判物 天正十年正月二十一日……117
三七一 鷹取備中守宛書状 （天正十年）正月二十二日……117
三七二 黒田官兵衛尉宛書状 （天正十年ヵ）二月六日……117
三七三 西子十兵衛尉宛書状 （天正十年ヵ）二月二十八日……117
三七四 太田美濃入道宛書状写 （天正十年）二月九日……118
三七五 観世彦右衛門入道宛領知宛行状 天正十年三月九日……118
三七六 草苅太郎左衛門尉宛覚 （天正十年）三月十一日……118
三七七 赤松左衛門尉宛判物写 天正十年三月十八日……118
三七八 加藤虎之助宛判物写 （天正十年）三月十八日……119
三七九 乃美兵部丞他宛書状 （天正十年）三月十八日……119
三八〇 片桐加兵衛宛領知宛行状 天正十年三月二十一日……119
三八一 高野七郎宛領知宛行状 天正十年三月二十一日……119
三八二 水原亀千世宛領知宛行状 天正十年三月二十一日……120
三八三 余田源太郎宛領知宛行状 天正十年三月二十一日……120
三八四 脇坂甚内宛領知宛行状 天正十年三月二十一日……120
三八五 村上右衛門大夫宛書状写 （天正十年）三月二十七日……120
三八六 伊部村宛制札（木札） 天正十年三月日……120
三八七 作州内大方宛禁制写 天正十年三月日……121

三八八　作州内樫村さいしやう小屋宛禁制写　天正十年三月日……121
三八九　作州内高野村牧佐介宛禁制　天正十年三月日……121
三九〇　備前内浦伊部宛禁制　天正十年三月日……121
三九一　備前片上宛禁制写　天正十年三月日……122
三九二　草部宛禁制写　天正十年三月日……122
三九三　備前内西太寺宛禁制　天正十年三月日……122
三九四　備前之内鹿忍宛禁制　天正十年三月日……122
三九五　枚石郷内金山寺宛禁制写　天正十年三月日……123
三九六　福岡宛禁制写　天正十年三月日……123
三九七　和気庄宛禁制写　天正十年三月日……123
三九八　備中国宮内宛禁制　天正十年三月日……123
三九九　所付欠禁制写　天正十年三月日……124
四〇〇　所付欠禁制写　天正十年三月日……124
四〇一　松浦弥左衛門尉宛切手　天正十年四月一日……124
四〇二　村上越後守宛書状　(天正十年)四月十九日……124
四〇三　村上河内守宛書状写　(天正十年)四月十九日……125
四〇四　村上掃部頭宛書状　(天正十年)四月十九日……125
四〇五　村上大和守宛書状　(天正十年)四月十九日……125
四〇六　中川長鶴宛書状　(天正十年)四月二十三日……126
四〇七　某宛書状　(天正十年)四月二十四日……126
四〇八　梶原宛書状　(天正十年)四月二十八日……126
四〇九　平野右京亮宛書状　(天正十年)四月二十九日……127
四一〇　羽柴小一郎宛掟写　天正十年四月日……127
四一一　竹剪採禁制写　天正十年四月日……127
四一二　知行所仕置定写　天正十年四月日……127
四一三　蜂須賀彦右衛門宛書状　(天正十年)五月一日……128
四一四　児島之内郡年寄中宛書状　(天正十年)五月三日……128
四一五　亀井新十郎宛書状　(天正十年)五月六日……129
四一六　萱屋九右衛門宛書状写　天正十年五月十五日……129
四一七　木俣又左衛門尉宛書状　(天正十年)五月十六日……129
四一八　得居右衛門佐宛書状　(天正十年)五月十八日……130
四一九　溝江大炊允宛書状　(天正十年)五月十九日……130
四二〇　岡又宛書状　(天正十年)五月二十三日……131
四二一　ゐもん宛書状　(天正十年カ)五月二十三日……131
四二二　毛利輝元他宛起請文写　天正十年六月四日……132
四二三　岡本平吉郎宛書状　(天正十年)六月五日……132
四二四　中川瀬兵衛宛書状　(天正十年)六月五日……132
四二五　きさへもん宛切手　天正十年六月七日……133
四二六　軍役人数書　天正十年六月七日……133
四二七　織田三七宛書状　(天正十年)六月九日……133
四二八　広田内蔵丞宛書状　(天正十年)六月九日……134
四二九　三好神五郎宛書状　(天正十年)六月九日……134
四三〇　中川瀬兵衛宛書状　(天正十年)六月十日……134
四三一　宮内卿法印宛書状　(天正十年)六月十一日……135
四三二　加藤虎之助宛判物写　(天正十年)六月十三日……135

四三三　加藤虎之助宛判物写　（天正十年）六月十三日……135
四三四　筒井順慶宛連署状　（天正十年）六月十三日……135
四三五　某宛廻文写　天正十年六月十五日……136
四三六　高木彦左衛門尉宛書状　（天正十年）六月十九日……136
四三七　広瀬兵庫助宛連署領知宛行状　天正十年六月十九日……137
四三八　那和和泉守宛連署状写　（天正十年）六月二十二日……137
四三九　新長谷寺衆徒中宛書状　（天正十年）六月二十三日……137
四四〇　立政寺宛判物　天正十年六月二十三日……138
四四一　関惣中宛連署状　（天正十年）六月二十四日……138
四四二　高田長左衛門宛書状写　（天正十年）六月二十五日……138
四四三　延友佐渡守宛書状　（天正十年）六月二十五日……138
四四四　瀧川左近将監宛書状　（天正十年）六月二十六日……139
四四五　上下京中宛連署状写　（天正十年）六月二十七日……140
四四六　蒲生忠三郎宛連署知行宛行状　天正十年六月二十七日……140
四四七　高山右近助宛連署知行宛行状　天正十年六月二十七日……140
四四八　堀久太郎宛連署知行宛行状写　（天正十年）六月二十七日……141
四四九　高木権右衛門尉宛書状　（天正十年）六月二十八日……141
四五〇　所付欠連署禁制写　天正（十）年六月日……141
四五一　称名寺宛連署判物　（天正十年）七月一日……142
四五二　織田三七宛書状写　（天正十年）七月三日……142
四五三　稲葉勘右衛門宛書状　（天正十年）七月四日……142
四五四　河尻淵名主百姓中宛判物　（天正十年ヵ）七月五日……142
四五五　徳川家康宛書状　（天正十年）七月七日……143
四五六　惟住五郎左衛門宛書状　（天正十年）七月七日……143
四五七　河州機物神社宛禁制写　天正十年七月九日……143
四五八　長岡兵部大輔他宛起請文　天正十年七月十一日……143
四五九　長岡与一郎宛書状　（天正十年）七月十一日……144
四六〇　松井胃介宛書状写　（天正十年）七月十一日……144
四六一　鍋島飛騨守宛書状　（天正十年）七月十一日……144
四六二　宇治他宛判物写　（天正十年）七月十二日……145
四六三　毛利右馬頭宛書状　（天正十年）七月十七日……145
四六四　吉川駿河守宛書状　（天正十年）七月十八日……145
四六五　大山崎宛条々　天正十年七月二十一日……146
四六六　織田三七宛書状写　（天正十年）七月二十四日……146
四六七　へちい中宛条々　天正十年七月二十五日……146
四六八　東福寺惣寺家中宛書状　（天正十年）七月二十八日……146
四六九　甲賀近江介宛判物写　天正十年七月日……147
四七〇　黒田官兵衛宛書状　（天正十年）八月二日……147
四七一　不彦宛書状　（天正十年）八月四日……147
四七二　千石権兵衛宛書状写　天正十年八月五日……148
四七三　三浦駿河守宛書状写　（天正十年）八月六日……148
四七四　桑原次右衛門尉宛書状　（天正十年）八月七日……148
四七五　長岡兵部大輔宛書状　（天正十年）八月八日……149

四七六　惟住五郎左衛門宛書状　（天正十年）八月十一日……149
四七七　有馬中務入道宛領知宛行状　天正十年八月二十八日……150
四七八　山名宛知行宛行状写　天正十年八月二十八日……150
四七九　蓮照寺宛禁制写　天正十年八月……151
四八〇　安宅神五郎宛知行宛行状　天正十年九月五日……151
四八一　船越左衛門尉宛領知宛行状写　天正十年九月五日……151
四八二　生駒甚介宛書状　（天正十年）九月八日……151
四八三　勧修寺宛書状　（天正十年）九月九日……152
四八四　川勝右兵衛大夫宛領知宛行状写　天正十年九月九日……152
四八五　堀尾毛介宛領知宛行状　天正十年九月九日……152
四八六　某宛書状　（天正十年）九月十日……152
四八七　黒田官兵衛宛書状　（天正十年）九月十二日……153
四八八　大徳寺宛判物　天正十年九月十三日……153
四八九　黒田官兵衛尉宛書状　（天正十年）九月十六日……153
四九〇　杉原七郎左衛門尉宛切手　天正十年九月十七日……153
四九一　下国愛季宛書状　（天正十年）九月二十日……154
四九二　荻野惣七宛書状　（天正十年）九月二十四日……154
四九三　黒田官兵衛尉宛書状　（天正十年）九月二十四日……155
四九四　明石与四郎宛領知宛行状　天正十年九月二十五日……155
四九五　伊藤掃部宛領知宛行状写　（天正十年）九月二十五日……155
四九六　福島市松宛領知宛行状　天正十年九月二十五日……155
四九七　山内伊右衛門尉宛領知宛行状　天正十年九月二十五日……156
四九八　某宛領知宛行状写　天正（十ヵ）九月二十五日……156
四九九　所付欠禁制　天正十年九月二十七日……156
五〇〇　羽柴小一郎宛書状　（天正十年）十月一日……156
五〇一　田路四郎次郎宛領知宛行状　天正十年十月九日……157
五〇二　黒田官兵衛宛書状　（天正十年）十月十日……157
五〇三　幸田彦右衛門他宛書状写　（天正十年）十月十四日……157
五〇四　根来寺惣分衆中宛書状写　（天正十年）十月十五日……159
五〇五　捴見院宛判物　天正十年十月十七日……159
五〇六　畳屋久次郎宛領知宛行状　天正十年十月十七日……160
五〇七　生熊源介宛書状　（天正十年）十月十八日……160
五〇八　生駒孫七宛領知宛行状　（天正十年）十月十八日……160
五〇九　伊藤掃部宛領知宛行状写　天正十年十月十八日……161
五一〇　片桐賀兵衛宛領知宛行状　天正十年十月十八日……161
五一一　加藤孫六宛領知宛行状　天正十年十月十八日……161
五一二　斎藤玄蕃允他宛書状写　（天正十年）十月十八日……161
五一三　摂州塚口神家宛禁制　天正十年十月十八日……164
五一四　立木藤蔵宛領知宛行状　天正十年十月十八日……165
五一五　一柳市助宛知行目録　天正十年十月十八日……165
五一六　森兵橘宛領知宛行状　天正十年十月十八日……165
五一七　浅野弥兵衛宛領知宛行状　天正十年十月十九日……165
五一八　亀井琉球守宛書状　（天正十年）十月十九日……166
五一九　宮部善浄坊宛書状　（天正十年）十月十九日……166
五二〇　伊藤宛切手　天正十年十月二十日……167

五二一 舟越左衛門宛書状写 (天正十年)十月二十日……167
五二二 京届米覚 天正十年十月二十日……167
五二三 小出甚左衛門他宛書状写 (天正十年)十月二十一日……167
五二四 下間刑部卿法眼宛書状 (天正十年)十月二十二日……168
五二五 下間少進法印宛書状 (天正十年)十月二十二日……168
五二六 大徳寺納所禅師宛書状 天正十年十月二十三日……169
五二七 御局宛書状写 天正十年十月二十四日……169
五二八 安積将監宛知行宛行状 天正十年十月二十五日……169
五二九 福寿院宛知行宛行状 天正十年十月晦日……169
五三〇 摂州吹田之津宛禁制 天正十年十月日……170
五三一 銭定之事写 天正十年十月日……170
五三二 石川伯耆守宛書状 (天正十年)十一月一日……170
五三三 村上右衛門大夫宛書状 (天正十年)十一月八日……171
五三四 濃州下宮宛連署禁制写 天正十年十一月……171
五三五 博奕ニ付定写 天正十年十一月日……171
五三六 四条余部宛判物 天正十年十二月三日……172
五三七 池田丹後守他宛書状 (天正十年)十二月四日……172
五三八 蜂須賀彦右衛門尉他宛書状 (天正十年)十二月七日……172
五三九 五木長次郎宛扶持方事 天正十年十二月十四日……172
五四〇 中川瀬兵衛宛書状 (天正十年)十二月十四日……173
五四一 氏家志摩守宛書状写 (天正十年)十二月十五日……173
五四二 高木彦左衛門尉他宛書状 (天正十年)十二月十七日……174
五四三 宇喜多八郎宛書状 (天正十年)十二月十八日……174
五四四 遠山佐渡守他宛連署状 (天正十年)十二月二十一日……175
五四五 遠山佐渡守他宛連署状写 (天正十年)十二月二十一日……175
五四六 和田助右衛門尉宛連署状写 (天正十年)十二月二十一日……175
五四七 上賀茂社中宛書状 (天正十年)十二月二十二日……176
五四八 遠山佐渡守宛書状 (天正十年)十二月二十三日……176
五四九 小袖等目録写 (天正十年)十二月二十四日……176
五五〇 小島宛連署状 (天正十年)十二月二十六日……177
五五一 某宛判物写 天正十年十二月二十七日……177
五五二 平塚三郎左衛門尉宛書状 (天正十年)十二月晦日……177
五五三 某宛書状 (天正十年)十二月……178
五五四 柏原次郎右衛門屋敷宛連署禁制写 天正十年十二月日……178
五五五 柏原常菩提院宛連署禁制 天正十年十二月日……178
五五六 河毛□宛連署禁制(木札) 天正十年十二月日……178
五五七 薬神社宛連署禁制(木札) 天正十年十二月日……179
五五八 神照寺宛禁制(木札) 天正十年十二月日……179
五五九 末森村宛連署禁制(木札) 天正十年十二月日……179
五六〇 惣持寺宛連署禁制 天正十年十二月日……180
五六一 濃州江口寺内宛連署禁制(木札) 天正十年十二月日……180
五六二 濃州河手寺内宛連署禁制写 天正十年十二月日……180
五六三 神戸宛連署禁制(木札) 天正十年十二月日……180
五六四 濃州千手堂寺内宛禁制(木札) 天正十年十二月日……181

五六五　正木村寺内宛連署禁制写　天正十年十二月日……181

## 天正十一年（一五八三）

五六六　賀茂惣中宛書状　（天正十一年）正月二日……182
五六七　伊藤与左衛門宛自筆切手　天正十一年正月三日……182
五六八　糟屋与十郎宛領知宛行状写　天正十一年正月十二日……182
五六九　某宛領知宛行状　天正十一年正月十二日……182
五七〇　小早川左衛門佐宛書状写　（天正十一年）正月十七日……182
五七一　加藤虎之助宛判物写　（天正十一年）正月二十九日……183
五七二　木村十三郎宛判物写　天正十一年正月二十九日……183
五七三　江州北郡福永新荘金光寺宛禁制　天正十一年正月日……183
五七四　伊藤与左衛門宛書状　（天正十一年）閏正月十二日……183
五七五　宮木長次郎宛書状　（天正十一年）閏正月十四日……184
五七六　某宛判物写　天正十一年閏正月二十八日……184
五七七　勧修寺大納言宛書状　（天正十一年）閏正月二十九日……184
五七八　脇坂甚内他宛書状　（天正十一年）閏正月二十九日……185
五七九　和泉国大津宛禁制写　天正十一年閏正月日……185
五八〇　江州北郡下坂郷福勝寺宛禁制　天正十一年閏正月日……185
五八一　阿州勝浦郡慈雲院宛禁制　天正十一年閏正月日……186
五八二　又衛門他宛自筆書状　天正十一年二月六日……186
五八三　御次衆扶持方判物　天正十一年二月六日……186
五八四　須田相模守宛書状写　天正十一年二月七日……186
五八五　沼間任世他宛書状　（天正十一年）二月七日……187
五八六　宇喜多八郎宛書状　（天正十一年）二月九日……187
五八七　某宛書状　（天正十一年）二月九日……187
五八八　小島民部宛書状　（天正十一年）二月十日……188
五八九　奥村助右衛門宛書状写　（天正十一年）二月十一日……188
五九〇　小島民部他宛書状　（天正十一年）二月十二日……188
五九一　草津そうさ所宛書状　（天正十一年）二月十二日……188
五九二　浅野弥兵衛他宛書状　（天正十一年）二月十三日……189
五九三　某宛書状写　（天正十一年）二月十七日……189
五九四　奥村長右衛門宛書状写　（天正十一年）二月十八日……189
五九五　田中小十郎他宛書状　（天正十一年カ）二月二十一日……190
五九六　某宛書状　（天正十一年）二月二十三日……190
五九七　やまさきあい宛書状　（天正十一年）二月二十五日……190
五九八　岡本次兵衛宛書状　（天正十一年）二月二十五日……190
五九九　寺家御中宛書状　（天正十一年カ）二月二十七日……191
六〇〇　藤井主計宛書状　（天正十一年）二月二十八日……191
六〇一　一柳市介宛書状　（天正十一年）二月二十九日……191
六〇二　伊勢国大窪郷宛禁制　天正十一年二月日……192
六〇三　勢州日永宛禁制　天正十一年二月日……192
六〇四　遠山佐渡守宛書状　（天正十一年）三月五日……192
六〇五　村上次郎左衛門宛書状写　（天正十一年）三月十日……193
六〇六　しん他宛書状　（天正十一年三月）十一日……193
六〇七　関地蔵普請事写　（天正十一年）三月十一日……193
六〇八　賀茂惣中宛書状　（天正十一年）三月十二日……194

六〇九　上部越中守宛書状　（天正十一年）三月十五日……194
六一〇　称名寺宛判物　天正十一年三月十五日……194
六一一　木下勘解由他宛書状　（天正十一年）三月十七日……194
六一二　須田相模守宛書状　（天正十一年）三月十七日……195
六一三　本法寺中宛書状　（天正十一年）三月二十一日……195
六一四　真瀬法眼宛書状　（天正十一年）三月二十一日……196
六一五　玉井小兵衛宛判物写　天正十一年三月二十二日……196
六一六　安富又三郎宛書状写　（天正十一年）三月二十四日……196
六一七　石川伯耆守宛書状写　（天正十一年）三月二十七日……196
六一八　森本大夫中宛判物　（天正十一年）三月二十七日……197
六一九　石作八幡宛禁制　天正十一年三月二十八日……197
六二〇　羽柴美濃守宛判物　（天正十一年）三月晦日……197
六二一　某宛判物　（天正十一年三月）三十日……198
六二二　江州浅井郡内早崎宛禁制　天正十一年三月日……198
六二三　江州河瀬村宛禁制　天正十一年三月日……198
六二四　江州北郡木本郷同小屋宛禁制　天正十一年三月日……198
六二五　飯福寺宛禁制　天正十一年三月日……199
六二六　所付欠禁制　天正十一年二（三ヵ）月日……199
六二七　所付欠禁制写　天正十一年三月日……199
六二八　三好孫七郎宛書状　（天正十一年）四月二日……199
六二九　斎藤刑部丞宛書状　（天正十一年）四月三日……200
六三〇　羽柴美濃守宛書状　（天正十一年）四月三日……200
六三一　杉原七郎左衛門尉宛書状　（天正十一年）四月四日……201
六三二　某宛書状　（天正十一年）四月四日……201
六三三　原彦次郎宛書状写　（天正十一年）四月五日……201
六三四　高田長左衛門尉宛書状　（天正十一年）四月七日……202
六三五　下間刑部卿法眼宛書状　（天正十一年）四月八日……202
六三六　多賀新左衛門宛書状　（天正十一年）四月八日……202
六三七　城主目録写　天正十一年四月八日……203
六三八　不破源六宛書状　（天正十一年）四月九日……204
六三九　岐阜へ越候各中宛書状　（天正十一年）四月十一日……204
六四〇　小早川左衛門佐宛書状写　（天正十一年）四月十二日……204
六四一　毛利右馬頭宛書状　（天正十一年）四月十二日……205
六四二　某宛書状　（天正十一年）四月十六日……206
六四三　中河瀬兵衛尉他宛判物　（天正十一年）四月十八日……206
六四四　瀧川八宛書状　（天正十一年）四月十九日……206
六四五　亀井琉球守宛書状　（天正十一年）四月二十日……207
六四六　高木権右衛門尉宛書状　（天正十一年）四月二十一日……207
六四七　羽柴久太郎宛書状　（天正十一年）四月二十一日……207
六四八　さばや船頭中宛判物　天正十一年四月二十二日……208
六四九　安居大渡船頭中宛判物　天正十一年四月二十四日……208
六五〇　安居小渡舟頭中宛判物写　天正十一年四月二十四日……208
六五一　吉村又吉郎宛書状　（天正十一年）四月二十四日……208
六五二　兵粮等定　天正十一年四月二十四日……208
六五三　宇喜多八郎宛書状　（天正十一年）四月二十五日……209
六五四　越前国鯖江誠照寺宛判物　天正十一年四月二十六日……209

六五五 小早川左衛門佐宛書状 (天正十一年)四月二十六日……209
六五六 溝江大炊亮宛判物 (天正十一年)四月二十七日……210
六五七 溝口金右衛門尉宛判物 天正十一年四月二十七日……210
六五八 毛利右馬頭宛書状 (天正十一年)四月二十七日……210
六五九 国司右京亮宛書状 (天正十一年)四月二十八日……211
六六〇 佐々内蔵助宛書状 (天正十一年)四月二十八日……211
六六一 直江山城守他宛書状 (天正十一年)四月二十九日……211
六六二 越州荒居郷内川端村宛禁制 天正十一年四月日……212
六六三 越州今宿駅宛禁制写 天正十一年四月日……212
六六四 越前国岩本村宛禁制 天正十一年四月日……212
六六五 越前国永平寺同門前宛禁制 天正十一年四月日……212
六六六 越州大井村宛禁制 天正十一年四月日……213
六六七 越州大虫大明神社家宛禁制写 天正十一年四月日……213
六六八 越州大良浦宛禁制写 天正十一年四月日……213
六六九 大瀧寺同門前宛禁制 天正十一年四月日……214
六七〇 方上庄八村宛禁制 天正十一年四月日……214
六七一 越前国鍛冶屋村大工六人宛禁制 天正十一年四月日……214
六七二 越前国加戸東寺宛禁制写 天正十一年四月日……214
六七三 越前国河島宛禁制 天正十一年四月日……215
六七四 越前国川田庄宛禁制 天正十一年四月日……215
六七五 越州木田の橘家宛禁制 天正十一年四月日……215
六七六 越州木部三方宛禁制写 天正十一年四月日……215
六七七 越州七庄内末村他宛禁制写 天正十一年四月日……216
六七八 称念寺同門前宛禁制 天正十一年四月日……216
六七九 越前国宗匠院宛禁制 天正十一年四月日……216
六八〇 越州田中郷京方宛禁制 天正十一年四月日……217
六八一 越前国月尾郷谷中宛禁制 天正十一年四月日……217
六八二 越前国平泉寺同門前并四寺内十ケ所宛禁制 天正十一年四月日……217
六八三 越州本庄郷宛禁制 天正十一年四月日……217
六八四 賀州石川郡大根布他宛禁制写 天正十一年四月日……218
六八五 賀州石川郡道法寺村他宛禁制写 天正十一年四月日……218
六八六 賀州石川郡松任他宛禁制写 天正十一年四月日……218
六八七 賀州石川郡味智郷七村宛禁制写 天正十一年四月日……219
六八八 賀州江沼郡宇谷郷宛禁制 天正十一年四月日……219
六八九 賀州野田村小塩辻宛禁制 天正十一年四月日……219
六九〇 所付欠禁制 天正十一年四月日……220
六九一 所付欠禁制 天正十一年四月日……220
六九二 賀茂惣御中宛書状 (天正十一年)五月一日……220
六九三 安井清右衛門尉宛書状写 (天正十一年)五月二日……220
六九四 園城寺惣代御中宛書状 (天正十一年)五月三日……221
六九五 宗甫宛書状 (天正十一年)五月三日……221
六九六 遠山佐渡守宛書状 (天正十一年)五月三日……221
六九七 宮部善浄坊宛書状写 (天正十一年)五月五日……221
六九八 本徳寺御坊中宛書状写 (天正十一年)五月六日……222
六九九 勧修寺宛書状 (天正十一年)五月七日……222

七〇〇　高木権右衛門尉宛書状（天正十一年）五月七日……222
七〇一　高木彦左衛門宛書状（天正十一年）五月七日……222
七〇二　加藤虎之助宛判物写　天正十一年五月十一日……223
七〇三　岡本大郎右衛門他宛書状（天正十一年）五月十三日……223
七〇四　千石権兵衛尉宛書状写（天正十一年）五月十三日……223
七〇五　小早川左衛門佐宛書状（天正十一年）五月十五日……224
七〇六　吉川駿河守宛書状（天正十一年）五月十九日……225
七〇七　毛利右馬頭宛書状（天正十一年）五月十九日……225
七〇八　石井与次兵衛尉宛判物（天正十一年）五月二十日……226
七〇九　賀茂惣御中宛書状（天正十一年ヵ）五月二十日……226
七一〇　和泉国貝塚寺内宛禁制　天正十一年五月日……226
七一一　摂州兵庫津宛禁制写　天正十一年五月日……226
七一二　江州高島郡今津浦中宛判物　天正十一年六月一日……227
七一三　依田小太郎宛判物写　天正十一年六月三日……227
七一四　大山崎惣中宛定　天正十一年六月四日……227
七一五　石川長松宛判物写　天正十一年六月五日……227
七一六　賀須屋助右衛門尉宛判物写　天正十一年六月五日……228
七一七　片桐助作宛判物写　天正十一年六月五日……228
七一八　加藤孫六宛判物　天正十一年六月五日……228
七一九　桜井佐吉宛判物　天正十一年六月五日……228
七二〇　平野権平宛判物　天正十一年六月五日……229
七二一　福島市松宛判物　天正十一年六月五日……229
七二二　脇坂甚内宛判物　天正十一年六月五日……229
七二三　大友左兵衛督宛書状写（天正十一年）六月六日……229
七二四　某宛書状（天正十一年）六月六日……230
七二五　高木彦左衛門尉宛書状（天正十一年）六月十二日……231
七二六　杉原七郎左衛門尉宛書状（天正十一年）六月十三日……231
七二七　伊藤与左衛門尉宛書状（天正十一年）六月二十一日……231
七二八　上杉弾正少弼宛書状（天正十一年）六月二十八日……232
七二九　船役請取状　天正十一年六月晦日……232
七三〇　前田玄以宛判物写　天正十一年六月日……232
七三一　洛中洛外宛掟　天正十一年六月日……232
七三二　加藤虎助他宛判物写　天正十一年七月一日……233
七三三　某宛判物写　天正十一年七月一日……233
七三四　下間刑部卿法眼御房宛書状写（天正十一年）七月六日……234
七三五　伏見内船津村他宛判物　天正十一年七月七日……234
七三六　平野惣中宛判物（天正十一年）七月十日……234
七三七　宮内卿法印宛判物写　天正十一年七月十一日……234
七三八　三郎四郎宛切手　天正十一年七月二十四日……234
七三九　中川藤兵衛尉宛書状（天正十一年）七月二十四日……235
七四〇　木下和泉入道宛領知宛行状　天正十一年七月二十六日……235
七四一　建部寿徳軒宛領知宛行状　天正十一年七月二十六日……235
七四二　水一郎宛切手写　天正十一年七月二十六日……235
七四三　石川杢兵衛尉他宛書状（天正十一年）七月二十九日……235

七四四　太田三楽斎宛書状写　（天正十一年）七月二十九日……236
七四五　多賀谷修理亮宛書状写　（天正十一年）七月二十九日……237
七四六　兵庫正直屋宗与宛請取状　天正十一年七月晦日……239
七四七　所付欠禁制　天正十一年七月日……239
七四八　浅野弥兵衛尉宛領知宛行状　天正十一八月一日……239
七四九　浅野弥兵衛尉宛知行目録　天正十一年八月一日……239
七五〇　浅野弥兵衛尉宛書状　天正十一年八月一日……240
七五一　磯村忠右衛門宛領知宛行状　天正十一年八月一日……241
七五二　伊東民部大輔宛領知宛行状写　天正十一年八月一日……241
七五三　今枝勘右衛門尉宛領知宛行状写　天正十一年八月一日……241
七五四　上部大夫宛領知宛行状　天正十一年八月一日……241
七五五　小椋鍋宛知行宛行状　天正十一年八月一日……241
七五六　賀須屋助右衛門宛領知宛行状写　天正十一年八月一日……242
七五七　片桐加兵衛宛領知宛行状　天正十一年八月一日……242
七五八　加藤虎介宛領知宛行状　天正十一年八月一日……242
七五九　加藤虎介宛知行目録　天正拾一年八月一日……242
七六〇　加藤孫六宛領知宛行状　天正十一年八月一日……243
七六一　加藤孫六宛知行目録　天正十一年八月一日……243
七六二　萱生左大夫宛判物　天正十一年八月一日……243
七六三　河副式部宛領知宛行状写　天正十一年八月一日……243
七六四　観音寺宛領知宛行状写　天正十一年八月一日……244
七六五　久徳左近兵衛尉宛領知宛行状写　天正十一年八月一日……244
七六六　久徳左近兵衛尉宛知行目録写　天正十一年八月一日……244
七六七　黒田吉兵衛宛領知宛行状　天正十一年八月一日……244
七六八　小出小才次宛領知宛行状　天正十一年八月一日……245
七六九　三休宛領知宛行状　天正十一年八月一日……245
七七〇　杉原七郎左衛門尉宛台所入目録　天正十一年八月一日……245
七七一　杉原七郎左衛門尉宛知行目録　天正十一年八月一日……246
七七二　今井宗久宛知行目録　天正十一年八月一日……248
七七三　竹田法印宛領知宛行状写　天正十一年八月一日……248
七七四　津田小八郎宛知行目録　天正十一年八月一日……249
七七五　津田与三郎宛領知宛行状　天正十一年八月一日……249
七七六　伝宝長介宛領知宛行状写　天正十一年八月一日……249
七七七　東玉入道宛領知宛行状　天正十一年八月一日……249
七七八　中屋左近兵衛尉宛領知宛行状　天正十一年八月一日……250
七七九　野瀬右衛門尉宛領知宛行状　天正十一年八月一日……250
七八〇　野村内匠宛領知宛行状　天正十一年八月一日……250
七八一　橋本公文宛判物　天正十一年八月一日……250
七八二　一柳市助宛領知宛行状　天正十一年八月一日……250
七八三　一柳市助宛知行目録　天正十一年八月一日……251
七八四　一柳市助宛台所入目録　天正十一年八月一日……251
七八五　福島市松宛領知宛行状　天正十一年八月一日……252

七六六　福島市松宛知行目録　天正十一年八月一日……252
七六七　福谷藤介宛領知宛行状　天正十一年八月一日……253
七六八　船越左衛門尉宛領知宛行状写　天正十一年八月一日……253
七六九　船越左衛門尉宛知行目録写　天正十一年八月一日……253
七七〇　夫間勝兵衛宛領知宛行状　天正十一年八月一日……253
七七一　水野久右衛門尉宛領知宛行状　天正十一年八月一日……254
七七二　森村左衛門尉宛領知宛行状　天正十一年八月一日……254
七七三　山内伊右衛門尉宛領知宛行状写　天正十一年八月一日……254
七七四　山崎源太左衛門尉宛領知宛行状　天正十一年八月一日……254
七七五　某宛領知宛行状写　天正十一年八月一日……255
七七六　本庄八郎大夫宛判物写　(天正十一年)八月二日……255
七七七　近江国諸職人中宛条々写　天正十一年八月五日……255
七七八　末吉勘兵衛宛領知宛行状写　天正十一年八月十一日……255
七七九　烏丸宛領知宛行状　天正十一年八月十二日……256
八〇〇　道明寺宛寺領宛行状　天正十一年八月十二日……256
八〇一　水無瀬宛領知宛行状　天正十一年八月十二日……256
八〇二　織田熊介宛領知宛行状　天正十一年八月十七日……256
八〇三　杉原七郎左衛門宛書状　(天正十一年)八月十七日……256
八〇四　小野木清次他宛書状　(天正十一年)八月十九日……257
八〇五　正直屋宗与宛知行宛行状　天正十一年八月二十一日……257
八〇六　一柳某宛書状　(天正十一年)八月二十二日……257
八〇七　賀茂社隼人正他宛書状　(天正十一年)八月二十六日……257
八〇八　石川加介他宛書状　(天正十一年)八月二十八日……258
八〇九　赤松弥三郎宛普請石持掟　天正十一年八月二十八日……258
八一〇　黒田官兵衛尉宛普請石持掟　天正十一年八月二十八日……259
八一一　前野将右衛門尉宛普請石持掟　天正十一年八月二十八日……259
八一二　普請石持掟写　天正十一年八月二十八日……260
八一三　石持等ニ付定　天正十一年八月二十八日……260
八一四　一柳市介宛普請石持掟　天正十一年八月二十九日……260
八一五　摂州本庄他宛石持定　天正十一年八月二十九日……261
八一六　某宛船役請取状　天正十一年八月晦日……261
八一七　某宛自筆書状　(天正十一年八月)……261
八一八　金剛寺三綱宛寺領宛行状　天正十一年九月一日……262
八一九　結城宛書状写　(天正十一年)九月四日……262
八二〇　馬場紹福宛秀吉袖朱印前田玄以判物　天正十一年九月五日……263
八二一　誉田八幡社僧中宛社領寄進状　天正十一年九月十九日……263
八二二　湯山惣中宛判物　(天正十一年)九月十九日……264
八二三　上部大夫宛書状　(天正十一年)九月二十六日……264
八二四　安井清右衛門宛判物　天正十一年九月二十七日……264
八二五　黒田官兵衛尉宛領知宛行状　天正十一年十月二日……264

八二六　道祐宛領知宛行状　天正十一年十月二日……264
八二七　本願寺光佐宛書状　(天正十一年)十月五日……265
八二八　河毛次郎左衛門尉宛領知宛行状　天正十一年十月六日……265
八二九　松下賀兵衛尉宛知行目録　天正十一年十月六日……265
八三〇　正直屋宗与宛船役請取状　天正十一年十月八日……266
八三一　千石権兵衛尉宛書状　(天正十一年)十月十日……266
八三二　穂田治部太輔宛書状写　(天正十一年)十月十八日……266
八三三　徳川参河守宛書状写　(天正十一年)十月二十五日……267
八三四　宇民宛書状　(天正十一年カ)十一月四日……267
八三五　某宛書状　(天正十一年)十一月五日……267
八三六　稲葉本知・新知目録　(天正十一年)十一月十日……268
八三七　広瀬兵庫助宛書状　天正十一年十一月十二日……268
八三八　稲葉伊与入道宛定　天正十一年十一月十三日……269
八三九　稲葉伊与入道宛知行目録　天正十一年十一月十三日……269
八四〇　中川藤兵衛尉宛書状　(天正十一年)十一月十五日……270
八四一　賀茂社中宛書状　(天正十一年)十一月十七日……270
八四二　山田倉方中宛書状　(天正十一年)十一月十九日……270
八四三　賀茂社惣中宛判物　天正十一年十一月二十二日……271
八四四　賀茂社惣中宛判物　天正十一年十一月二十二日……271
八四五　立入立佐宛領知宛行状　天正十一年十一月二十二日……271
八四六　当寺雑掌宛判物　天正十一年十一月二十二日……271
八四七　前田又左衛門尉宛書状　(天正十一年)十一月二十二日……272
八四八　龍安寺宛寺領宛行状　天正十一年十一月二十二日……272
八四九　某寺宛領宛行状　天正十一年十一月二十二日……272
八五〇　蜂須賀彦右衛門尉他宛書状　(天正十一年)十一月二十四日……272
八五一　浅野弥兵衛宛切手写　天正十一年十一月二十七日……273
八五二　加納村宛判物写　天正十(一カ)年十一月日……273
八五三　妙心寺宛禁制写　天正十一年十一月日……273
八五四　蜂須賀彦右衛門尉他宛書状　(天正十一年)十二月三日……273
八五五　正直屋宗与宛船役請取状　天正十一年十二月九日……273
八五六　誉田八幡宛判物　天正十一年十二月十一日……274
八五七　篠原太郎左衛門尉宛書状　(天正十一年)十二月十一日……274
八五八　千石権兵衛宛書状写　(天正十一年)十二月十一日……274
八五九　小西弥九郎宛書状　(天正十一年カ)十二月十四日……274
八六〇　丹州保津庄筏士拾五人中宛判物　(天正十一年)十二月二十一日……275
八六一　羽柴美濃守宛書状　(天正十一年カ)十二月二十一日……275
八六二　平野中宛自筆請取状　天正十一年十二月二十五日……275
八六三　某宛請取状　天正十一年十二月二十七日……275
八六四　垂水郷百姓中宛判物　天正十一年十二月二十八日……276
八六五　加賀国中宛禁制写　天正十一年月日……276
八六六　ま阿宛自筆書状　(天正十一年)……276

## 年未詳　天正十年（一五八二）六月以前


八六七　平野右京進他宛書状　正月九日……277
八六八　原彦次郎宛連署状写　正月十四日……277
八六九　中島吉右衛門尉宛書状　正月十七日……277
八七〇　長原大宮権之寺社家宛書状　正月二十七日……278
八七一　瀧川彦二郎宛書状　二月七日……278
八七二　伊藤与左衛門尉宛切手　二月十四日……278
八七三　某宛書状　二月十四日……278
八七四　御長他宛書状　二月十七日……279
八七五　室町頭町中宛書状　三月二日……279
八七六　石田他百姓中宛判物　三月三日……279
八七七　瀧川彦二郎宛書状　三月四日……280
八七八　上部越中守宛書状写　三月九日……280
八七九　山城賀茂惣中宛書状　三月十一日……280
八八〇　石井入道他宛書状　三月十三日……280
八八一　佐野市次郎宛書状　三月十七日……281
八八二　山田郷百姓中宛判物　三月二十六日……281
八八三　喜衛門他宛判物写　三月二十八日……281
八八四　某宛判物　四月十一日……281
八八五　不動院宛書状　四月二十日……282
八八六　某宛書状写　四月二十三日……282
八八七　瓶原惣中宛書状　四月二十八日……282
八八八　広隆寺宛書状　五月十七日……282
八八九　菅兵宛書状　五月二十一日……283
八九〇　宗遍宛書状　五月二十一日……283
八九一　池田市右衛門宛書状写　五月二十二日……283
八九二　西山口方之内跡部村百姓中宛書状　五月二十三日……283
八九三　大御ちの人宛書状写　五月二十四日……284
八九四　杉原七郎左衛門宛書状　五月二十四日……284
八九五　一牛斎宛書状　五月二十五日……284
八九六　赤沢右兵衛尉宛書状　五月二十六日……285
八九七　桑原次右衛門他宛書状　五月二十八日……285
八九八　木下和泉宛書状写　六月四日……285
八九九　木下和泉守宛書状写　六月二十一日……286
九〇〇　上京武者少路百姓中宛判物　六月二十六日……286
九〇一　南禅寺評定衆侍衣閣下宛書状写　六月二十六日……287
九〇二　神使熊山寺中宛書状　六月二十八日……287
九〇三　小倉右近大夫宛書状　七月七日……287
九〇四　伊藤与左衛門尉宛書状　七月八日……287
九〇五　一色式部少輔宛書状　七月十日……288
九〇六　小倉右近大夫宛書状　七月十六日……288
九〇七　徳山右衛門宛書状写　七月十七日……288
九〇八　立原源太兵衛宛書状写　七月十七日……289
九〇九　性顕寺他宛連署状　七月二十九日……289
九一〇　大住名主百姓中宛書状写　八月十三日……289

九一一　花光坊宛書状　八月十五日……290
九一二　松尾社家神方中宛書状　八月十七日……290
九一三　当所名主百姓中宛書状　八月二十一日……290
九一四　坪内喜太郎宛書状写　八月二十三日……290
九一五　観音寺御寺家中宛判物　八月二十四日……291
九一六　河井郷新部村山田新介宛判物　九月五日……291
九一七　立入左京亮宛書状写　九月十五日……291
九一八　石見宛判物　九月二十八日……291
九一九　新庄蔵人他宛書状写　十月二日……292
九二〇　小高見山寺僧中宛書状　十月八日……292
九二一　神使熊寺家中宛書状　十月十三日……292
九二二　出作在々所々百姓中宛書状　十月十三日……292
九二三　曽東他百姓中宛判物　十月十七日……293
九二四　堀田弥右衛門宛書状　十月二十五日……293
九二五　片岡宇右衛門尉宛書状　十月二十八日……293
九二六　近江与一左衛門尉宛書状写　十一月一日……294
九二七　妙心寺納所禅師宛書状　十一月一日……294
九二八　浅野弥兵衛宛書状　十一月四日……294
九二九　筑前留守居けいゐん宛書状写　十一月八日……294
九三〇　河島一介宛書状　十一月十三日……295
九三一　夫間勝兵衛宛書状　十一月十五日……295
九三二　善福寺宛書状　十一月十七日……295
九三三　川勝彦次郎宛書出　十一月十九日……295
九三四　某宛書状写　十一月二十一日……296
九三五　金剛寺上綱御坊宛書状　十一月二十二日……296
九三六　武井夕庵宛書状　十二月一日……296
九三七　鵤庄惣中宛判物　十二月六日……297
九三八　比延出羽守宛書状　十二月七日……297
九三九　野牧弥助左衛門宛書状写　十二月十一日……297
九四〇　森田次郎左衛門宛書状写　十二月十三日……297
九四一　篠岡八右衛門尉他宛書状　十二月十四日……298
九四二　大橋長兵衛尉宛書状　十二月二十日……298
九四三　明石日向守宛書状　十二月二十五日……298
九四四　生駒八右衛門宛書状写　十二月二十九日……299
九四五　五もし宛書状……299

関連略年表

関係地図

## 永禄八年（一五六五）

一　坪内喜大郎宛判物写　「坪内文書」東大史影写

参百貫文　下野（尾張国）
　反銭小成物共ニ
七拾貫文　十町名
弐拾貫文　宮田（尾張国）
弐百卅弐貫文　所々御台所入にて
　都合六百廿弐貫文
右御判之表、於末代ニ可被御知行候、
　永禄八　木下藤吉郎
　十一月二日　秀吉（花押影）
坪内喜大郎（利定）殿

## 永禄九年（一五六六）

二　福富平左衛門他宛書状写　『武家事紀』

謹而奉言上候、昨廿四日従岐阜（美濃国）卒数千騎令出張訖、其行曽テ不強付入ノ術、無疑所之条、従柵外へ一切不可出之旨、堅ク制止之処、敵失所思之図、何ノ無仕出事引入之条、唱凱歌、以弓鉄炮聊送テ頓テ引返候、然処番手ノ者トモ昨夜於敵地入夜討致、手柄候者五人、并討捕ル首十三進上申候、可然様ニ御披露所仰候、恐惶、
　永禄九年
　九月廿五日　木下藤吉郎秀吉
福富平左衛門（秀勝）殿
村井所之助殿

○この文書は検討を要する。

# 永禄十一年（一五六八）

三　佐々平太他宛連署状　「兼松文書」名古屋市秀吉清正記念館

河野島《(尾張国)》之内、弐拾弐貫文伏屋与次右衛門分、四貫四百四十文
一色之藤四郎引得、壱貫文同新七引得、三貫文伏屋市兵衛分、
合三拾貫文渡申候、

六月十日《(永禄十一年)》

木下藤吉郎
秀吉（花押）
丹羽五郎《(長秀)》左衛門
島田所助
秀順（花押）
村井民部《(貞勝)》丞
明院《(良政)》

佐々平太殿
兼松又四郎《(正吉)》殿
まいる
人々御中

四　松永弾正少弼宛連署状　『尾張国遺存豊臣秀吉史料写真集』

今井宗久与武野新五郎《(宗瓦)》公事之儀、信長《(織田)》雖異見申、新五郎依及
異儀、一円宗久ニ被申付候、然者今井可有御馳走旨可申入之
由候、恐々謹言、

十二月十六日《(永禄十一年)》

木下藤吉郎
秀吉（花押）
中川八郎左衛門尉
重政（花押）
好斎
一用《(坂井)》（花押）
和田伊賀守
惟政（花押）

松永弾正少弼《(久秀)》殿
御宿所

# 永禄十二年（一五六九）

五　新庄他名主百姓中宛連署状写　「諸古文状」西尾市岩瀬文庫

当所之事、近年雖令宇津(頼重)押領、今度被遂御紀明、永禄六年之誓紙・同七月廿三日任条数之旨、如前々対内藤藤五郎一途被仰付、被成御朱印上者、年貢諸公事物等、郷代江可致其沙汰之由、被仰出候也、仍状如件、

永禄拾弐
卯月十六日　丹羽五郎左衛門尉長秀
木下藤吉郎秀吉
中川八郎右衛門尉重政
明智十兵衛尉光秀

新庄(丹波国、以下同国)　世木村　山科村
西田村　日置村　氷所村
田原村　大谷村　四万村
広瀬村
名主百姓中

六　立入左京亮宛連署状　「立入家文書」

禁裏御料所山国(丹波国)庄之事、数年宇津右近大夫(頼重)押領仕候、今度信長(織田)遂紀明、宇津ニ可停止違乱之由申付、両御代官へ信長以朱印申渉候、如前々為御直務可被　仰付之由、御収納不可有相違候、宇津かたへも堅申遣候、此等之旨可有御披露候、恐々謹言、

(永禄十二年)四月十六日　木下藤吉郎
秀吉（花押）
丹羽五郎左衛門尉
長秀（花押）
中川八郎右衛門尉
重政（花押）
明智十兵衛尉
光秀（花押）

立入左京亮(宗継)殿

七　梶又左衛門宛連署状　大阪青山学園

今度各御申之通、卅六人之衆相双而令披露候処、被対義統(武田)忠節明白之上者、去永禄九年十二月十三日任光録(禄)(義統)御判形之旨、

全可有知行之由朱印被遣候、弥孫犬殿（武田元明）へ可被抽忠勤之事簡要
候、恐々謹言、

（永禄十二年）卯月十六日

丹羽五郎左衛門尉
長秀（花押）

木下藤吉郎
秀吉（花押）

中川八郎右衛門尉
重政（花押）

明智十兵衛尉
光秀（花押）

梶又左衛門□
御宿所

## 八　広野孫三郎宛連署状　慶應義塾図書館

今度各御申之趣、卅六人之衆相双而令披露処、被対義統（武田）忠節
之上者、去永禄九年十二月十五日任光録（禄）（義統）御判形之旨、全可有
領知之由、朱印被遣候、弥孫犬殿（武田元明）へ可被抽忠勤事、簡要由候、
恐々謹言、

（永禄十二年）卯月十六日

木下藤吉郎
秀吉（花押）

丹羽五郎左衛門尉
長秀（花押）

中川八郎右衛門尉
重政（花押）

明智十兵衛尉
光秀（花押）

広野孫三郎殿
御宿所

## 九　治部助宛連署状　「神明神社文書」

今度各御申之通、□□（卅六）人之衆相双而令披露候処、被対義統（武田）忠
節明白之□（上カ）者、去永禄九年□□六日任光録（禄）（義統）御判形之旨、全
可□領知之由朱印被遣候、弥孫犬殿（武田元明）へ□（可カ）被抽忠□□（勤カ）、
□□、

（永禄十二年）□（卯）月□（十）六日

木下藤吉郎
秀吉（花押）

丹羽五郎左衛門尉
長秀（花押）

中川八郎右衛門尉
重政（花押）

明智十兵衛尉
光秀（花押）

□治部助殿へ

一〇　宇津右近大夫宛連署状　「立入家文書」

此中申旧候、禁裏御料所山国庄（丹波国）枝郷所々、小野・細川如先規、自　禁中可被仰付候旨、信長（織田）以朱印被申渉候、聊不可有御違乱候、此旨各より可申旨候、恐々謹言、

丹羽五郎左衛門尉
長秀（花押）
木下藤吉郎
秀吉（花押）
中川八郎右衛門尉
重政（花押）
明智十兵衛尉
光秀（花押）

（永禄十二年）四月十八日

宇津右近大夫（頼重）殿
御宿所

一一　宇佐美民部少輔宛書状写　「紀伊国古文書」国文学研究資料館

急度申入候、去正月五日、三好党押寄御所取巻、公儀（足利義昭）被為及難儀候処、其方事雖為牢人、因在京早々馳参本国寺（山城国）、手柄粉骨之由、被成下奉書候、委曲細川右馬頭藤賢可申披由ニ候へ共、我等方ゟも可申遣旨、依仰如此候、恐々謹言、

永禄十二年
五月九日　羽藤吉
秀吉（花押影）

宇佐美民部少（輔脱カ）殿

○この文書は検討を要する。

一二　東寺雑掌宛書状　『東寺文書聚英』

就当寺領并境内之儀、被帯御代々御下知、以当知行旨　信長（織田）朱印被出之上者、如先々任寺法堅可有所務候、恐々謹言、

木下藤吉郎
（永禄十二年）後五月廿五日
秀吉（花押）

（山城国）東寺
雑掌

一三　東寺所々散在名主百性中宛判物　『東寺文書聚英』

東寺（山城国）領所々散在等之事、信長（織田）手（ママ）印被出候、年貢諸公事、早々
彼寺へ可納所候、為其如此候、仍如件、

木下藤吉郎

（永禄十二年）後五月廿五日　　秀吉（花押）

東寺所々
散在名主百性中

一四　西蓮坊宛書状写　『桑名郡志』

信長（織田）江只今者御礼被仰候、殊御対面珍重候、猶用所於有之者
不可有疎意候、恐々謹言、

（永禄十二年）九月六日　　秀吉（花押影）

（ウワ書）
「　　　　　木下藤吉郎
西蓮坊（伊勢国）　御□□中　　秀吉　」

一五　芝薬師阿弥陀寺宛連署状　「阿弥陀寺文書」東大史影写

当寺寄宿等之事、任御下知之旨、御免除不可有相違由候也、
恐々謹言、

（永禄十二年）十月九日　　細川兵部大輔
藤孝（花押）
明院
良政（花押）
木下藤吉郎
秀吉（花押）

芝薬師（山城国）
阿弥陀寺

一六　当地名主百姓中宛書状　「退蔵院文書」東大史影写

妙心寺（山城国）内無明院領横路分之事、薬師寺寄進以来帯御下知并証
文等、当知行無紛候処、従　梶井宮御違乱之由候、一向不謂
儀候、所詮如有来彼院へ年貢諸成物、早々可致納所候、若於
難渋者、譴責使可申付候、恐々謹言、

木下藤吉郎

（永禄十二年）十一月十九日　　秀吉（花押）

当地

名主百姓中

## 一七　徳勝軒分百姓中宛書状写　「古今消息集」東大史謄写

徳勝軒分之儀、如前々勝雲処へ可納所候、若於無沙汰者可催促候、謹言、

（永禄十二年）十一月廿九日　　木下藤吉郎

秀吉（花押影）

徳勝軒分

百姓中

## 一八　当所名主百姓中宛書状

「中田薫氏所蔵文書」東大史影写

西五条田代官職事、安威兵部少輔方被帯補任、当知行以筋目、今度重而被成御下知候処ニ、理不尽ニ為本所御納所之由候、不可然候、如前々安兵代ニ可令納所候、万一於無沙汰者、可譴責候、為案内如此候、恐々謹言、

木下藤吉郎

（永禄十二年）十一月晦日　　秀吉（花押）

当所

名主百姓中

## 元亀元年（一五七〇）　四月二十三日改元

### 一九　小早川左衛門佐宛書状　「小早川文書」東大史写真

今度信長(織田)江従元就(毛利)為御使、永興寺(隆繁)御上国候、拙子可申次之由候間、執申候、信長別而入魂被申候条、弥向後無御隔心可被仰談事肝要候、我等事、乍若輩相応之儀示預、不可有疎意候、仍雖無見立候、馬一疋飛漕毛令進覧候、自今以後、別而可得御意表事候、猶如閑斎・柳沢新右衛門尉(元政)可被申候、恐惶謹言、

三月十八日(永禄十三年)　秀吉（花押）

小早川左衛門佐(隆景)殿
人々御中

（ウワ書）
「小早川左衛門佐殿　木下藤吉郎
人々御中　秀吉」

### 二〇　大住庄三ケ村名主御百姓中宛連署状　「曇花院文書」大阪城天守閣

曇花院殿様御領大住庄(山城国)三ケ村、同南東跡職等之儀、今度一色式部少輔(藤長)殿御違乱ニ付而、双方躰御糺明之処、御寺様より御理之段無紛候間、御朱印被進之候、一円ニ可被仰付之由候上者、入組買得方、其外南東家来等ニ至る迄、御寺様可為御計候、守護不入之知(地)として御直務之条、御年貢所当無疎略可進納申事簡要候、於無沙汰者、可為御成敗者也、謹言、

永禄十三　木下藤吉郎
三月廿二日　秀吉（花押）
丹羽五郎左衛門尉
長秀
中川八郎右衛門尉
重政
明智十兵衛尉
光秀

大住庄三ケ村
名主御百姓中

二　大住庄名主御百姓同小作中宛連署状　「曇花院文書」東大史影写

当所之事、今度被遂御糺明候処、曇華院殿様御理運ニ付て、諸入組共ニ一円ニ　御寺様へ可被仰付之由、御朱印被進之候、然而何かと地下申懸之由、無是非候、一切許容あるへからす候、若何かと候者、交名を書付、注進可申候、きと可申届候、為其意得申候、恐々謹言、

（永禄十三年）三月廿八日　（武井）夕庵　尓云（花押）

木下藤吉郎　秀吉（花押）

（山城国）大住庄

名主御百姓

同小作中

三　賀茂庄中宛連署状　「賀茂郷文書」東大史影写

猶以定納四百石宛ニ相定候、以上、

城州賀茂庄之内、自先々落来候田畠、雖為少分、任　御下知旨、賀茂売買之舛にて毎年四百石宛可運上、并軍役百人宛可有陣詰之由、得其意候、聊不可有如在事肝要候、恐々謹言、

（永禄十三年）四月十四日

木下藤吉郎　秀吉（花押）

明智十兵衛尉　光秀（花押）

賀茂庄中

亖　昨夢斎宛書状　名古屋市博物館

尚以最前ニも委細申入候御用之事、何も〳〵御調候て可給候、頼入候、飯米大坂ニ置候、竹□□御談合候て□ヲ以、何も御調法候て可給候、

下国已来不申入候、所存之外候、仍江北（近江国）へ行之儀、取出三ケ所候、先の取出ニハ拙者人数三千加可在之由候、氏家（直元）伊賀（安藤守就）一城、稲葉（貞通）を水野下野守（信元）一取出可被置之由候、就其火急之用ニ候、於其方てつはう（鉄炮）薬いかにもよく候を三十きん程、并ゑんせう（煙硝）三十きん御調候て可給候、別而御馳走頼入候、江北へ於行者、即時通路已下可明候間、可御心安候、於此方御用等蒙仰、聊不可如在候、旁自是可申入候間、不能巨細候、恐々謹言、

（元亀元年）六月四日　秀吉（花押）

「（ウワ書）　（墨引）
昨夢□（斎）（今井宗久）　木下藤吉郎
床下　秀吉」

## 二四　竹生島惣中宛判物　「竹生島文書」東大史影写

当寺仏田・諸寄進坊地坊領買得分、臨時課役非分之儀有之間
敷候、早崎村（近江国）之儀、御門前之上者、諸事可為如当寺置目、并
天女御供通舟等之儀、如前々不可有相違状如件、
元亀元　木下藤吉郎
七月廿五日　秀吉（花押）
竹生島（近江国）惣中

## 二五　東寺領上久世名衆百性中宛書状写　「東寺百合文書」東大史写真

就東寺（山城国）領之儀、先度信長（織田）被出朱印候之間、彼寺へ可致納所由、
則折紙進候之処、寄事双于今無沙汰由不可然候、年貢諸成物
等如有来候可寺納候、若於難渋者可令譴責候、為其折紙進候、
恐々謹言、
元亀元　木下藤吉郎
八月十九日　秀吉
東寺領上久世（山城国）
名衆（主カ）百性中

## 二六　大津近松寺内顕証寺宛書状　「本願寺文書」

当寺内之儀、無御疎意通、御申付而、朱印進之候間、我等式
相応之義、可蒙仰候、不可有如在候、恐々謹言、
（元亀元年）十月廿日　木下藤吉郎
大津近松寺内（近江国）　秀吉（花押）
顕証寺

## 二七　河島周善宛書状　個人蔵

当寺内之儀、無疎意候、自然下々猥之族於在之者、可申達候、
猶同名（木下祐久）助左衛門尉可申候、恐々謹言、
（元亀元年カ）十月廿五日　木下藤吉郎
河島　秀吉（花押）

周善

二八　竹田政所宛書状写　「京都府寺志稿　不動院」東大史謄写

(山城国)竹田三ケ庄内買得等田地、徳政之義ニ付而、理不尽之催促於有之者、可注進可(衍)有候、為此方可申付候、恐々謹言、

(元亀元年)十一月十一日　木下藤吉郎
秀吉(花押影)

竹田政所

二九　立入左京進宛書状　「立入家文書」

其方買得分之事、御下知在之事候、何も徳政行候共不苦候、下々何角申候者可有注進候、我等かたより可申届候、恐々謹言、

(元亀元年)十一月十一日　木下藤吉郎
秀吉(花押)

立入左京進(宗継)殿
御宿所

三〇　本興寺寺内惣中宛書状　『本興寺文書』

(摂津国)尼崎本興寺寺内之儀、徳政御免条(除)之御下知在之由蒙仰候、自然誰々非儀申懸仁於在之者、我等可申届候、恐々謹言、

(元亀元年)霜月十五日　木下藤吉郎
秀吉(花押)

本興寺
寺内惣中

三一　伊源入宛書状　中京大学文学部

猶以不可有如在候、可御心安候、以上、

徳政之儀、朱印在之上者、たれ〳〵違乱之族在之候共、蒙仰可申達候、不可有疎意候、恐々謹言、

(元亀元年)十一月廿日　木藤
秀吉(花押)

伊源入
御宿所

三二　相楽庄蔵方中宛書状　「大方文書」東大史写真

今度徳政之儀ニ付て、当庄之事守護不入之段申上、為御本所被仰付候処ニ、今更不能承引由候、近比不相届儀共候、所詮於背御本所者、堅可有御成敗候、光浄院折紙を相調進之候、謹言、

（元亀元年）十一月廿日　　　木下藤吉郎　秀吉（花押）

（山城国）相楽庄
　　蔵方中

三三　木津春松宛連署状写　『松雲公採集遺編類纂』

光照院殿御領城州相楽庄事、守護不入被仰付候処、今度御年貢被置押通、（織田）信長江申聞候、限沙汰之由候、即以折紙被申候間、可被止競望事肝要候、此旨堅可申越由候条、如此候、恐々謹言、

（元亀元年）十一月廿三日　　　木下藤吉郎　秀吉（花押影）
　　　　　　　　　　　　　　　酒井右近尉　政重（花押影）

木津春松殿
　　御宿所

三四　賀茂郷銭主方并惣中宛書状　「賀茂別雷神社文書」東大史写真

当郷之儀、不混于他候之条、徳政之事棄破之朱印被遣之候、然上者永地預状等弥以不可有別儀候、恐々謹言、

（元亀元年）十一月廿五日　　　木下藤吉郎　秀吉（花押）

（山城国）賀茂郷
　　銭主方并
　　惣中

三五　久徳左近兵衛尉宛書状　「神田孝平氏所蔵文書」東大史影写

態令啓達候、今度其表之事如何と無御心元候処ニ、堅固之由於（近江国）志賀承、令満足候キ、誠御忠節無残所候、御領中方之事、任折紙旨、急度可被仰付候、恐々謹言、

木下藤吉郎

（元亀元年）十一月廿五日　　　　秀吉（花押）

久徳左近兵衛尉殿

御宿所

## 三六　広隆寺御同宿中宛書状　「広隆寺文書」東大史影写

当寺買得分并祠堂預り状、雖為今度徳政公験之旨御任尤存候、
若兎角申方候者可承候、可相理候、恐々謹言、

木下藤吉郎

（元亀元年）十二月二日　　　　秀吉（花押）

（山城国）広隆寺

御同宿中

## 三七　蜂須賀彦右衛門宛自筆書状　『豊大閤真蹟集』

返々すくなく□□候へ共、まつ〳〵わたし候へく候、
りやう（領）中お出し候へ共、一き（揆）おこり候間、物なり候間、
其御心へ候へく候、いそき候て、たんせん（段銭）の事、
さいそく（催促）かたくさせ候へく候、此ほか不申候、
こめ十ひやう、ひくち（樋口直房）ニ其方よりのたんせんかたのこめお御
わたし候へく候、すくなく候へ共、事ハり（断）御申候て、御わた
し候へく候、恐々謹言、又申候、長右ニ五貫文のはつ（筈）にわた
し候へく候、

（元亀元年）十二月廿七日　　　　秀吉（花押）

「（別筆）しか（近江国滋賀）の御ちん（陣）のとし」

（ウワ書）
「（墨引）　はちひこゑ（蜂須賀彦右衛門正勝）　　藤吉郎

まいる　御中　　　　　」

# 元亀二年（一五七一）

三八　小早川左衛門佐宛連署状　「小早川文書」東大史写真

「（端裏書）
（墨引）」

就柳沢新右衛門尉（元政）上国、従御父子様、信長（織田）江条々被仰越候、具申聞候、遠路切々御音信、本望由、則御返事進入候、随而丹但両国賊船之儀、公儀（足利義昭）江申上、信長可被馳走旨候、定而不可有別儀存候、仍雲伯表、弥被任御存分之由、簡要存候、畿内其外信長分国、何以静謐候、可御心易候、猶柳沢可被申述候、恐惶謹言、

（元亀二年）四月十一日　秀吉（花押）
尓云（武井夕庵）（花押）

小早川左衛門佐（隆景）殿
御報

「（ウワ書）
木下藤吉郎
夕庵
小早川左衛門佐殿　秀吉
御報」

三九　徳山右衛門尉他宛書状　長浜城歴史博物館

尚以早々被仰越候、本望不少候、随而合戦之絵図、為御披見進之候、

此表之儀ニ付而、早々預飛脚候、畏入存候、仍去六日、鎌刃（近江国）表へ浅井（井規）相働候□、即時我等懸合、及一戦切崩、数多討捕、従箕輔（近江国箕浦）八幡（近江国）迄之間打捨、不知其数候、八幡表ニて敵返申候処を、都合三度迄□追崩、首を取、其外悉海へ追入、得太利候、可御心易候、将亦承候おりかミ（折紙）相調進之候、尚御用等可承候、恐々謹言、

（元亀二年）五月十一日　木下藤吉郎
秀吉（花押）

□兵衛殿
徳山右（衛門尉）□
御報

四〇　幡枝他郷中宛書状　「座田文書」東大史影写

加茂（山城国）与市原（山城国）申詰山之儀、市原野従往古任当知行候処、今又自

加茂申懸之由、一円無分別候、御奉行中ゟ隣郷へ御尋ニ付而ハ、様躰□用□可申候、少も於相紛者、我等来月可罷上候間、申上候而、急与成敗可申付候、為其如此候、恐々謹言、

木下藤吉郎

秀吉（花押）

（元亀二年カ）六月十三日

（山城国、以下同国）幡枝

野中

二瀬

鞍馬

貴布祢　郷中

## 四一　観世小次郎宛書状　法政大学能楽研究所

猶以彼両人事、一円不存候つる、承候旨意得申候、何篇追而可申入候、又相紛事候て、使者御帰候、無御心元候、

御床敷折節、御状本望候、如仰今度者御下、殊永々御逗留候つるニ、何事之遊山も御入候ハす候、然共上ニての御仕合共能候て、於我等満足候、御帰路ニハ何と哉らん、あやまちさせられ候よし申候、無心元候処、くるしからす御渡候由、これ又尤候、就中（山城国）勧修寺郷両人事承候、神藤右衛門折紙うつし給令披見候、無是非儀候、爰本ニて一円無其沙汰候つる、様躰あひきわめ、追而可申候、次すき袋、如書状送給候、祝着申候、猶期来信之時候、恐々謹言、

（元亀二年）七月十三日

秀吉（花押）

（ウワ書）

「（墨引）

観小次（郎）□さま（観世元頼）

木藤

秀吉

御返報

」

## 四二　山城大住庄名主御百姓中宛連署状

「曇花院文書」東大史影写

当庄之儀、（織田信長）殿様御申沙汰候て、曇花院殿様御直務ニ被仰定、御下知御朱印明白候、然而御給人を被付之由候、定（足利義昭）うへ様ハ被知召ましく候歟、殿様より（足利義昭）公方様へ当庄之儀無相違候様ニと御申之事候間、定不可有別儀候、御年貢之事、於他納ハ可為二重成候、恐々謹言、

（元亀二年）七月廿日

（武井）夕庵　尓云（花押）

木下藤吉郎

秀吉（花押）

山城大住庄
名主御百姓中

## 四三 曽我兵庫頭宛書状写 『細川家文書』

猶以従 上様《足利義昭》、拙者被成御留候と御内書被遣候て可被
下候、さ候ハすハ迷惑ニ存知候、
此表之儀、従切々可申上之処、相卜御注進可申上と存知、
無其儀候、
一池田《勝正》・伊丹《親興》間之儀、相済参会候、数十年以来公事相果、上
下満足之由申候、
一石曳今日至茨来《摂津国茨木》表可罷越候、召連可罷上候、
一高槻《摂津国》之儀も種々令才覚、今日一着可仕候、於相卜追々可申
上候、敵可越川之由申候条、池田・伊丹相談、無二ニ可及
一戦調談候、若敵不罷出候者、若キ者共各無念之由申候、
若よこ表へ於罷上、所々御取出之城打捨悉申合、為御後詰
罷上可相果由悉申候、於様躰者柴庵可被申上候、将亦岐阜《美濃国》
へ拙者も人を下申候、早々被成 御内書、尤存知候、さや
うニ無御座候者我等可罷下候、此由御披露奉憑存候、恐惶
謹言、
十一月《元亀二年》十九日　　秀吉（花押影）

「《ウワ書》（墨引）
曽我《助乗》兵庫頭殿　　木下藤吉郎
秀吉　」

## 四四 賀茂郷銭主方并惣中宛書状写

『古典籍下見展観大入札会目録』一九六八年

態以折紙令申候、仍賀茂郷《山城国》徳政免除之儀付而、去年 御下知
朱印被遣候処、一揆中恣申掠候哉、重而今度 御下知被遣之
由候、如何之儀候哉、我等朱印申次候間、達而御理可申上覚
悟候、一揆等令在岐阜《美濃国》、種々雖申上候、信長《織田》無許容候、右
之儀、上中《上野秀政》・才阿《才阿弥》へも申候、当郷之儀、不混于他候条、徳政
之事棄破之朱印被遣之候、然上者永代預状等弥以不可有別儀
候、恐々謹言、
十一月《元亀二年》廿五日　　木下藤吉郎
秀吉（花押影）
賀茂郷
銭主方并
惣中

○四五号の本文と三四号の写が破線の部分で繋ぎ合わされ、
四四号になっている。

四五　沼田弥七郎宛書状写　「雑録」東大史謄写

態以折紙令申候、仍賀茂(山城国)郷徳政免除之儀付而、去年御下知朱印被遣之処、一揆中恣申掠候哉、重而今度御下知被遣之由候、如何儀候哉、我等朱印申次候間、達而御理可申上覚悟候、一揆等令在岐阜(美濃国)、種々注(雖カ)申上由(候カ)、信長(織田)無許容候、右之儀、上中(上野秀政)・才阿(才阿弥)へ茂申候、被仰談可然様御披露所仰候、恐々謹言、

(元亀二年)十二月二日　　木下藤吉郎
　　　　　　　　　　　秀吉(花押影)

沼田弥七郎(五カ)殿
　　人々御中

四六　賀茂御役者中宛書状

「賀茂別雷神社文書」東大史写真

去年徳政之儀、被成御免除　御下知并朱印之処、于今難渋之由言語道断次第候、御下知朱印於違背者、来春罷上、急度可申達候、為届申候、恐々謹言、

(元亀二年)十二月廿二日　　木下藤吉郎
　　　　　　　　　　　秀吉(花押)

(山城国)賀茂
　　御役者中

四七　城州狭山郷名主百姓中宛判物　『石清水文書』

石清水(山城国)八幡宮田中御門跡御領年貢諸成物等、堅可相拘候、双方へ納所候而者不可然候、来春可罷上候条、其刻可相済候也、

(元亀二年)十二月廿三日　　木下藤吉郎
　　　　　　　　　　　秀吉(花押)

城州狭山郷
　　名主百姓中

# 元亀三年（一五七二）

## 四八　紹悦公宛書状　「三野家文書」『新編香川叢書』

西大路（山城国）内葛原屋敷之事、前ゟ貴所買徳（得）契約之由候、以其筋目
今度被申分之旨尤候、若相替儀候者、随分馳走可申候、為其
如此候、恐々謹言、

元三（元亀三年）
卯月廿（カ）一日　　木下藤吉郎
秀吉（花押）

紹悦公
足下

## 四九　長福寺役者御中宛書状　「長福寺文書」東大史影写

当寺同諸塔頭領年貢諸成物等之事、被成　御下知、殊以信長（織田）
朱印在之上者、可被全寺務候、猶若難渋輩者、此方へ可承候、
急度譴責使可出候、恐惶謹言、

五月六日（元亀三年）　　木下藤吉郎
秀吉（花押）

長福寺（山城国）
役者御中

## 五〇　西院之内妙智院領百姓中宛連署状　「妙智院文書」東大史影写

西院（山城国）之内、妙智院策彦（周良）東堂御寺領分安弘名之事、殿様（織田信長）より
被仰付、御寺へ可為御直納之旨被成御印判上八、年貢諸公事
物等、無不法懈怠可致其沙汰候、石成（友通）方へも右之分被仰出候
間、聊以不可有別条候、指出之儀相調候て、妙智院納所へ可
渡進候、或者隠田、或者上田を薄地ニ替、恣之族於有之者、
可被処厳科候、此旨従両人可申之由候、恐々謹言、

九月廿日（元亀三年）　　夕庵（武井）
尓云（花押）
木下藤吉郎
秀吉（花押）

西院之内妙智院領
百姓中

五一　上平寺惣中宛書状　「上平寺文書」

当寺中并小屋放火之儀、堅令停止候、自然一揆等被立置候者、則可成敗候、可被得其意事専用候、恐々謹言、

木下藤吉郎

(元亀三年)十月五日　秀吉(花押)

(近江国)上平寺惣中

五二　御牧勘兵衛宛書状　「御牧文書」東大史写真

久敷不申承候処、御状畏入候、然者(御牧)摂津守殿人質之儀、(摂津国)高槻ニ御預ケ候を、人質ニ可仕之由、高槻ゟ被申之由候、(足利)公方(義昭)様へ之質物ニ候間、其義者高つきの人質ニハ成申間敷候へ共、先々摂津守殿御隠居之由候、其様被成名代候義尤存候、(織田信長)上様ゟ人質可被召置之由、無余儀存候間、其方質物を御出候て尤候、(上野秀政)上中へも御存分之通申遣候、如何様ふと上洛可申候間、其刻懸御目可申承候、恐々謹言、

(元亀三年カ)十月十三日　秀吉(花押)

(御牧勘兵衛景則)御勘

御返候

五三　大徳寺各御中宛連署状　「大徳寺文書」東大史影写

就御寺領之儀、(織田)信長朱印両度被遣之由、委曲令存知候、向後於両人不可存疎意候、(山城国)賀茂之儀、(石成友通)石主へ申届候、尚以(正勝)蜂須賀ニ申含候間、不具候、恐惶謹言、

塙九郎左衛門尉

(元亀三年)霜月二日　直政(花押)

木下藤吉郎

秀吉

(山城国)大徳寺

各御中

五四　松尾社家神方中宛書状　「松尾月読社文書」東大史影写

当社領之事、今度上野(秀政)中務大輔殿江雖被仰付候、御代々御判御下知之旨申分、如前々被返付候、然上者只今御下知、秀政放状等申調進入候、既雖有且納、任右之証文之旨、悉持返被申候条、如前々可有御社納事、肝要ニ候、恐々謹言、

元亀三　木下藤吉郎

極月三日　秀吉(花押)

松尾社（山城国）家神方中

五五　某宛連署状　「伊藤宗十郎家文書」中京大学文学部

諸商人之事、誰々雖為家来、任御朱印之旨、可被申付之状如件、

（元亀三年）十二月六日

成田杉　長重（花押）

木藤　秀吉（花押）

岩弥三　吉勝（花押）

金（金森）五郎八　長近（花押）

堝九郎左衛門尉　直政（花押）

森勝蔵　可長（長可）（花押）

丹羽五郎左衛門尉　長秀（花押）

島田但馬守　秀満（花押）

（宛所欠）

五六　松室三宛書状　「松尾月読社文書」東大史影写

如仰、今度御神領之儀ニ蜂須賀（正勝）差上、無異儀相調令満足候、殊御下知并上中（上野秀政）御放状御文言可然候、就其御朱印之儀意得存候、年内無余日候間、春ハ早々御下知之本文可有御下候、則調可進之候、又拙者副状之事、是又不可有別儀候、仍為御音信板物壱端到来候、畏入候、将亦黄金如御状慥相届候、尚蜂彦右（蜂須賀正勝）より可被申候、恐々謹言、

（元亀三年）極月十七日　木藤　秀吉（花押）

「（ウワ書）
（墨引）　木藤
松三（松室相光）　秀吉
御返報」

五七　松尾社中宛書状　「松尾月読社文書」東大史影写

今度蜂彦右（蜂須賀正勝）差上候処ニ、松尾（山城国）之儀相澄候而令満足候、御朱印之儀者、聽而調可進之候、然者慥成仁ニ御下知・上中（上野秀政）放状本

文持可給候、其次第たるへく候、社務被下候事、遠路候間、
御無用候、尚筑後可申候、恐々謹言、
(元亀三年)十二月廿五日　秀吉(花押)
(ウワ書)
「(墨引)　木藤
松尾社□(中)　秀吉
御宿所」

# 天正元年（一五七三）七月二十八日改元

## 五八　遊佐勘解由左衛門宛書状写　「寸金雑録」東大史謄写

此方弥無異儀候間、可御心易候、
安田(保田知宗)佐介人質之事、未被出之由、信長(織田)承候、如何御由断ニ候哉、早々被仰付、御進上候様ニ、私ゟ可申上旨候、可有御披露候、恐々謹言、
(元亀四年ヵ)五月十七日　秀吉(花押影)
遊佐(信教)勘解由左衛門殿

## 五九　大山崎惣中宛書状　「離宮八幡宮文書」東大史影写

返々明日早々奉待候、以上、
態以折紙令啓候、仍　殿様(織田信長)ゟ被仰出ニハあらす候、拙者への為御合力、縄五十束か又ハ三十束か、明日食以前ニ至、御牧(景則)持せ可給候、今日者先至真木島(山城国槇島)迄罷帰候、明日未明ニ可越候、少々淀辺(山城国)ニ指当入申子細候間、扨々如此候、御六かしき雖申事候、併之儀ニ候条如此候、恐々謹言、

(元亀四年)七月廿日
羽柴藤吉郎
秀吉（花押）
大山崎(山城国)惣中
まいる
御宿所

六〇　古橋郷名主百姓中宛判物　「古橋村高橋家文書」長浜城歴史博物館

各、早々令還住尤候、下々猥之族一切令停止候也、

(天正元年)八月十一日
羽柴藤吉郎
秀吉（花押）
ふるはし(近江国古橋)郷
名主百姓中

六一　矢野備後守宛書状　『舞鶴地方史研究』三〇

尚以江北(近江国)小谷之儀者存分ニ申付候条、是又可有御披露候、

此表御出張之儀ニ付而、早々御札本望存候、今度江北浅井(長政)為合力、義景(朝倉)出馬候処、信長(織田)懸付、悉追崩、数多討取、直ニ越州(越前国)府中ニ至居陣候、義景も加州境大野郡(越前国)迄引退候処ニ、則生害させ申候、如此候へハ、加州之事ハ不及申、何れも御詫言申、御免被成候、□共可御心安候、随而其方御礼之事、代官ニてハ如何之候、御大儀候共、早々御参尤存候、急候条令省略候、恐々謹言、

(天正元年)八月廿二日
羽柴藤吉郎
秀吉（花押）
矢野備後守殿
御返報

六二　織田大明神寺家中宛連署状写　「辻川家文書」

織田(越前国)大明神領之事、如前々任当知行之旨、不可有相違之由候、坊領并山林、悉可為同前候、以上、全領知簡要候、仍状如件、

天正元
八月廿八日
明智十兵衛尉
光秀（花押影）
羽柴藤吉郎
秀吉
瀧川左近
一益（花押影）

寺家中

六三　織田大明神寺中門前宛禁制　「剣神社文書」『丹生郡誌』

禁制　（越前国）織田大明神寺中門前

一濫妨狼籍（藉）之事、
一伐採竹木之事、
一陣執放火之事、
右堅令停止訖、若於違犯之輩者、速可所厳科者也、仍下知如件、

天正元年八月　日　（秀吉花押）

坊領并山林も可為同前候、以上、

六四　橋屋三郎五郎宛連署状　「橋文書」東大史影写

其方身上之儀、任　御朱印之旨、諸役以下、如前々可其覚悟候状如件、

（天正元年）九月五日　明智十兵衛尉
光秀（花押）
羽柴藤吉郎
秀吉
瀧川左近
一益（花押）

橋屋
三郎五郎との

六五　安居三河守宛連署状　「横尾勇之助氏所蔵文書」東大史影写

其方御本知之事、可被成御朱印之由候条、如前々年貢諸物成等不可有相違候、恐々謹言、

（天正元年）九月六日　明智十兵衛尉
光秀（花押）
瀧川左近
一益（花押）
羽柴藤吉郎
秀吉

安居三河守殿

六六　小早川宛連署状　「小早川文書」東大史写真

東北国之躰并五畿内之趣、(織田)信長直ニ申入之間、不能重説候、
就因但間之儀、蒙仰趣申聞候、被得其意候、近日可為上洛候間、畿内之躰被見合、但州へ働之日限、自是可被申入由候、(朝山)猶日乗上人可被相達候、恐惶謹言、

(天正元年)九月七日　(武井夕庵)尓云(花押)
秀吉(花押)

(隆景)小早川殿
貴報

「(ウワ書)
小早川殿　羽柴藤吉郎
夕庵
貴報　秀吉」

六七　毛利宛書状　「毛利文書」東大史影写

「(端裏ウワ書)
羽柴藤吉郎
謹上　(輝元)毛利殿　秀吉
人々御中」

就(足利義昭)公方様御入洛之儀、(織田)信長江御諷諫之通、則申試候処、同心被申候、然上者(上野秀政)上中・(真木島昭光)牧玄儀、不可有異儀候、(柳沢元政)柳新御使者取添被差上、御調尤候、此方之儀者、拙者可致馳走候、尚従(朝山日乗)日上可被相達候、恐惶敬白、

(天正元年)九月七日　秀吉(花押)

謹上　毛利殿
人々御中

六八　宝慶寺宛連署寺領宛行状　「宝慶寺文書」東大史写真

当寺領百石之事、任当知行之旨、年貢諸成物等如前々不可有相違候、自然百姓等於令難渋者、可為曲事候、恐々謹言、

(天正元年)九月九日　明智十兵衛尉
光秀(花押)
羽柴藤吉郎
秀吉
瀧川左近
一益(花押)

宝慶寺(越前国)

## 六九 徳山次郎右衛門宛連署知行目録写

「徳山氏系図」岐阜県歴史資料館

目録　徳山次郎右衛門(貞兼)方江御扶持分

一百八拾石　窪田将監分之内今庄(越前国、以下同)上下

一百五拾石　高橋新助分之内未之保之内

一百石　青木隼人分之内大虫村大浦分

一百七拾石　青木式部跡職所々

以上六百石

天正元

九月十八日　瀧川左近　一益(花押影)

羽柴藤吉郎　秀吉(花押影)

明智十兵衛尉光秀(花押影)

○「右竪紙裏之真中ニ如此上包ニ下ケテ徳山次郎右衛門殿トアリ」と記される。

## 七〇 湊瀧谷寺宛連署寺領宛行状

「滝谷寺文書」東大史写真

其方寺領分之事、任当知行之旨、年貢諸済物可有収納候、仍如件、

(天正元年)九月十九日

明智十兵衛尉

光秀(花押)

羽柴藤吉郎

秀吉

瀧川左近

一益(花押)

湊(越前国三国湊)

瀧谷寺

床下

## 七一 大徳寺宛書状

「大徳寺文書」東大史影写

就当国(越前国)御出馬、為御見舞、遠路御使僧、殊為御音信、銀子如御状到来候、恐悦無他候、尚委段蜂須賀(正勝)可申入候間、不能懇筆候、恐々謹言、

(天正元年)九月廿一日　秀吉(花押)

大徳寺(山城国)
御報

七二　小早川左衛門佐宛書状　「小早川文書」東大史写真

尊書欣悦不浅候、仍越州(越前国)平均被申付、剰義景(朝倉)・浅井父子(久政・長政)生害、於戦場数多被打捕、属存分候、其剋勢州一揆等悉加成敗、無異儀御座候、近々上洛之内存候、其砌可被申入旨候、拙子江北(近江国)在之事候、相応之御用被仰付候者、可為本懐候、恐惶謹言、

十月十二日(天正元年)　秀吉(花押)

小早川左衛門佐(隆景)殿
人々御中

「(ウワ書)
羽柴藤吉郎
小早川左衛門佐殿　秀吉
人々御中」

七三　小早川左衛門佐宛連署状　「小早川文書」東大史写真

「(端裏書)(墨引)」

北国之儀、被任存分付而、早々被仰越候、御懇之至、畏存之由候、在洛之条、切々可被仰通候事、所希候、猶以遠路示預候、大切存之由候、可得御意候、恐惶謹言、

十一月七日(天正元年)　尓云(武井夕庵)(花押)
秀吉(花押)

小早川左衛門佐(隆景)殿
御報

「(ウワ書)
羽柴藤吉郎
夕庵
小早川左衛門佐殿　秀吉
御報」

七四　浅野弥兵衛尉宛知行宛行状　「浅野文書」東大史影写

為扶助百弐拾石令支配候、於末代不可有相違候、猶依忠節可申談候、仍而如件、

天正元
十二月吉日　羽柴藤吉郎
秀吉(花押)

浅野弥兵衛尉(長吉)殿
御宿所

七五　春木衆一宛知行宛行状写

「古案」徳川林政史研究所

為扶助弐万（ママ）石令支配候、於末代不可相違候、猶依忠節可申付、如件、

天正元
十二月吉日
羽柴藤吉郎
秀吉御書判
春木衆一殿

七六　樋口源四郎宛知行宛行状写

蜂須賀家家臣「成立書」徳島城博物館

為扶助百石令支配候、永代不可有相違候、猶依忠節可申談候、仍如件、

天正元十二月吉日
羽柴藤吉郎
秀吉御判
樋口源（武幸）四郎殿

七七　真野左近宛知行宛行状

「長府毛利家所蔵文書」東大史影写

為扶助弐百石令支配候、於末代不可有相違候、猶依忠節可申談候、仍如件、

天正元
極月吉日
羽柴藤吉郎
秀吉（花押）
真野左（助宗）近殿
御宿所

# 天正二年（一五七四）

七八　竹生島寺家中宛書状　「竹生島文書」東大史影写

当島ニ備前（浅井長政）預ケ置候材木之儀、急度改可相渡候、於如在者可
為曲事候、恐々謹言、

羽柴藤吉郎
（天正二年）正月廿三日　秀吉（花押）
（近江国）竹生島
寺家中

七九　西福寺并櫛川宛判物　「西福寺文書」東大史影写

御制札任　御朱印之旨、我等軍勢共不可致乱妨狼藉候、当寺
之儀、別而為承及儀候間、如此候、若於相背者、可申付之状
如件、

羽柴藤吉郎
（天正二年）正月廿五日　秀吉（花押）
（越前国）西福寺并（同国櫛川）くし川

八〇　龍厳院宛寺領寄進状　「総持寺文書」東大史影写

為当寺領百弐拾石并寺屋敷等、令寄進候、全可有寺納状如件、

天正弐
藤吉郎
二月十八日　秀吉（花押）
（近江国）龍（楞）厳院

八一　八幡宛社領宛行状　「長浜八幡神社文書」東大史影写

当坊中為堪忍分、百六拾石遣之候、全可有収納状如件、

天正弐
藤吉郎
二月廿日　秀吉（花押）
（近江国）八幡

八二　飯福寺惣中宛書状写　『己高山中世文書調査報告書』

当寺山屋敷并竹木令用捨候、向後不可有相違候、若何かと申
仁躰在之者、急度注進候ハヽ、堅可申付候、恐々謹言、

天正弐年
二月廿一日　秀吉（花押影）
（近江国）飯福寺

惣中

八三　在々所々定写　「雨森文書」『改訂近江国坂田郡志』

定

一在々所々作職等事、去年作毛之年貢納所候ともから（輩）、可相抱事、
一あれふの田地、当年ひらき候百姓、末代可相抱事、
一最前上使出し候時、さし（指）出しの上、ふみかくし候といふ共、只今罷出、有様申におゐてハ、其とか（咎）をゆるすべき事、
一在々所々つゝ（堤）みの事、堤下の物者申におよばず、隣郷の百姓も罷出、普請すべき事、
一在々所々ふみかくし、並こたへさけあるに付て、来廿五日糺明として、直可罷出候、其以前にさし出しあり様に仕を可相待候、もし無沙汰のともから（輩）あらば、となり七軒可成敗者也、仍申触所如件、

天正弐年

三月十九日　　藤吉郎

八四　在所掟之事写　「雨森文書」『改訂近江国坂田郡志』

在所掟之事

一当所不寄誰々身上、雖為地下人之内、出家侍百姓、曲事於申族在之者、惣在所衆押よせ、可及生害候、但親子兄弟なりとも、贔負偏頗仕間敷事、
一とう（盗）人の事、其仁生害不及申候、並くせ（曲者）物宥仕候ハゞ、とう人可為同前事、
一惣在所之内、誰々身上なりといふ共、何方よりも無理の儀被申懸候ハゞ、惣地下人指より可相理事、

天正弐年

三月廿二日

八五　三田村郷名主百姓中宛判物　「三田共有文書」東大史影写

野村（近江国）与三田村（近江国）郷井水之申事、双方証文無之候条、急度不申付候、両郷之内何々一方、可為非分之申候間、後々聞届候共、則可令成敗候、然者従当作干水之刻者、三田村江三日、野村へ一日、追日番水ニ可被申付候、右旨於相背者可為曲事之状如件、

天正弐

三月廿六日　藤吉郎

秀吉（花押）

三田村郷

名主

百姓中

八六　石道寺上坊御坊中宛書状写　「総持寺文書」東大史写真

当寺山屋敷并竹木令用捨候、向後不可有相違候、自然非分族申仁躰在之者、可預注進候、厳重可申付候、恐々謹言、

天正二年

五月九日　秀吉御墨印

石道寺（近江国）

上坊

御坊中

八七　丹後若狭舟手御人数中宛書状　「立石区有文書」東大史写真

立石之浦（越前国）、篠河兵庫（朝倉景綱）かたへ通路之舟申付候間、彼浦ニ自然舟など御付候事、御用捨尤候、若何かと候て者不可然候、恐々謹言、

（天正二年）五月廿日　羽柴藤吉郎

秀吉（花押）

舟（丹）後

若狭

舟手御人数中

○『大日本史料』は天正三年とする。

八八　平方名主百姓中宛判物　「川合文書」東大史影写

当郷家並ニ、明後日八日ニ、今はま（近江国今浜）ふしん（普請）ニ、すき（鋤）・くわ（鍬）并もつこう持候て、諸奉公人出家商人たりといふ共、一人も不残可罷出候、若於油断者、急与可申付者也、

（天正二年）六月六日　藤吉郎

秀吉（花押）

平方（近江国）

名主百姓中

## 八九　下八木地下人中宛判物　大阪城天守閣

尚々時分柄ニ候之間、一日之やと(雇)いたるへし、無油断
可罷出候、
就今浜(近江国)普請之儀、当郷人足之事、すき(鋤)・くわ(鍬)・もつこ以下持
之、出家侍奉公人ニよらす、明日九日未明ニ、家なミ可罷出
候、於油断者、急与可成敗者也、

藤吉郎
秀吉(花押)

六月八日(天正二年)
下八木(近江国)
地下人中

## 九〇　唐川他百姓中宛判物　長浜城歴史博物館

当郷人足、明後日十八、今浜(近江国)へ鋤・鍬を持、未明ゟ可来候、
出家侍たり共、家並ニ不残可罷出候、於油断者堅可為成敗者
也、

秀吉(花押)

七月十六日(天正二年)
から川(近江国唐川)
ふせ(布施)
高田　百姓中

## 九一　高田専修寺他宛書状「法雲寺文書」東大史写真

其国信長(織田)出馬之刻、可有御忠節之由、尤可然候事候、則以直
札被申候、依御忠節、知行方如御望、菅屋玖右衛門尉(長頼)相談、
可令馳走候、各無御越度様ニ御調談尤候、尚両人可被申候、
恐々謹言、

羽柴藤吉郎
秀吉(花押)

七月廿日(天正二年)
高田専修寺(越前国)
朝倉孫三郎(景健)殿
堀江中務丞(景忠)殿
大井四郎殿
細呂木殿
島田殿
実乗坊
了実坊
御宿所

「(ウワ書)
(墨引)
羽柴藤吉郎
高田専修寺　秀吉
御宿所」

九二　上部大夫宛寄進状　「可睡斎文書」東大史影写

国友（近江国）之内、海老名藤三郎分以百石令寄進候、可有全領知状如件、

天正弐

八月一日　　羽柴藤吉郎

秀吉（花押）

上部大夫（貞永）殿

まいる

九三　今井権六宛書状　「湯橋文書」東大史影写

樋口（直房）むほん候てはしり候、然者其有所被聞届候ニおゐてハ、殿様（織田信長）へ申上、其方御本知馳走可申候、御油断有間敷候、恐々謹言、

（天正二年）八月十七日　　羽柴藤吉郎

秀吉（花押）

今井権六殿

御宿所

九四　浅倉宛書状　「保々文書」『東浅井郡志』

返々明日委曲溝口権右衛門可申候、已上、

急度申入候、仍今度樋口三郎（直房）兵衛尉殿様（織田信長）へ不儀搆、其方へ罷退候由、慥案内者有之事候、然間被留置、早々於承者、殿様御忠節不可過之候、若それにても何方へ於罷退者、可為御越度候、我等一両日中ニ其表へ罷越候間、御隠候ハヽ、くれ〳〵可為御越度候、其上彼有所聞届留置、於有注進、為褒美金子拾枚可遣候間、此旨下々迄被仰付候者、可畏入候、恐々謹言、

（天正二年）八月十八日　　羽柴藤吉郎

秀吉（花押）

浅倉殿

人々御中

九五　関四郎宛書状　「賜蘆文庫文書」東大史影写

（包紙ウワ書）

「関四郎（盛信）殿　　羽柴藤吉郎

人々御中　　秀吉」

今度樋口（直房）儀ニ付て、以溝口権右衛門尉申候之処、被入御精故、早速申付候、殊盛宣（関盛信）御出陣之処、以御覚悟如此之段面目之至候、則信長（織田）江申上、以御朱印御礼被仰候、将亦、太刀一腰・馬一疋進入候、拙子以参雖可申入候、越州（越前国）表之儀可申付之旨被仰出候条、先如此候、向後別而相応之義被仰越候者、不可存疎意候、猶使者可申入候、恐々謹言、

（天正二年）八月廿五日　　秀吉（花押）

関四郎殿

人々御中

## 九六　国友藤二郎宛知行宛行状　「国友助太夫家文書」

国友（近江国）之内を以百石、令扶助候、全知行候、鉄炮之儀不可如在者也、仍如件、

天正弐　　藤吉郎

八月吉日　　秀吉（花押）

国友

藤二郎殿

## 九七　久賀宛書状

長浜城歴史博物館『一豊と秀吉が駆けた時代』

態申候、普請作事仕候ニ、此方郡中ニ竹一円無之候間、不寄大小、所望可申候、兵庫方次第代之儀渡可進之候、猶此三人ニ申含候条可申候、恐々謹言、

羽柴藤吉郎

（天正二年）九月八日　　秀吉（花押）

久賀殿

御宿所

## 九八　浅野弥兵衛宛領知宛行状　「浅野文書」東大史影写

当郡（近江国伊香郡）持寺郷之内百弐拾石事、令支配候、全領知不可有相違候、恐々謹言、

天正弐　　羽柴藤吉郎

九月十一日　　秀吉（花押）

浅野弥兵衛（長吉）殿

申給へ

### 九九　竹生島衆中宛寺領寄進状　「竹生島文書」東大史影写

当郡(近江国東浅井郡)以早崎郷之内参百石事、令寄進訖、全可有寺納候、然上
者如前々勤行等不可有油断之状如件、

天正弐年　　羽柴藤吉郎
九月十一日　　秀吉(花押)
竹生島(近江国)
衆中

### 一〇〇　樋口源四郎宛知行宛行状写
蜂須賀家家臣「成立書」徳島城博物館

当郡(近江国伊香郡)以柏原之内百石、令扶助候、全知行不可有相違候、恐々
謹言、

天正二　九月十一日　　羽柴藤吉郎
秀吉御判
樋口源四郎(武幸)殿
進之候

### 一〇一　加納広之介宛知行宛行状
「沢文書」『改訂近江国坂田郡志』

以当郷内六拾石、為配当遣之候、全知行不可有相違候、恐々
謹言、

天正弐　　羽柴藤吉郎
十月七日　　秀吉(黒印)
加納広之介

### 一〇二　根来寺御在陣衆中宛連署状
「市島謙吉氏所蔵文書」東大史影写

急度令申候、仍昨日十九日午刻、各至此表令着陣候、然者明
日廿一日至高屋(河内国)表推詰相働候之条、其表被相催、来廿三日於
高屋之南可被合手候、無御油断御馳走簡要候、委細従保左(保田知宗)可
被申入候、此表不日可為御出馬候之条、可被成其御意得候、
旁遂参会可申述候、恐々謹言、

(天正二年)十月廿日　　明智十兵衛尉
光秀(花押)
塙九郎左衛門尉
直政(花押)

蜂屋兵庫助
　頼隆（花押）
羽柴藤吉郎
　秀吉（花押）
丹波五郎左衛門尉
　長秀（花押）
柴田辰千代
　勝政（花押）
長岡兵部太輔
　藤孝（花押）
佐久間右衛門尉
　信盛（花押）

根来寺（紀伊国）
　御在陣衆中

一〇三　こほ宛書状　『近江長浜町志』

かへす〳〵それさま御ことわりにて候まゝ、まち（町）の事ゆるし申候、よく〳〵此ことわり御申きかせ候へく候、
　以上、
まち（町）のねんく（年貢）申つけ候ニつゐて、文くわしくはいけん申まいらせ候、
一まち（町）人の事、われ〳〵ふびんかり候て、よろつようしやせ（容赦）しめ候ところ、うず（踞）いニなり申候て、さい〳〵（在々）の百しやう（姓）をまちへよひこし申候事、くせ事ニて御入候事、
一よそのりやうち（領地）のものよひかへし候事ハ、もつともニ候へとも、きたのこおり（近江国北郡）のうち、われ〳〵りやうぶん（領分）のものよひこし候て、しよやく（諸役）つかまつり候ハぬを、よく候とて、ざい〳〵をハあけてゐん〳〵ニよひこし申候事、しよせん（所詮）まち人ニねんく・しよやくゆるし申候ゆへにて候まゝ、たゝいま申つけ候事、
一かやうニ申つけ候へとも、それさま御ことわりにて候まゝ、せん〳〵のことくねんく・しよやくゆるし申候まゝ、ふきやう（奉行）のものともニ此よし御申つけ候へく候、かしく、

十月廿二日（天正二年）　　藤きちらう
　　ひて吉
こほ

一〇四　国友藤二郎宛書状　「国友助太夫文書」

国友（近江国）河原方代官職之事、申付之条、無疎略可被取沙汰者也、
謹言、

天正弐

十月廿九日　藤吉郎

秀吉（花押）

藤二郎（国友）とのへ

一〇五　誉田八幡社家中宛連署状　大阪城天守閣

当手軍勢甲乙人濫妨狼籍（藉）放火事、堅令停止訖、仍状如件、

天正弐

拾月廿九日　丹羽五郎左衛門尉

長秀（花押）

塙九郎左衛門尉

直政（花押）

蜂屋兵庫助

頼隆（花押）

羽柴藤吉郎

秀吉（花押）

柴田辰

勝政（花押）

明智十兵衛尉

光秀（花押）

佐久間右衛門尉

信盛（花押）

長岡（細川）兵部大輔

藤孝（花押）

誉田八幡（河内国）

社家中

一〇六　和州西京薬師寺宛書状　「薬師寺文書」東大史影写

当寺之儀、乱媒（妨）狼藉等於仕輩者、可被加御成敗之旨、御朱印被成下候之条、我等手之者以下不相届儀在之者可申付候、可被得其意候、恐々謹言、

十一月十七日（天正二年）　羽柴藤吉郎

秀吉（花押）

和州西京

薬師寺

一〇七　大神宮宮司宛書状　「慶光院文書」東大史影写

猶以彼地給人申参候条、致糺明可申付候、

於御　神前御祈祷御祓并長蚫被懸御意候、令満足候、随而此表有之御神領之儀、被仰候様子相尋候而、可其随候、猶杉原弥七郎（家次）可申入候、恐々謹言、

(天正二年)後十一月十日　　　　秀吉(花押)

(伊勢国)大神宮

(河辺満長)宮司殿　御報

## 一〇八　某宛書状　『石清水文書』

「(端裏書)(墨引)」

為御音信、御香水并ゆかけ、如尊札送、被懸御意候、畏入存候、仍当郡御社領之儀、何も従殿様(織田信長)被仰出子細候間、委段者蜂須賀(正勝)かたより可被申入候、恐惶謹言、

(天正二年)後十一月十六日　　　　秀吉(花押)

(宛所欠)

# 天正三年（一五七五）

## 一〇九　小早川宛連署状　「小早川文書」東大史写真

「(端裏書)(墨引)」

(織田)信長へ御札并御使僧之通申聞、御返事被進之候、遠路御音信、大慶之由候、仍御間、自他御用之儀、互以墨付可申承之趣、尤被得其意候、自今以後可為其分候、将亦英賀(播磨国)之儀、未申聞候、後便ニ必信長存分可申入候、於両人不可有疎意候、恐惶謹言、

(天正三年)卯月七日　　　　(武井夕庵)尓云(花押)

　　　　秀吉(花押)

(隆景)小早川殿

　　御報

「(ウワ書)

羽柴藤吉郎

夕庵

小早川殿　　　　秀吉

　　御報　」

一〇　伏見惣中宛連署状　「三雲文書」

就来十二日御動、当所船事狐川（山城国）へ相下之、従明後十十三日迄可令逗留候、一艘も残置候者可為曲事之由被仰出候、不可有由断候也、謹言、

（天正三年）卯月八日　　藤吉郎　秀吉（花押）
（丹羽）五郎左衛門尉　長秀（花押）
（柴田）修理亮　勝家（花押）
（佐久間）右衛門尉　信盛（花押）

（山城国）伏見惣中

一一　堅田猪飼野甚助宛書状　「白土文書」東大史影写

其以来令無音候、仍此御方従奥州上洛候、則竹生島（近江国）へ参詣候、乍御造作、舟上下五拾人程渡海候様憑入候、別而無疎意事候間、御馳走所仰候、恐々謹言、

羽柴藤吉郎
秀吉（花押）
（天正三年）六月十九日
（近江国堅田）かた田
（猪飼野昇貞）いかい甚助殿
御宿所

一二　京三条町伊藤与左衛門尉宛書状　「白土文書」東大史影写

態令啓候、仍白土右馬助殿と申候、然者京都為一見候、御宿之儀、上下十人余在之由候、いかニも被入精、御逗留中造作以下可有馳走候、聊不可有如在候、為其如此候、恐々謹言、

藤吉郎
（天正三年）六月十九日　秀吉（花押）
京三条町
伊藤（吉次）与左衛門尉殿
進之候

一三　瀧川左近宛書状　「白土文書」東大史影写

近日者無音、寔所存之外存知候、随而従奥州此仁被致参宮候、然者勢州御役所中上下五拾人、無異儀勘過候様被遣挙状、其

元御馳走奉憑候、尚追而可得御意候、恐々謹言、

（天正三年）
六月十九日　　　　羽柴藤吉郎
　　　　　　　　　　秀吉（花押）

瀧川左近殿（将監一益）
　　人々御中

「（ウワ書）
（墨引）　　　　羽柴藤吉郎
瀧川左近殿　　　　秀吉
　　人々御中　　　　　　　」

## 一二四　宮田喜八郎宛知行宛行状　長浜城歴史博物館

為支配西草野（近江国）之内を以四百石、令扶助畢、猶依忠節可申談候也、

天正三
七月廿六日　　　　羽柴筑前守
　　　　　　　　　　秀吉（花押）
宮田喜八郎（光次）殿

## 一二五　西草野鍛冶共宛判物　「鍛冶屋共有文書」

西草野（近江国）かち（鍛冶）とも、かちの役をつとめ候間、夫役之事、令免許候也、

（天正三年カ）
七月廿八日　　　　秀吉（花押）

にしくさの
　　かち共

## 一二六　公文所法眼宛書状　「園城寺文書」東大史料編纂所

尚惣寺大工三十人被仰付之由、令祝着候へ共、毎度御無心計候間、作料之儀申付候、猶任口上候、已上、

雖未申通候令啓候、大津浜（近江国）ニ土蔵申付候処、大工人足以下被入御精被仰付候由、満足非大形候、北国出陣候間、軈而令帰陣、即罷上、其刻以面可申候、御寺中（近江国園城寺）へも以書状令申候、御意得憑入候、此方御用之儀、不可有疎意候、尚生熊可申候、恐々謹言、

（天正三年）
八月五日　　　　羽柴筑前守
　　　　　　　　　　秀吉（花押）
公文所法眼
　　人々御中

一二七　畳指中宛判物　「島崎与志雄氏所蔵文書」『近江長浜町志』

畳指、年中ニ十日之役勤候之間、諸役令免許者也、

天正三　　筑前守

八月七日　　秀吉（花押）

たゝミ（畳）指中

一二八　加藤隼人佐宛書状写　「張州雑志」名古屋市蓬左文庫

上様（織田信長）可被成御座候付而、肴之儀申入候処、方々江船々被遣、御精被入、注文到来披見、祝着之至候、毎度御無心之儀不及是非候、先度御出之刻、指儀無之、御残多存候、此方相応之儀、不可有疎意候、猶小出甚左衛門（秀政）可申候、恐々謹言、

（天正三年）八月十二日　　羽柴筑前守

秀吉判

加藤隼人佐（景隆）殿

御宿所

一二九　佐治覚内宛領知宛行状　「佐治重賢氏所蔵文書」東大史写真

為扶助大音才介分拾五石之事、令支配候、全可領知者也、

天正三　　羽柴筑前守

十月七日　　秀吉（花押）

佐治覚内殿

一三〇　小出甚左衛門尉宛書状　『大阪城天守閣紀要』一三

かへす〳〵其方のこめにて、きかね（黄金）・しろかね（白金）やすく候は丶、かい候てをかれ可申候、そこもとさいそく（催促）いそき相きわめ候て、ひまあきしたい（隙明次第）にこされ候へく候、

遠山よりの返札持せこし候、いつれも披見候、彼表相済候由尤候、

一あかなべ（美濃国茜部）借銭之事、久太（堀秀政）取さた候て、それへ渡し候ハん由、小さわ六三（小沢六郎三郎）使まいらせ候、猶小六三次第ニ可被仕候、

一具足屋彦一ふちかたの事、去年十弐俵とやらん渡候由候つる、去年ほと可相渡候、恐々謹言、

（天正三年カ）十一月廿四日　　秀吉（花押）

「（墨引）《（ウワ書）》小甚左衛門尉《（小出甚左衛門秀政）》殿　　筑前守　」

## 天正四年（一五七六）

三一　堀久太郎宛書状　『思文閣古書資料目録』二三八

返々なにても《（に脱カ）》御やう候ハ、うけ□

上さま《（織田信長）》あつち《（安土）》へ御こしなさるニついて、さいく状給候、いまにはしめさる御ねんにて候、又かミあかなへ《（上茜部）》のもんせう一廿貫文、一拾五貫文、合卅五貫文たゝいま進之候、いさい下しん可申候、上さま御出したいに我らも参可申候、御めにかゝり可申候、かしく、

正月《（天正四年）》十七日　　　秀吉（花押）

筑前守

堀久太郎《（秀政）》殿

まいる

三二　小早川左衛門佐宛書状　「小早川文書」東大史写真

「《（端裏書）》（墨引）」

右大将《（織田信長）》殿江為御祝儀、早速御使僧、殊御太刀一腰、御馬一疋

御進上、御祝着之由、即被成御返書候、右之趣、右馬頭(毛利輝元)殿江
茂以別紙雖可申入候、無別条之間、可然之様御伝達所仰候、
委曲御使僧申渡候之間、不能詳候、恐々謹言、
(天正四年)正月十九日　　秀吉(花押)
小早川左衛門佐(隆景)殿
　御返報

(ウワ書)
「　　羽柴筑前守
小早川左衛門佐殿　秀吉
　御返報」

## 一三三　観音寺惣坊中宛判物　「近江大原観音寺文書」東大史影写

当茶屋申付之間、不可有懈怠候、為扶持弐石遣之候、并寺家
廻之山ハ、為寺中可有裁判候、さんない(山内)ハ茶屋薪ニ申付也、
天正四年　　筑前守
二月十八日　　秀吉(花押)
(近江国)観音寺
　惣坊中

## 一三四　野瀬太郎左衛門尉宛書状　「堀文書」『東浅井郡志』

所々茶園修理之儀、近年令無沙汰、最前請口之茶を減少し、
又園可上之由申族有之旨、曲事候、堅申触、茶一段能様ニ可
申付候、自然茶請主逐電候ハヽ、其在所・其寺為惣中令修理、
茶上候様ニ可申聞候、其上於無沙汰者、急度可催促候、大形
申付候ハヽ、不可相届候、恐々謹言、
(天正四年カ)二月廿六日　　筑前守
　　秀吉(花押)
野瀬太郎左衛門尉殿

## 一三五　吉川駿河守宛書状　「吉川正統叙目」東大史写真

(端裏ウワ書)
「　　羽柴筑前守
吉川駿河守(元春)殿　秀吉
　御返報」
右大将(織田信長)家へ青陽之嘉慶、被仰越候、則御返事調進候、仍自分
へ御太刀・馬被懸御意候、拝領畏入候、爰許相応之儀蒙仰、
不可有疎意候、猶自　聖門(聖護院道澄)様被仰送候、恐々謹言、
(天正四年)三月四日　　秀吉(花押)

吉川駿河守殿
　御返報

一三六　吉川駿河守宛連署状　「吉川文書」東大史写真

旧冬従因州御陣所、以心蓮坊被仰越次第、委曲申聞、被及返答候、山鹿（山中幸盛）事、不可有許容由候、於時宜者、心蓮坊ニ申渉候つる、彼表被任御存分付而、御開陣之由、可然存候、猶自聖門様（聖護院道澄）可被仰伝候、恐々謹言、

三月四日（天正四年）　尓云（武井夕庵）（花押）
　秀吉（花押）
吉川駿河守殿（元春）
　御報

一三七　徳雲軒宛書状　「井原文書」東大史影写

今日安土へ相越候、然者其方之儀、急御越待入候、諸事以面上可申候、為其如此候、恐々謹言、

筑前守
三月九日（天正四年カ）　秀吉（花押）
徳雲軒（施薬院全宗）

　御報

一三八　小早川左衛門佐宛書状　「小早川文書」東大史写真

信長（織田）へ為年頭之御礼、御札并御太刀・馬銀子四枚則令披露候、御返事被進之候、被表例年之条、目出祝着之由候、仍私へ同代弐枚廿文目、被懸御意候、御懇之儀本望候、近日可為上洛之間、従京都可申入候、可得御意候、恐々謹言、

卯月一日（天正四年）　秀吉（花押）
小早川左衛門佐殿（隆景）
　御報

「（ウワ書）
　羽柴筑前守
小早川左衛門佐殿　秀吉
　御報」

一三九　医王寺侍者御中宛寺領寄進状
「徳勝寺文書」東大史写真

為当寺領以井口（近江国）内参拾石、令寄進候、全寺納聊不可有相違之状如件、

天正四
十月十五日　　羽柴筑前守
　　秀吉（花押）
医王寺（近江国）
　侍者御中

二三〇　長浜知善院宛寄進状写　「知善院文書」東大史写真

為当寺領井口（近江国）郷内を以参拾石、永代令寄進畢、全寺納不可有
相違之状如件、
天正四年　　筑前守
十月廿二日　　秀吉御判
長浜（近江国）
知善院
　玉床下

二三一　卜真他宛書状　大山崎町歴史資料館『戦国の茶の湯』

尚々品々いそき給へく候、又家々事不可有油断、是又
いそき可申付候、
上様（織田信長）明日朔日御上洛候用之事、
一岐阜（美濃国）より越候紙五丸ほと可給候、
一小者共あるほと越すへく候、
一下おとこ（男）あるほとこすへく候、
一きやう（今日）きる物したてかへ（仕立替）のよし申候、いてき（出来）候ハヽ、可給候、
一さい（在）郷の小者共ハむよう（無用）にて候、返々紙之事、きと（急度）可被申
候、来次第可給候、きやう（京）へミやけ（土産）にもたせ可申候、かし
く、
十月晦日（天正四年カ）　　羽筑
　　秀吉（花押）
卜真
弥七郎

二三二　一柳菅左衛門他宛書状　「小谷寺文書」東大史写真

小谷寺（近江国）之前、東南之道を限、寺之方、寺僧ニ令扶助候、其分
可相心得者也、謹言、
天正四　　筑前守
十一月廿九日　　秀吉（花押）
一柳菅左衛門殿
高田長左衛門殿

（後略）

## 一三　竹生島奉加帳　「竹生島文書」

（折本表紙見返し）
「竹生島奉加帳（近江国）

百石
　　　　　　　　　　羽柴藤吉良
　　　　　　　　　　　　秀吉（花押）」

御初尾　五月吉日
五石　　御内方　　　　参拾疋　御内々　しゝう殿

御初尾　同日
壱俵　　大方殿　　　　五拾疋　同　御ちよほ
　　　　　　　　　　　十疋　天正五正月　同

百疋　同日　石松丸御ちの人　　弐斗　同　うば

十月吉日　御初尾
壱俵　　大方殿　　　　弐百文　同　おふう

弐十疋　南殿　　　　　参百文　同　まゝ

斗帳　羽柴筑前守殿　　弐十疋　同　おあこ

## 天正五年（一五七七）

### 一三四　鞍蒔絵自筆注文　東京国立博物館

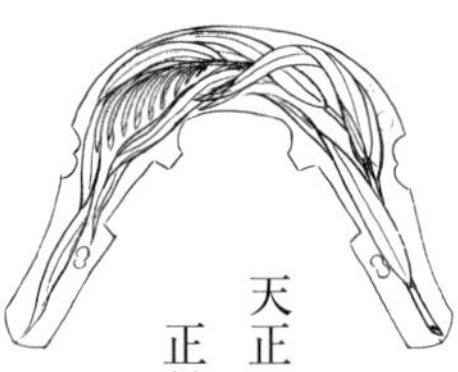

天正五年
正月中ニ　　秀吉（花押）

### 一三五　諸福庄福蔭庵宛判物　『思文閣古書資料目録』二一八

尚以用所之事あら者、（諏訪盛直）諏飛へ可申候、懇ニ申をき候、以上、

対当庄之百姓理不尽之族在之者、可申来、自此方可相理候、但如有来年貢公方役等之事、無沙汰付而者、可為曲事者也、

天正五年　　羽柴筑前守
二月二日　　秀吉（花押）
（河内国）諸福庄
福蔭庵
床下

### 一三六　伊部郷百姓中宛判物　個人蔵

（近江国）伊部方之内城山之事とらせ候、牛馬持にて別而耕作等可仕者也、

天正五
卯月十日　　秀吉（花押）
伊部郷
百姓中

### 一三七　小田井中宛禁制写　「但馬志」東大史贍写

禁制　　（但馬国）小田井中

一軍勢甲乙人乱妨狼籍（藉）之事、
一放火之事、
一非分之族申懸ル事、

天正五丁亥年五月　日　　羽柴筑前守秀吉在判

一三八　天主手伝衆自筆人数書　大阪城天守閣『秀吉家臣団』

七十五人
　てんしゆてつたい《天主手伝》の衆
十人　い七《伊藤長久》
廿人　ひらうきやう《平野長治》
廿人　くわしゆり《桑山重晴》
十人　やひやう《矢野兵衛》
十人　たけてん助
十人　小出甚左《秀政》衛門
十人　い藤《伊藤秀盛》大郎左衛門
五人　ふるひせん《古田肥前守》
五人　まつ市三
二人かさう《加増》
十弐人　いしもくひやう《石川長吉》へ
十壱人　あさの弥ひやう《浅野長吉》へ
廿五人　弥七郎《杉原家次》
五人　下しん
三人　かけ五郎ゑもん
　合弐百廿一人
右の衆して、三はん《班》ニわり候て、まいにち《毎日》のてつたいあるへく候、しせん御か丶《欠》し候ハ丶、御と丶きあるましく候、

天正五　六月五日　　秀吉（花押）

ちくせん

一三九　小寺官兵衛尉宛書状　『黒田家文書』

御存分之通、一々富平右《富田知信》御物語承届候、令祝着候、向後別而何様にも無隔心、諸事可申談候、恐々謹言、

六月《天正五年》廿三日　　羽柴筑前守
　　秀吉（花押）

小寺官兵《孝高》衛尉殿
　御宿所

一四〇　小寺官兵衛宛自筆書状　『黒田家文書』

なを〱其方と我ら間から《柄》のきハ、よそより人とさけすミもあるましく候間、なに事をも、それへまかせ申候ても、よそよりのひたち《非太刀》あるましくと、人もはやミおよひ候と存候、我らにくミ《憎》申物ハ、其方までにくミ申事あるへく候、其心へ候て、やうしん《用心》とあるへく候、さい〱ハねんころ《懇》にわも《は申》されす候間、ついてをもて、

ね(ん脱カ)ころニ申入候、此文ミゑもすましく候間、さけすミ
にて御よミあるへく候、以上、
内々の御状うけ給候、いまニはしめ(始)さると申なから、御懇之
たん、せひ(是非)にをよ(及)はす候、其方のき(儀)ハ、我らおとゝ(弟)の小一郎(羽柴秀長)
めとうせん(同前)に心やすく存候間、なに事をミな〳〵申とも、其
方ちきたん(直談)のもて、せうし(諸事)御さはきあるへく候、此くにニお
いてハ、せしよから(世上柄)ハ(取々)御両人の御ちさう(馳走)のやうに申なし候
まゝ、其方も御ゆたん(由断)候てハ、いか〳〵に候間、御たいくつ(退屈)
なく、せし御心かけ候て、御ちさうあるへく候、御状のおも
て、一〳〵心ゑ存候、かしく、
(天正五年)七月廿三日
「(ウワ書)(墨引)　より
小くわん(小寺官兵衛孝高)　ちくせん
まいる　御返事　」

〔四一〕　伊藤与左衛門宛請取状　「牧田茂兵衛氏所蔵文書」東大史影写

金子三枚請取者也、
但てんひん(天秤)四拾四文め宛金也、
天正五
後七月十七日　秀吉(花押)
伊藤与左衛門(吉次)殿

〔四二〕　永寿寺宛判物写　「永寿寺文書」『大垣市史』

貴寺軍役之事、安八郡(美濃国)村々具に御支配且兵糧之儀、手当有之
候条、誠に殊勝感悦之至不少候、弥於忠勤可為恩賞者也、
天正五年　羽柴筑前守
九月二日　秀吉花押
(美濃国)永寿寺
○この文書は検討を要する。

〔四三〕　浅野弥兵衛宛切手写　「太祖公済美録」東大史写真

ゑんせう(煙硝)弐十きん(斤)の代、三石六斗可相渡者也、
天正五
九月三日　秀吉(花押影)
浅野弥兵衛(長吉)

一四四　小出甚左衛門尉宛切手　個人蔵

しやくせん《借銭》の金子壱まい、むま《馬》弐ひきのしろ《代》につかハすよし、
こゝろへ候也、たゝし弐拾四貫文也、
　　天正五年九月十二日　　　秀吉（花押）
　　　甚《小出》左衛門尉殿

一四五　小寺官兵衛宛条々　『黒田家文書』

　　条々
一佐用郡《播磨国》之内七条殿《赤松政範》分領、同淡川《播磨国》之事、
一貴所御身上、不可有疎略之事、付如何様之儀候共、以直談可相澄《済》事、
一人質之事、付人質在所之事、
一其御城之事、付御内存承、無余儀候、無御隔心通令満足候、以面可申候事、
一あがの《播磨国英賀》事、御才学《覚》尤候、尚桑原申含候事、
右、何も聊不可有相違候、若偽候者、日本国中大小神祇、別而者、愛宕・八幡可蒙御罰候、来廿日時分可罷下候、以直談如御存分、誓紙互取替、入魂不可有別候、尚桑原可申候也、
仍如件、
　　天正五年十月十五日　　　羽筑
　　　　　　　　　　　　　　　秀吉（花押）
　　小官兵《小寺官兵衛孝高》
　　　　御宿所

一四六　江見九郎次郎宛書状　「美作江見文書」東大史影写

（端裏ウワ書）
「江見□《九郎次郎》殿　　羽柴筑前守
　　　御宿所　　　秀吉」
雖未申通候令啓候、西国行之儀ニ付而、至此表令着陣候、然者連々以山中鹿介《幸盛》方被仰上候御内存之通、承届候ニ付而、被成御朱印候、御忠節次第最前之筋目、聊以不可有相違候、猶従山鹿方被申□加彦四可被申候条、閣筆候、恐々謹言、
　　十月廿六日《天正五年》　　　秀吉（花押）
　江見九郎次郎《為久》殿
　　　　御宿所

一四七　三吉五郎左衛門尉他宛書状　「古文書纂」東大史影写

雖未申通候令啓候、西国行之儀付而、至此表令着陣候、然者
連々以山中鹿介(幸盛)方被仰上候御内存之通、承届候ニ付而、被成
御朱印候、御忠節次第最前之筋目、聊以不可有相違候、弥
無御由断、隣国并御知音中御才覚尤肝要候、御覚悟次第山鹿
方可被罷越候、成意内候、猶□(加)彦四可被申候、恐々謹言、

(天正五年)十月廿六日　羽柴筑前守
　秀吉(花押)

三吉五郎左衛門尉殿
三吉新太郎殿
　御宿所

一四八　但州室尾寺宛禁制（木札）「法宝寺文書」

禁制　但州室尾寺

一当手軍勢甲乙人乱妨狼藉放火事、
一為私伐採山林竹木事、
一相懸矢銭兵粮米事、

右条々堅令停止訖、若於違犯之輩者、速可処厳科者也、如件、

天正五
十一月九日　筑前守(花押)

一四九　新免弾正左衛門尉宛判物「新免文書」東大史影写

御同名無二丞(新免)殿被差越、様子承候、得其意候、被成御　朱印
候間、吉野郡(美作国)・佐用郡(播磨国)・八頭郡(因幡国)之事進置候、八幡大菩薩御
照覧候へ、不可有相違之者也、仍状如件、

(天正五年)十一月廿二日　羽柴筑前守
　秀吉(花押)

新免弾正左衛門尉(宗実)殿
　御宿所

一五〇　新免弾正左衛門尉宛書状　福岡市博物館

今度早速之御覚悟、具達　上聞候、御感不及是非候、就其山
中鹿介(幸盛)へ別而御入魂之由候、尤令祝着候、如此之上者、御身
上之儀聊以無疎意候、弥山鹿被仰談、御忠儀肝要候、并其方
用心御気遣事、専一存候、来春早々可申承候、恐々謹言、

(天正五年カ)十一月廿六日　羽柴筑前守
　秀吉(花押)

新免(宗実)弾正左衛門尉殿
　御宿所

［五一］　所付欠禁制　「神峰山寺文書」

禁制
一当手軍勢乱妨狼藉事、
一放火事、
一非分申懸事、
右条々於相背族者、速可行罪科者也、仍如件、
天正五年十一月廿八日　筑前守(花押)

［五二］　下村玄蕃助宛書状

「下郷共済文庫所蔵文書」東大史影写

遠路為御見舞預御使者、御懇意之至、令祝着候、仍今度播州人質已下、但州一国之様子、委曲左京殿へ申入候条、定可為其聞候、
一但州悉以如存分隙明候条、去廿七日至作州堺目相動候処、播州佐用郡内ニ敵城三ツ候、其内福原城(播磨国)より出人数相防候、然者竹中半兵衛(重治)・小寺官兵衛(孝高)両人、先へ遣候処、於城下及一戦、数多討取候、我等者ニ平塚三郎兵衛と申者、城主討捕候処、其弟助合候を同討取候、以其競城乗崩、悉不残討果申候事、
一右福原城より一里程先ニ七条(播磨国上月城)と申者城候、翌日廿八日押寄取巻、水之手取候処、為後巻此方陣取上之山へ、宇喜田(宇喜多直家)罷出候条、城ニ者手当置、切懸及合戦、散々切崩、備前堺迄三里計之間追付、首数六百十九、其外雑兵切捨候、夜ニ入候ニ付、宇喜田不討留事無念存候、乍去明石三郎左衛門・まなこ喜左衛門・さうの原討捕候、此両三人事、西国にての才覚、先懸第一之者と申候事、
一合戦場より引返し、七条城弥取詰、水之手取候付、色々侘言候へ共、不能承引、かへりし、かき(鹿垣)三重ゆいまわし、諸口よりしより(仕寄)申付、去三日乗入、悉刎首、其上已来敵方ミこりと存知、女子共二百余人、備作播州三ケ国之堺目ニ、子ともをハくし(串)ニさし、女をハはた物にかけならへ置候事、
一最前之合戦首共、今度七条討果首、塚二ツつかせ、悉以任存分候事、
一当郡別所中務と申者之城、今一ツ迄候、種々懇望候付、人質三人召置、城をハ来二月迄預ケ、立置申候事、
一作州之内、新免弾正左衛門(宗実)人質を召連罷出候間、居城させ、此方一味候事、

一右七条城、備作播磨之堺目ニおゐて可然所ニ候之間、山中鹿介（幸盛）今度我等相拘候条、足弱をハ三木（播磨国）ニをかせ、七条城ニ残置候事、

一如此之上、当表隙明候条、今日五日播州龍野迄打入候、やかて令帰陣候条、其刻可申入候、猶御使者へ申渡候、恐々謹言、

（天正五年）十二月五日　　秀吉（花押）

下村玄蕃助殿

御返報

## 一五三　網干郷宛禁制　「播磨網干郷文書」東大史影写

禁制　　（播磨国）網干郷

一当手軍勢乱妨狼藉事、

一放火事、

一非分不謂族事、

右条々堅令停止訖、若於違犯者、速可処厳科者也、仍如件、

天正五年十二月六日　　筑前守（花押）

## 一五四　別所孫右衛門他宛自筆書状　『黒田家文書』

返々なに事も御両人の間からニ中事御さ候ハヽ、なとうきも我らかたへ御と、けなされ候上にて、すまし可申候、以上、

御両人御あいたの事、我ら申さため候上、これいこわ（以後は）、きやうたい（兄弟）の御かくこなされ、まこゑむ（別所重棟）すめを一人、くわんひやう（小寺孝高）へかたへつかわされ、まつちよ（松千代）に御しやわせ（仕合）あるへく候、さやうニ候ハ、御両人のき、我ら八まん（幡）・あたこ（愛宕）ミはなし申ましく候、恐々謹言、

天正五　十二月十日　　秀吉（花押）

「（ウワ書）（墨引）　まこゑもん殿（別所孫右衛門重棟）　　ちくせん

くわんひやう殿（小寺官兵衛孝高）　　ゟ

御両人　まいる　」

## 一五五　神主惣中宛社領宛行状　「日置神社文書」東大史写真

荒□内百六拾四石之内六十四石荒候、残百石惣中へ遣候条、可有全知行者也、仍如件、

天正五
十二月十七日　　筑前守
秀吉（花押）
神主
惣中

## 天正六年（一五七八）

### 一五六　生駒甚介宛書状写　「生駒家宝簡集」東大史謄写

今度作州表七条城（播磨国上月城）水之手被相取候之段、粉骨無比類候、仍而軍功、江州北郡山田郷之内弐百六十石之事、千石之為都合進之候、猶依忠節可申付候、恐々謹言、

天正六
正月二日　　筑前守
秀吉書判
生駒甚介（親正）殿
進之候

### 一五七　江見九郎次郎宛書状　『思文閣古書資料目録』二〇二

誠年頭慶事、万々珍重、更不可有休期候、仍御太刀代百疋到来候、喜悦之至候、其表之儀、山鹿（山中幸盛）被仰談、無異儀旨大慶候、弥御気遣不覃申候、猶委曲蜂須賀（正勝）可令申候、恐々謹言、

（天正六年）
正月十八日　　秀吉（花押）
江見九郎次郎（為久）殿

御返報

一五八　某宛判物　「天野毛利文書」東大史影写

当所百姓等、早々可還住候、従何方非分之族在之者、山中鹿介（幸盛）方へ可申理候、不可有異儀候者也、

筑前守

（天正六年）正月廿日　秀吉（花押）

（宛所欠）

一五九　その辺与三郎宛請取状　『弘文荘待賈目録』三一

やき処よりのしろかね（白銀）卅まい、うけとり候なり、以上、

筑前守

天正六年正月廿一日　秀吉（花押）

その辺与三郎殿

一六〇　地下人中宛書状　「大沢文書」東大史写真

急与申候、播州表へ兵粮米以下差越、従其方大物浦（摂津国）迄、船之事御代官衆へ申候、無油断肝煎可為祝着候、恐々謹言、

（天正六年）二月廿一日　羽柴筑前守

秀吉（花押）

地下人中

一六一　藤井新右衛門宛判物　「柏木文書」東大史影写

以上、

急度申遣候、明石郡（播磨国）在之池堤普請等及見可申付候、諸事於由断仕者可為曲事者也、

筑前守

（天正六年カ）二月廿一日　秀吉（花押）

藤井新右衛門

一六二　江見九郎次郎宛知行宛行状　『思文閣古書資料目録』二〇二

覚

一江見庄（美作国、以下同国）

一河井

一豊国

一間なら（楢）原
一林野
一いうか（飯岡）
　以上
右知行分之事、山中鹿助（幸盛）同前、弥於忠儀者不可有相違者也、
（天正六年）三月十三日　　羽柴筑前守
　　　　　　　　　　　秀吉（花押）
江見九郎次郎（為久）殿

一六三　中島吉衛門尉他宛知行宛行状　「亀山家文書」倉敷市歴史資料整備室

於作州知行分之事
一高野郷　参百貫文
一林田広野地頭領家　合三百貫文
一南方　弐百貫文
一田中　百五拾貫文
一新野　弐百貫文
右都合千百五拾貫文、為本地之上者、不可有相違候、但先判相除之、全可有知行候、弥可被抽忠節候事肝要也、仍而如件、
天正六
三月十五日　　秀吉（花押）
中島吉衛門尉殿
同右兵衛尉殿
同市内丞殿

一六四　広峰社宛禁制写　「広峰文書」東大史影写

禁制　（播磨国）広峰社
一軍勢甲乙人乱妨狼籍（藉）事、
一伐採山林竹木事、
一対参詣衆不謂族申懸事、
右条々堅令停止訖、若於違背輩者速可処厳科者也、仍如件、
天正六年三月廿日　　筑前守
　　　　　　　　　御判

一六五　戸田宛禁制　「鶴林寺文書」東大史影写

禁制　（播磨国刀田）戸田
一軍勢甲乙人乱妨狼籍（藉）事、
一伐採山林竹木事、付放火事、
一田畠苅取事、

右条々堅令停止訖、若於令違背輩者速可処罪科者也、仍如件、
天正六年三月廿五日　　筑前守（花押）

一六六　志方庄宛禁制　「浄智寺文書」東大史影写

禁制　　（播磨国）志方庄
一当手軍勢甲乙人乱妨狼藉事、
一放火事、
一相懸矢銭事、
右条々堅令停止訖、若於違背輩者速可処厳科者也、仍如件、
天正六
三月廿九日　　筑前守（花押）

一六七　石峰寺宛禁制写　「石峰寺文書」東大史写真

禁制　　（播磨国）石峰寺
一軍勢甲乙人乱妨狼籍（藉）事、
一放火事、
一伐採竹木事、
右条々堅令停止訖、若於違犯輩者速可処罪科者也、仍如件、
天正六
三月廿九日　　筑前守（花押影）

一六八　福成寺広原谷中宛禁制　「福成寺文書」東大史影写

禁制　　（但馬国）福成寺広原谷中
一軍勢甲乙人乱妨狼籍（藉）事、
一陣取放火事、
一伐採竹木事、
右条々令停止訖、若於違背輩者、速可処罪科者也、仍如件、
（天正六年）三月晦日　　筑前守（花押）

一六九　小寺官兵衛宛書状　『黒田家文書』

雑賀衆・芸州衆相催、舟手にて（播磨国）別府表取上候処、被魂合つきくつし数多被討取儀、誠無比類御手柄無是非候、則（織田信長）上様御注進可申上候、定而　御褒美之可被成　御朱印候、恐々謹言、
（天正六年）卯月二日　　筑前守
秀吉（花押）
（小寺官兵衛孝高）小官兵
御返報

一七〇　瀧川彦二郎宛書状　大阪城天守閣

為御音信一折、如御書中送給候、誠方々御苦労之中ニ、如此之段、別而御懇意至候、書中ニ難申尽候、仍此表事、各如御覧候、高倉（播磨国）と中山取上候、然間敵一人も可罷退様無之候、御着陣次第ニ悉可被討果事眼前ニ候、定此表へ可為御越之条、以面万々可申述候、恐々謹言、

羽筑

（天正六年）五月七日　秀吉（花押）

瀧川彦二郎（忠征）殿

御返報

一七一　山名宛条々写　「古文書」国立公文書館

条々

一此方別而御入魂之上者、御身上之儀、於我等聊不可存疎意候事、

一御居城不可有別儀之事、

一出石郡（但馬国）之儀、進之置候条、無異儀可被仰付事、

右旨八幡大菩薩、愛宕山相違有間敷候、仍而如件、

天正六　羽柴筑前守

五月十六日　秀吉花押

山名（祐豊）殿

参　人々御中

一七二　福屋彦太郎宛書状　「中沢文書」東大史影写

今度当表之儀、随分雖尽手候、我等一分之行不相済段無是非次第候、貴所御覚悟神妙之様躰不及申候、於此上身上之儀、見放申間敷候、恐々謹言、

羽柴筑前守

（天正六年）六月廿四日　秀吉（花押）

福屋彦太郎殿

御宿所

一七三　新免弾正左衛門宛書状　「新免文書」東大史謄写

（端裏ウワ書）

「新弾（新免弾正左衛門宗実）　羽筑

御返報　秀吉」

去十四日御状今日到来、令拝見候、其方様子無御心許候間、自是可申入覚悟候つれ共、路次不合期ニ付、乍存、御報罷

成候、
一人質之儀、内々自是可進之と存候処、右ニ如申候、路次如
何と存、打過候キ、則其方客僧ニ渡進之候、
一御身上之儀如承候、御手前於無異儀者、御分別共可然様被
相究尤候、不及申候へ共、於此討捕無異儀申付候、彼国衆
質物等、不残相卜并知行等之儀申談、山名殿(祐豊)ニ預ケ置、一
昨日十四日至当城打入候、
一神吉(播磨国)・志方両城事、中将殿(織田信忠)御取巻候、色々御詫言申候へ共、
無御赦免候キ、然而彼城ニ申候丸三在之事候、其内及一昨
日被乗取候、就其猶以御詫言仕候へ共、不被成御同心候、
四方堀をハうめ候て、壁一重ニ□上も御気遣候
て可然候、此方覚悟故、御苦労無是非候、
一御手成可然と候ても、若御機遣等候てハ無詮事候、三木(播磨国)一
着之間ニ候間、第一御心持肝要候、
一其方於不成儀者、不寄何時此方へ御越肝要候、人数等いか
程にても在次第候、堪忍分之儀、不可有相違候、可御心易
候、
一但州之儀、竹田与銀山間ニ山口と申所、牢人共罷出、要害
相拵、通路相妨候条、拙者罷越、則責落数多□
□成ニ付、二三日中可為落居候、
一我等事当城ニ候、近日三木表ニ五六町□ニ取出相拵、人数
申付、拙者儀ハ四方此方可相働覚悟候、当手之者共為可相
甘、二三日ハ令遠慮候、猶前野将右衛門尉(長康)可申候、恐々謹
言、

(天正六年)七月十六日　　秀吉(花押)

新弾

御返報

## 一七四　中権六宛書状　「江藤氏所蔵文書」『熊本県史料』

御状令拝見候、仍彼調之儀、過半相調候処ニ、人質之儀付而
相延之由候、不及是非候、誠被入御情ニ遠路示預候、懇意難
申謝候、随而神吉(播磨国)城之儀令落居候之条、可御心安候、様子具
可申入候へ共、定而御所より可為御注進候之間、無其儀候、
猶□(重カ)而可令申候間、不能巨細候、恐々謹言、

(天正六年)七月廿二日　　羽筑
秀吉(花押)

中権六

御返報

一七五　網干弥兵衛留主中宛判物　安土城考古博物館

俄ニ客人候間、何成共なまさかな（生魚）、夜中ニとり候て、明日未
明ニ此方へ可相越候、不可由断者也、

筑前守
秀吉（花押）

（天正六年カ）八月十三日
（播磨国網干）あほし
弥兵衛留主中

一七六　高田長左衛門尉他宛書状　「浅野文書」東大史影写

猶々かそへのふきいた（葺板）をハ先相留候て、此方之をさせ、
急度可相届候、少も不可有由断候、以上、
追而申候、ふき板事、孫右（別所重棟）張被置候板へき、其郡内居候由候
間、十間ニ五六間之家ふき候ほとに、早々持可相届候、仍其
元より三木（播磨国）へ兵粮以下差籠通路之事、堅可被申付候、猶以此
方家ふきかけ候て置候間、板早々持可相届候、恐々謹言、

筑前
秀吉（花押）

（天正六年）九月十五日
高田長左衛門尉殿
浅野弥兵衛（長吉）尉殿

一七七　伊藤与左衛門宛自筆切手　『豊大閤真蹟集』

拾弐石、か丶かたへきやう（京）のます（枡）にてわたしあるへく候、以
上、

天正六年九月廿三日　秀吉（花押）
い藤よ左（伊藤与左衛門吉次）

一七八　小寺藤兵衛尉宛知行宛行状　「小寺文書」『兵庫のしおり』六

（包紙ウワ書）
「　羽柴筑前守
秀吉
小寺藤兵衛（政職）殿　」

別所（長治）知行分事、神東郡（播磨国）所々以差出帳之内、千弐百五拾石進之
候、全御知行肝要候、恐々謹言、

天正六
十月二日　羽柴筑前守
秀吉（花押）

小寺藤兵衛尉殿
御宿所

一七九　樋口彦助宛書状写　「伯耆志」東大史謄写

今日於鎗下、別所小三郎《長治》舍弟小八郎討取候段、高名之至候、
然者於木下《播磨国》百石、令扶助候、并自小一郎《羽柴秀長》方百石扶持、都合弐
百石全可知行候、其上当座之為引物、熨斗付之刀令褒美候、
猶忠節肝要候、恐々謹言、

天正六　　　　　羽柴筑前守
十月廿二日　　　　秀吉花押

樋口彦助殿

一八〇　小寺休夢斎宛書状写　「黒田家譜」東大史謄写

今度荒木《村重》逆心相構候段、無是非次第ニ候、則急束《速》ニ　上様《織田信長》被
出御馬候、昨日十日高槻《摂津国》御馬被居、当城被成御取詰、取出
被仰付候へとも、御詫言申上由候事、
一為先勢、瀧川《一益》并美濃三人衆・武藤《舜秀》・拙者至郡山《摂津国》令居陣候、
此地にも取出申し付候、并大田《摂津国太田》と申所、他一城被仰付候、
一右御普請今日出来候、有岡《摂津国》御取詰被成、則上様御馬可被相
立之由、於其地我等御人数被差添、其国へ可罷越之由被仰
出候間、急度以面可申入候事、
一其方之儀、何方相違候とも、不可背《有》別条候、連々存候所に、
御覚悟堅固ニ無実儀通にて、竹中《重治》方ゟ申越候条、則具　上
様へ申上、御祝着不斜候、即以御書被越候、官兵《小寺孝高》事、別而
荒木摂無等閑候、今度之仕合不及非《是脱》候、然而美濃《小寺職隆》との・貴
処無二御心感入申候、近々以面可申入候条、不委候、恐々
謹言、

《天正六年》十一月十一日　　　羽柴藤吉郎
小寺休夢斎《高友》　　　　秀吉
玉床下

一八一　神照寺惣中宛寺領宛行状　「神照寺文書」東大史影写

当寺内百六拾四石之内、六十四石荒候、残百石物成、寺中へ
遣候条、可有全知行者也、仍如件、

天正六　　　　　筑前守
十二月十七日　　　　秀吉（花押）
神照寺《近江国》
惣中

一八二　所付欠禁制写　「集古文書」東大史謄写

禁制

一軍勢甲乙人乱妨狼藉事、

一放火事、

一諸事不謂族申懸事、

右条々堅令停止訖、若違背輩在之者、速可遂成敗也、仍如件、

天正六年十二月十七日　藤吉郎(花押影)

一八三　所付欠禁制写　『豊公遺文』

禁制

一軍勢甲乙人乱妨狼藉事、

一放火事、

一諸事不謂儀申懸事、

右条々堅令停止訖、若違背輩在之者、速可遂成敗也、仍如件、

天正六年十二月十七日　筑前守花押

一八四　摂州有馬郡名塩村宛禁制　「摂津名塩村文書」東大史影写

禁制　摂州有馬郡名塩村

一軍勢甲乙人濫妨狼藉之事、

一放火事、

一還住百姓等成其煩事、

右条々堅令停止訖、若違犯輩於在之者、忽可処厳科者也、仍下知如件、

天正六年拾弐月日　藤吉郎

秀吉(花押)

# 天正七年（一五七九）

## 一八五　軍勢注文　大阪城天守閣

（前欠）

弐人　南作丞　　弐人　鈴木角介
弐人　青山次右衛門尉　　弐人　雨森三郎右衛門尉
弐人　高橋けん寿
早水善三郎　秋山　石田新八
上木新三　東江左次右衛門尉　福山喜介
かうらい新三郎　鱸小平次　星野久八
堤清八　樋口勘八　越知源八当国衆
岡本左介　石川さ馬介　種村与三郎
坂井勘七郎　中川き平次
　弐十人　馬のり
百弐十七人　侍こもの共
　合百四十七人　無足此外
弐拾六人　此内馬弐人　かすや
つ（都）合百九十八人　此はんまい（飯米）三十日分
　合三十六石也
天正七
正月八日　　藤吉郎（花押）

## 一八六　浅野弥兵衛宛知行宛行状　「浅野文書」東大史影写

江州北郡以福永内参百石、令扶助訖、全不可有相違候、恐々
謹言、
天正七　　羽柴藤吉郎
正月十一日　　秀吉（花押）
浅野弥兵衛（長吉）殿

## 一八七　赤松左京大夫宛書状写　『武家事記』

御註進状趣具拝見、本望至極奉存候、然者従黄賀（播磨国英賀）小寺（政職）・芸州衆相談、至書写坂元（播磨国）相働処、御家中小林久右衛門早速取合、鎗ヲ合切崩、数人討捕由、無比類手柄之段不斜候、首持被越候間、即別所（長治）城前ニ獄門相懸候、不移時日安土へモ致言上候、総別貴殿御事、西国之押ニ頼致候儀候間、一切此方御見廻御無用候、用所候ハヽ、従是可申上候条、可被成其御心得候、委曲御使者任口上候間、不能多筆候、恐惶、

羽柴筑前守
秀吉
(天正七年)正月十九日
赤松左京大夫(則房)殿
尊報

一八八　上部大夫宛書状　「可睡斎文書」東大史影写

(伊勢国)大神宮へ御初尾として、(近江国)福永之内を以百石分引分進献候、其
御意得あるへく候、恐々謹言、
天正七　羽柴藤吉郎
二月三日　秀吉(花押)
上部大夫(貞永)殿
御宿所

一八九　石川杢兵衛宛切手　『黒崎書店古書目録』五〇

まめ五石、原田金介ニ遣候、可相渡候者也、
天正七
二月五日　秀吉(花押)
石川杢兵衛(光政)とのへ

一九〇　鳥居安芸守他宛書状　大阪城天守閣

年頭為御祝儀、上月兵庫助方被差上候、御馬・太刀致披露、
則被成御返事候、并我等へ御馬・太刀拝領本望存候、仍其国
至(播磨国)三木表御出馬之儀、(上月兵庫助)上兵如存知之、来五日相究候、摂州表
より我等御先へ可罷越候間、猶其節可得御意候、次(別所長治)三木侘事
仕候由承候、従方々取続申候へ共、不能承引候条、一切不可
有御許容候、委曲口上申渡候、此由可預御披露候、恐々謹言、
(天正七年)二月廿三日　秀吉(花押)
「(ウワ書)
(墨引)　羽柴藤吉郎
(鳥)□居安芸守殿　秀吉
(祝)□融軒
(岡本周登)　」

一九一　矢部善七他宛書状写　「東文書」東大史影写

(前欠)
□も然者御両所御越候間、御近所之儀候条、其元諸事御引立
可為祝着候、恐々謹言、
(天正七年)三月廿八日　羽藤
秀吉在判

矢善七(矢部家定)殿
猪兵助(猪子高就カ)殿
御宿所

一九二 湯山阿弥陀堂宛寺領宛行状 「善福寺文書」

当寺領之儀、有又治郎(有馬村則)殿前不可有相違候条、近年当知行之旨、全可有寺納候、仍如件、

天正七 藤吉郎
四月五日 秀吉(花押)
湯山(摂津国)
阿弥陀堂

一九三 藤右衛門宛切手 「青木氏蒐集文書」東大史影写

ふちかた(扶持方)八木出来事
四人 五十日分馬之大豆三斗 福島市松(正則)
天正七年
五月十四日 秀吉(花押)
此ほかにまめ壱石とらせ可申候、
藤右衛門

一九四 八幡宮舎那院宛寺領寄進状 「舎那院文書」東大史影写

為寺領、八幡(近江国)庄三町まち之内を以壱町、令寄進候、全可有収納状如件、

天正七 筑前守
五月十五日 秀吉(花押)
八幡宮(近江国)
舎那院

一九五 隠岐安右衛門宛書状写 「太祖公済美録」東大史写真

今度芸州衆至丹生寺(摂津国)、城郭相構楯籠候条、則懸合責崩候時、無比類働尤神妙候、為褒美於江州北郡百石、播州吉川谷百石令扶持候、全可知行候、次為当座引物金子拾両遣之候、猶令忠節、重而可申付候、謹言、

天正七 藤吉郎
五月廿二日 秀吉御判
隠岐安右衛門殿

一九六　中川瀬兵衛尉宛起請文　大阪城天守閣

公儀無御疎略躰、中〳〵無申計候条、向後兄弟之契約申定候、
然者本知之儀者不及申、河内国・摂津国かけ(欠)の郡之儀申上、
可進之候、如此申談上者、聊以表裏抜公事有之間敷候者也、
右之旨、若偽於有之者、忝日本国中大小神祇、八満(幡)大菩
薩・愛宕・白山御罰可罷蒙者也、仍如件、

羽柴藤吉郎
秀吉（花押）
(天正七年)六月五日
中川瀬兵衛尉(清秀)殿

一九七　一牛斎宛自筆書状　『思文閣古書資料目録』二一八

なを〳〵そ□とのき□候て給候、ねんころ(懇)
ニミ申き、申たきおりふしうけ給候、一たんまんそく(満足)
いたし候、はしかき(端書)我等ふてにて申入候、以上、

一書之通具披見候、内々其許様子共聞申度候つる、殊更今度
宗論之事、此方へも執々其沙汰ハ候へ共、如此慥ニハ不聞候、
一々論儀次第迄不残相聞候て、祝着千万候、又長谷竹(長谷川秀一)□(殿カ)御事、
何と哉らん承候、是又千万無御心元由可申候、乍便宜先以書
状申候、定而当座御事たるへく候間、□上様(織田信長)御前之儀
者御別儀有間敷候、能々可被申候、猶便宜ニ様子共切々可被
申越候、次此表之事弥敵方無正躰候、三木(播磨国)取出共数ケ所申付
候て一々こし候□□候、又今度船いくさに敵舟共あまた切取、
数人生取、首数十人討取候、就其敵かた相歎候事無是非候、
可御心易候、恐々謹言、

藤吉郎
秀吉（花押）
(天正七年)六月十八日
一牛斎
御返□(報カ)

○尚々書は秀吉自筆。

一九八　亀井新十郎宛書状　「亀井文書」国立歴史民俗博物館

尚以先日者何ニても見やけ可遣候処、いとまこい(暇乞)なく
被帰候、如何之事候哉、返々郡はつれの事、能々あら
ためて、其方へおさめ可置之候、以上、

先度者為見舞上国苦労之至、令祝着候、仍其元郡はつれの知
行之事、代官職申付候条、其方可有納所候、猶増田仁右衛門(長盛)
尉可申候、恐々謹言、

藤吉郎

六月廿七日《天正七年》　　　　　秀吉（花押）
亀井新十郎《茲矩》殿
進之候

一九九　淡川市庭宛掟条々（木札）「歳田神社文書」

掟条々　　　　　淡川《播磨国》市庭

一当市毎月五日、十日、十五日、廿日、廿五日、晦日之事、
一らくいち《楽市》たる上ハ、しやうはい《商売》座やく《役》あるへからさる事、
一くにしち《国質》ところしち《所質》□之事、
一けんくハ《喧嘩》こうろん《口論》りひせんさく《理非詮索》□《に》を□□《よハ》す、双方せいはい《成敗》すへき事、
一はたこ《旅籠》銭ハたひ《旅》人あつらへ次第たるへき事、
右条々あひそむくともから《輩》これあらは、地下人としてからめをき《搦置》、ちうしん《注進》あるへし、きうめい《糺明》をとけ、さいくハ《罪科》におこなふへき者也、仍掟如件、
天正七年六月廿八日　　　　秀吉（花押）

二〇〇　丹生寺舟井坊宛判物　「山田文書」東大史影写

丹生寺《摂津国》領事、雖令闕所、其方之儀者、道無牢人刻、被馳走由候条、令免許上者、山田庄《摂津国》在之拾四石余事、任当知行寺納不可有相違候、仍状如件、
天正七　　　　羽柴藤吉郎
七月十七日　　　　秀吉（花押）
丹生寺
舟井坊

二〇一　湯山中宛書状写　「浅野文書」『兵庫県史』

尚以奉行少も相紛事在之者、可直訴訟候、不然者地下中可為曲事者也、
当所奉行事、雖未申付候、千石権兵衛《秀久》申付候間、可得其意候、旅人以下如前々在之上者、諸事如有来可其沙汰候、若権兵衛者共、下々不謂儀申候者、直ニ可言上候、聊新儀之課役等不可在之候、恐々謹言、
七月廿四日《天正七年カ》　　　　藤吉郎
　　　　秀吉（花押影）
湯山中《摂津国》

二〇二　瀧川彦二郎宛書状　福岡市博物館

早々預御使札候、御懇意之段畏入候、於此表一昨日合戦之事、
芸州・雑賀・当国之者申合候て、三木(播磨国)へ兵粮入可申由候て、
三木之者共と既ニ入相申候処ニ、懸合及一戦、即時ニ切崩、
於鑓下首四百八ツ討捕申候、此表之事、明隙申候、落居不可
有幾程之条、於時宜者可御心安候、猶追々可申候、恐々謹言、

羽藤
九月十二日(天正七年)　秀吉（花押）
瀧川彦二郎(忠征)殿
御返報

二〇三　垣屋源三郎宛書状　「垣屋文書」九州国立博物館

態申入候、酒見北条(播磨国)ニ一城申付候、然者其方近所之儀候間、
家中二替計にて、番手被入置之可給候、委細別孫右(別所重棟)申入候間、
可有演説候、恐々謹言、

羽藤
九月十七日(天正七年)　秀吉（花押）
垣屋源三郎殿
御宿所

二〇四　谷甚太郎宛朱印状写　「谷文書」東大史影写

今度別所(長治)誅伐之刻、父大膳(谷衛好)允抽軍功遂討死、別而不便被思食、
本領之外二ケ所被宛行者也、

天正七年九月廿八日　（朱印影）
谷甚太郎(衛友)との（へ）□

○この文書は検討を要する。

二〇五　小寺休夢斎宛自筆書状　『豊大閤真蹟集』

返々、こちやく(播磨国御着)人しち(質)、いたミ(摂津国伊丹)よりうけとり可申、こ
れ又御心やすく候へく候、いたミの事は五三日の間と
ミゑ申候、はやく〳〵ほり(堀)をうめさしられ候、こちやく
の人しち、しろ(城)のうちにてもはて(果)申間、我等うけとり
可申候と申上候へは、我等ニわたし候へと御申なされ
候、又くわんひやうき(黒田孝高)も我らしたいと御申間、御心や
すく候へく候、此御返事ニより、三木(播磨国)ゆるし候て、し
ろをうとり(け脱カ)候て、いのちをたすけ候か、又ほしころし(干殺)
候か、両度ニいちと(一度)うか、きわめ可申候、
いそき平つか(平塚藤蔵)を進之候、そこもと(其許)ようすにより、三木の木い(儀)
のちをたすけ可申候、又ミな〳〵めし出し候ハヽ、ほしころ

し二三木をはいたし可申候、いのちのきをと、わひ候事かき
りなく候、三木ゆるし候ハヽ、こちやく、しかた(播磨国志方)の事のけさ
るよう二いたし、ほしころしか、又ハせめころし可申候間、
のけさるよう二さいかく(才覚)候て可給候、いさい(委細)平三ひやうへ(梶原景秀)可
申候、かしく、

十月廿八日(天正七年)　藤吉郎
きうむ(小寺休夢斎高友)　秀吉(花押)

□

## 二〇六　一牛宛書状　「池田文書」東大史影写

(前欠)
進候、□やうに候て、留主之儀、能々可被申付候、此
表四方(播磨国志方)取出共、三木(播磨国)町際へ押詰候、やかて可落居候間、可心
易候、吉左右自之可申候、恐々謹言、

十一月廿三日(天正七年)　藤吉郎
一牛　秀吉(花押)
進之候

## 二〇七　有馬郡之内道場河原百姓中町人宛判物

「摂津道場河原町文書」東大史影写

諸役令免許候、以上、
当所地下人并町人等、如前々可還住、若非分族在之者可加成
敗者也、

天正七年　藤吉郎
十一月廿六日　秀吉(花押)
有馬郡(摂津国)之内道場河原
百姓中
町人

## 二〇八　湯之山惣中宛判物　「堀文書」東大史影写

当所之義、不可有別儀候条、可心易候、此方人数越候之間、
荷物已下可然こやへ遣、いつれも家共ニ其留守置候て、其侭
可令居住候、我等相越、堅固可申付候、聊不可有気遣候、猶
池田勘助可被申越也、

十一月廿六日(天正七年)　藤吉郎
湯之山(摂津国)　秀吉(花押)

惣中

二〇九　浄土寺和泉宛書状　「浄土寺文書」東大史影写

（播磨国）浄土寺百姓之内、令逃散、別而荒地共在之由候、散候百姓共、早々召返、耕作可申付候、下々不謂儀不可有之候、恐々謹言、

天正七　　　　藤吉郎

十二月十日　　秀吉（花押）

浄土寺

和泉殿

## 天正八年（一五八〇）

二一〇　村上源太宛書状　「村上文書」東大史影写

尚々当所寺社領之儀、急度可被相澄候、由断不可□（然候カ）、次当手之衆、其許相懸、剪銭候由候、如何様之仁躰候哉、可承候、以上、

態申候、旧冬生熊佐（左）差越候処、被成御馳走由本望候、然者其許百姓等所務等之□不沙汰曲事ニ候、就其重而生熊指越候、猶以於無沙汰者、人数等可申付候而可成敗候、被得其意、御肝煎専用候、此方用所等不可有疎意候、猶口状申含候、恐々謹言、

（天正八年）正月五日　　羽藤

　　　　秀吉（花押）

村上源太殿

御宿所

## 二二　赤佐左衛門尉宛書状　「反町文書」慶應義塾図書館

猶々此表之事、御気遣有間敷候、其地働之様子相聞候、
委細一書ニ被仕、追々可被申越候、以上、

改年之慶喜、追日不可有休期候、
一此表之儀、去六日三木(播磨国)従城内三十間計南、宮山(播磨国)之城乗取、
惣町中押破数多討捕、敵之やくら七ツ取申候て、其まゝ十
間十五間之間ニ取詰、惣廻塀柵四重五重申付候事、
一同八日夜、芸州・雑賀之者相拘申候浜際ニ候魚住(播磨国)与申城、
此表響を以こほれ落申候処ニ、此方者懸合、数多討捕申候
事、
一同十日夜、しかた(播磨国志方)の城并御着(播磨国)之城、明退申候処、彼近所ニ
置候神吉(播磨国)・そね(播磨国曽根)・姫路(播磨国)者共追付、数人討捕申候、依夜中、
悉不討捨候事、
一同十一日午刻ニ、三木本城(播磨国)と堀一重ニ候鷺山と申構乗崩、
并別所彦進(友之)城、同山城守(別所吉親)居城乗破、是又数多討捕候、山城
構へハ小一郎(羽柴秀長)入置申候、同彦進城鷹之尾と申ニ我等令入城
候事、
一別所小三郎(長治)丸一ケ所へ責寄申候間、落居不可有幾程候間、
可御心安候、猶追々可申承候、恐々謹言、

羽藤
(天正八年)正月十四日　　秀吉（花押）
赤佐左衛門尉殿

## 二三　別所小三郎宛書状写　「太祖公済美録」東大史写真

書礼到来、即令披見候、今度自籠城之始至于今、毎度合戦、
一而無不当理矣、雖失勝利、更不可謂怯弱、雖然運命難遁歟、
来十七日申刻、長治(別所)・友行(別所)・吉親(別所)被致自害、残士卒雑人以下
被助申度之由、誠大将愛士之道、前代未聞可謂良将、感其心
底者落涙不留、右三人於生害者、士卒赦免之事、少相違有間
鋪候、猶従浅野弥兵衛(長吉)方委細可申述候、謹言、
(天正八年)正月十五日　　羽柴筑前守秀吉
別所小三郎(長治)殿
御報

○この文書は検討を要する。

## 二四　別所小三郎宛書状写　「播磨古城記」東大史謄写

芳書令披見候、此度防戦不当利事、天命不遁処也、依去長
治(別所)・友之(別所)・吉親(別所)遂自殺、衆命被助度由、誠大将為愛士之道、
可謂良将、此上者三人被生害、士卒助命之儀不可有相違、猶

従浅野弥兵衛（長吉）可申候、恐々謹言、

（天正八年）正月十六日　　羽柴筑前守秀吉判

別所小三郎（長治）殿

返報

○この文書は検討を要する。

## 二四　三木町宛条々（木札）「三木市有宝蔵文書」

条々

一当町（播磨国三木）江於打越者ハ、諸役あるへからさる事、

一借銭・借米・年貢之未進、天正八年正月十七日ゟ以前之事、令免許事、

一□（先年之通、地子取）ましき事　付商之さかり銭、これをのそくへき事、

一一粒一銭□（可公納旨）有之輩におゐてハ直訴すへき事、

一をしかい（押買）あるましき事、

右あいそむく（相背）やから（族）におゐてハ、速ニ可加成敗者也、仍而如件、

天正八年正月十七日　　秀吉（花押）

○三・四条の（　）内は『兵庫県史』による。

## 二五　中川駿河守宛奉公人被出候衆次第写　「中川文書」東大史影写

奉公人被出候衆次第

一番以下心懸并忠不忠、成盛不盛、其方被見分可被出事、但人かす（数）ニしたかふ（従）へし、

一去々年被出候衆事　　上々

一正二三　　上

右三ケ月被出候衆事

一四五六　　中

此三ケ月被出候衆事

一七八九　　下

此三ケ月被出候衆事

一十月ハ少心もちある事、

一当国衆ハ地之事候間、並ニハ出間敷事、

以上、

天正八

正月廿八日　　秀吉花押

中川駿河守殿

二六　奉公人被出候衆次第　「東文書」東大史影写

(奉公人)□被出候衆次第

□忠不忠、成盛不盛□可被出事、
但人かす(数)ニしたか(従)□□し、
□被出候衆事　上々
□　上
□月被出候衆事
□　中
□被出候衆事
□　下
□被出候衆事
□心もちある事
□地之事候間、並ニハ遣間敷事、
□
(天正八年正月廿)□八日　秀吉(花押)

(後欠)

二七　百姓仕置条々（木札）「三木市有宝蔵文書」

条々
一さい〱(在々)百姓等早けんさんすへき事、
一あれ(荒)地ねんく、当年三分二ゆうめん(宥免)、三分一めしおくへき事、
一さくもう(作毛)いせんたちかへり(立還)百姓等、いとなみひやく(日役)あるましき事、付あれ地之百姓共つくりしきニすへき事、
右不可有相違者也、仍而如件、
天正八年
二月三日　藤吉郎(花押)

二八　市場掟（木札）　神崎郡神河町柏尾区蔵

掟
(播磨国柏尾)当市場、諸商売已下、前々のことくたるへき、其外非分之□(族)申かくるにおゐては、速可処厳科者也、仍如件、
天正八年
二月十二日　藤吉郎(花押)

二九　半夢斎他宛書状　「大方文書」東大史写真

（礼紙ウワ書）
「（墨引）
半夢斎（前田玄以）　　羽柴藤吉郎
浅野殿　　　　　　秀吉」

今度祇候仕候処、則御茶被下、御名物拝見させられ、過分至極、是非難申上存候、并御能驚目候、条々忝次第、雨山ニ奉存知候、数日致見物候共、更以不可有飽期御座候、此等之趣宜預御披露、恐々謹言、

（天正八年カ）
二月廿五日　　　　秀吉（花押）
半夢斎
浅野□

三〇　某宛書状　『思文閣古書資料目録』二二八

目相患候間、以印判申候、以上、
作州表為御先勢、来十五日相働候条、□□（御陣カ）用意不可有御由断候、人数等□□御馳走□□（肝）要候、恐々謹言、

（天正八年カ）
三月三日　　　羽柴藤吉郎
　　　　　　　　秀吉（花押印）

□
御宿所

三一　八木但馬守宛書状写　「因幡民談補」東大史謄写

眼散々相煩候間、以印判申入候、自由之至候、以上、
態致啓上候、仍　近衛（前久）殿様之御姫君様丹波ニ御座候間、彼表錯乱之砌、因州へ被成御座候由候、然而今度上様（織田信長）江被成　御証候之処、早々御迎可被参旨御意ニ付而、聖護院（道澄）殿・大覚寺（尊信）殿より御迎参候、従因州丹波境目迄之儀、無其煩候様、御警固之儀堅可被仰付候儀簡要存候、従　公儀被仰出候事候間、急与御馳走可為尤候、恐々謹言、

（天正八年カ）
三月廿二日　　　羽柴藤吉郎
　　　　　　　　　秀吉（花押印影）
八木但馬守（豊信）殿
　　御宿所

三二　江州坂田郡八幡宮奉加状　「長浜八幡神社文書」東大史影写

江州坂田郡八幡宮奉加

羽柴藤吉郎
秀吉（花押）
羽柴次
秀勝（花押）
天正八年庚辰三月吉日

### 三三　村上河内守宛書状写　「紀伊国古文書」国文学研究資料館

雖未申通候、及承候条、令啓達候、近日至作州表、為御先勢
拙者相働候、然者此刻宇泉（宇喜多直家）被相談、於御忠節者、御望等之儀
馳走可申候、猶従宇泉可有演談候、恐々謹言、
羽柴藤吉郎
秀吉（花押影）
（天正八年）閏三月五日
村上（吉継）河内守殿
御宿所

### 三四　野里村宛条々　「芥田文書」東大史影写

□（条々カ）
（播磨国）野里村
□路次等乱妨狼藉、
□銭きりたるへき事、
□火之事、たとひ自火、
□、任法度可成敗事、
□理不尽之族者、為地下人
□可直訴事、
□あけ百姓置之者、曲事
□き事、
□相背族於在之者、速可
□処厳科者也、仍如件、
（付箋）「天正六年刁」
（天正八年閏）□三月十二日　藤吉郎（花押）

### 三五　陣取等ニ付条々　「竹内周三郎氏所蔵文書」東大史影写

条々
一於陣取同路次等、乱妨狼藉族、一銭きりたるへき事、
一陣取放火事、たとひ雖為自火、任法度旨可成敗事、
一薪・ざうじ（雑事）・ぬかわら（糠藁）ハ可出事、
一於理不尽族者、為地下人中からめ置、可直訴事、
一家をあけ百姓遅々候ハヽ、曲事たるへき事、

右相背族於在之ハ、速可処厳科者也、仍如件、

天正八年

後三月十二日　藤吉郎（花押）

休夢斎（小寺高友）

床下

三六　原田蔵人宛書状　「船田祥一氏所蔵文書」東大史写真

書中之趣具披見候、其所御逗留候由候、尤ニ候、然者為先勢蜂須賀（正勝）国衆相副、其他小一郎（羽柴秀長）組子衆差遣候、我等事、明日十七日可相働候、次其方身上之儀、得其意候間、可御心易候、猶様子共亀新（亀井茲矩）方ゟ可申送候、恐々謹言、

羽柴

（天正八年）後三月十六日　秀吉（花押）

原田蔵人殿

御返報

三七　小寺休夢斎宛書状　長浜城歴史博物館

此折紙、先陣小一郎（羽柴秀長）・蜂須賀（正勝）所へ、今夜ニ早々可有御届候、不可有御由断候、恐々謹言、

羽藤

（天正八年）壬三月十七日　秀吉（花押）

三八　網干地下中宛判物　「播磨網干郷文書」東大史影写

英賀（播磨国）面申付候条、なわ（縄）百束・竹百荷、人夫有次第くわ（鍬）もたせ、明後日未明ニ彼表陣所可越候、此時候間、不可有由断者也、

藤吉郎

（天正八年）壬三月廿九日　秀吉（花押）

網干（播磨国）地下中

三九　赤松弥三郎宛書状　大阪城天守閣

（前欠）

覚悟尤候、為其能（態）如此候、恐々謹言、

羽藤

（天正八年）後三月晦日　秀吉（花押）

赤松弥三郎（広秀）殿

御陣所

一三〇　白国村宛制札写　「白国文書」東大史謄写

しらくに村(播磨国白国)

取出普請道具すかう谷中(播磨国菅生)にて竹木きりとる事候、当在所など
にて一切令停止者也、仍如件、

(天正八年)閏三月晦日　　藤吉郎(花押影)

一三一　菅生之谷中宛制札写　「白国文書」東大史謄写

菅生之谷中(播磨国)、竹木伐取外ニ対地下人非分族可為曲事、於相背
者可加成敗者也、仍如件、

(天正八年)閏三月晦日　　藤吉郎(花押影)

一三二　安積将監宛書状　「安積文書」東大史影写

甚五郎かたへの書中披見候、仍行之儀、涯分馳走候て、首尾
候様ニ尤候、我等事、先今日打入候、其子細ハ英賀(播磨国)相果候付
而、其元為可申付如此候、随而又当表ニ相働候て可討果候、
其以前ニ右之調儀可被相談候事肝要候、将亦其元へ、若下々
北散候者候者、一人も不遁搦取候歟、首討可被出候、恐々謹
言、

(天正八年)卯月廿四日　　羽藤　秀吉(花押)

安積将監殿

(奥端書)「(墨引)」

一三三　安積将監他宛書状　「安積文書」東大史影写

追而田路五郎左衛門へ申遣候、長水城(播磨国)中様子被申越候、
如書中、定而不可有正儀候、然者涯分調儀候て、忠節
候様ニ相談専一候、猶其様子、堀介(堀尾茂介)・仁右衛門尉(増田長盛)可申
候、将亦此書中、中村取出へと、又但州小一郎(羽柴秀長)殿へ可
有御届候、以上、

其元弥堅被申付之通被入念、被申越令祝着候、尚以気遣専一
候、若長水城中、其外下々一人も北散事候者、搦取可被出候、
左様之儀於由断者、其曲有間□□(敷候)、小一郎かたへも申遣候条、
用所之儀可被申候、恐々謹言、

(天正八年)卯月廿四日　　羽藤　秀吉(花押)

安積将監殿

田路五郎左衛門殿

御宿所

二三四　網干物中宛判物　「播磨網干郷文書」東大史影写

猶々急度可遣上使候へ共、上使銭以下可造作之条、
立佐(小西隆佐)差遣候、若於由断者、自是可申付候、以上、
英賀(播磨国)にけのき候もの共、預ケ物可在之条、悉以可運上候、自
然於相隠者、後々聞付次第可加成敗者也、

　　　　藤吉郎
卯月廿六日(天正八年)　　秀吉（花押）
　網干(播磨国)
　　物中

二三五　国中城わるへき覚　「一柳文書」

国中(播磨国)城わるへき覚

一置塩之　御城之事
一御着之　城之事
一高砂之　城之事
一神吉之　城之事

小野木清次(重次)
山崎四郎右衛門尉
蜂須賀彦右衛門尉(正勝)
近藤九介
山内伊右衛門尉(一豊)
副田甚兵衛

一阿閇之　城之事　付梶原古城之事
一明石之　城之事
一平野之　城之事
一東条之　城之事
　已上

津田小八郎
斎藤宮内丞
一柳喜介
伊藤七蔵(長久カ)
服部伝八
大塩金右衛門尉
一柳市介(直末)
速水少太(守久)

右之城共、不入時分柄ニて候条、わらせらるへき事、尤ニ存
候事、
　卯月廿六日(天正八年)　　秀吉（花押）

二三六　物社宛禁制　「射楯兵主神社文書」『姫路市史』

　禁制　　物社(播磨国)
一当社竹木伐採之事、
一社人私宅宿取之事、
一同社人諸公事役事、
右之条々堅令停止訖、若違犯輩於有之者、速可処厳科者也、
仍如件、

天正八年四月廿八日　　藤吉良(花押)

三三七　安積将監他宛書状　「安積文書」東大史影写

其表之儀被入情、拵以下無由断段、粉骨之至候、弥以堅可被
申付事肝要候、随而鉄炮之薬十斤進之候、委曲従置塩(赤松則房)殿可被
仰出之条、不能巨細候、恐々謹言、

羽藤
秀吉(花押)

(天正八年)卯月廿九日

安積将監殿
田路五郎左衛門殿
進之候

三三八　木下平大夫宛書状　大阪城天守閣

態申遣候、近日ハ雨にて普請以下如何候哉、川之水出可申与
推量候、随而其方扶持かたの事、西之土居にて可遣候之条、
取可被相越、将亦英賀(播磨国)乱妨徒可遣候之間、是又取ニ可被越候、
弥其元能々可被申付事専一候、恐々謹言、

藤吉郎
秀吉(花押)

(天正八年)五月朔日

木下平大夫(荒木重堅)殿
進之候

三三九　一柳市介他宛書状　「一柳文書」

態申遣候、東条之城(播磨国豊地城)之事ハ此方より不申越候、以前ニも可有
破脚候由ニ候間、手間も入間敷与思候処、其後わり候事、迷
惑由候へハ如何候哉、殊更豊孫右(別所重棟)ハ各相越候而より京都江被
上候とて被出抜由候、不苦事候へ共、此方も可成其意処、何
とて右之様子不申越候哉、但其方ニ被居候歟、不審ニ候、何
篇へん〳〵と候て在之事、無分別候、早々様子可申越候、
恐々謹言、

藤吉郎
秀吉(花押)

(天正八年)五月四日

一柳市介(直末)殿
速水少太(守久)殿

三四〇　田恵村宛禁制　（木札）　鳥取市歴史博物館

(播磨国)田恵村

禁制

一下々乱妨狼藉事、

一田畠取荒事、
一諸事対百性不謂族申懸事、
右条々堅令停止訖、若違犯輩在之者、速可処罪科者也、仍如
件、
天正八年五月十二日　　藤吉郎（花押）

## 二四一　田路五郎左衛門他宛書状　「田路文書」

其谷中、人夫為可申付、此者両人遣候、有次第付立、可被上
候、田路拾人・安積拾人、合廿人之外、悉此方ゟ付候兵粮玉
薬迄遣候間、得其意無由断可申付候、猶両人可申候、恐々謹
言、
藤吉郎
（天正八年）五月十三日　　秀吉（花押）
田路五郎左衛門殿
安積将監殿

## 二四二　山方之郷宛禁制　「早川氏所蔵文書」『鳥取県史』

禁制　（因幡国）山方之郷
一軍勢甲乙人等乱妨狼籍（藉）事、
一放火事、
一非分族申懸事、
右之条々堅令停止訖、若違犯輩於有之者、速可処厳科者也、
仍如件、
天正八年
五月十六日　　藤吉郎（花押）

## 二四三　布施南北宛禁制写　「因幡民談補」東大史謄写

禁制　（因幡国）布施南北
一軍勢甲乙人等乱妨狼藉之事、
一放火之事、
一非分之族申懸事、
右之条々堅令停止訖、若違犯輩於在之者、速可処厳科者也、
仍如件、
天正八年
五月廿日　　藤吉良（花押影）

## 二四四　所付欠禁制写　『因幡誌』

禁制

一軍勢甲乙人等乱妨狼藉事、
一放火事、
一非分之族申懸事、
右条々堅令停止候、若違犯輩於在之者、速可処厳科者也、
天正八年五月二十日　藤吉郎

二四五　小田井中宛禁制写　「豊岡細見抄」『豊岡市史』

禁制　小田井中（但馬国）
一軍勢甲乙人乱妨狼藉之事、
一放火之事、
一非分之族申懸之事、
右之条々堅可守之、若違犯之輩於有之、可処厳科者也、
天正八年五月　日　秀吉在判

二四六　用瀬之郷宛禁制写　「因幡民談補」東大史謄写

禁制　用瀬之郷（因幡国）
一軍勢甲乙人等濫妨狼籍（藉）之事、
一放火之事、
一下々非分之族申懸事、
右条々堅令停止訖、若於違犯之輩ハ速可処厳科者也、仍如件、
天正八年五月　日　藤吉郎（花押影）

二四七　垣屋駿河守宛書状　「垣屋文書」東大史写真

美組郡（但馬国美含郡）之義、宮部善浄房（継潤）ニ遣候、其内本知方を以、弐千石進之候間、可有知行候、但州之内者いつれへも不遣候へ共、其方之義者、可被立役身上候間、如此候、善浄被属一手、諸事無由断儀、簡用ニ候、猶向後之義、不可有疎意候、恐々謹言、
六月八日（天正八年）　羽藤　秀吉（花押）
垣屋駿河守（豊続）殿
御宿所

二四八　長宗我部宮内少輔宛条々写　「紀伊国古文書」国文学研究資料館

条々
一先書如申候、三木（播磨国）正月十七日ニ悉刎首、当国過半依片付、為可休諸卒、三月十日ニ至江州北郡へ打入候処、三月廿日、毛利作州面へ罷出、宇喜多（直家）及難儀由、同廿日ニ注進候条、

人馬之草臥をもかへりみす、従江州廿五日ニ先勢差遣、拙子事、同廿七日、至京都へ馳上、無昼夜之境も、後三月二日ニ播州至三木着陣候事、

一後三月二日ニ備前境目迄先勢悉不残陣取を申付、我等ハ同十七日ニ罷出、備前・美作・播磨三ケ国之三ツ辻の所ニ陣を居、追々敵之備みせかけ、宇喜多をハ作州面ニはりあはせ、我等ハ備前よりも備中口へ切入、毛利後よりも相働、毛利陣取可切崩と存候て、其行令覚悟、一両日之内ニ可及行与相定候処、廿七日ニ毛利陣悉敗北候条、我等ふりニつまりニ引返し、一揆楯籠候英賀(播磨国)を取巻、二町三町間ニ陣を居、仕寄以下申付、海之手迄取切申候事、

一英賀より西之土居、あが(英賀)との間八町計候、其間取切後ニ候条、右之西之どいを四月朔日ニ責崩候、英賀をハにけさるやうニ人数残置候事、

一宇野民部大輔(祐清)宍粟郡(播磨国)ニ在之、山峰けはしくして大河城之ふもとを巻候付而、頼節所、奉対　公儀相構無所存候条、則従英賀令手遣、宇野親(政頼)・伯父両構平城二ケ所へ楯籠候、四月廿六日ニ責崩、悉首をきり申候、親子之もの後之山へにけ入、彼民部大輔山城へにけ登候事、

一民部大輔居城市場を追敗、山八分目迄責登、悉小屋を不残焼崩、五町三町之間ニにけさるやうニ取出申付候事、

一又英賀へ直相働、海之手より乗込、悪逆人をハ或ハ首をきり或ハ追失、過半町人百姓等をハ助置、姫路山(播磨国)下へ召寄、市場を立させ申候事、

一息をつかせす五月九日ニ宇野民部居城へ取懸、十日責崩、おちこほれ民部大輔親之下野兄弟一類被官以下迄、不残刎首申候事、

一人数引入候ても不入儀と存、因州へ相働、鬼か城(因幡国、以下同国)責崩、首を取候付而、其外何もあけ候城之数、きさいち(私部)の城、しやう(生)山之城、もちかせ(用瀬)の城、鹿野之城、吉岡之城、岩つね(経)の城、以上七ツ敗北候事、

一右之城之内、鹿野与申城ニ芸州進藤豊後与申者をけんしとして置候て、因州屋形(山名豊国)并家中之人質、彼七ケ所之城主其外面々質物何も取置候、然間取懸可責殺ニ相究候処、一国之人質此方へ可相渡候間、進藤豊後一人事、命を助候様ニと、さま〳〵わひ事申候ニ付而、彼質物共不残請取、彼等一人をハ助候て芸州へ遣候事、

一因州国中之城、右之趣候、屋形居城鳥取之城之事、一国一城ニ押詰、市場山下家共不残焼払候て、少虎口を引のけ陣取、二町三町之間ニ付城十五ケ所申付、其間ニ堀をほり塀士(土)をかけ、さかもき(逆茂木)・帰鹿垣を二重三重結、名城ニ候間、如右之二申付、鳥ならてハかよふへき事無之付、何やうに

も我等次第之由、種々心付候間、屋形人質、其外右之城主之人質、鹿野にて請取之上ニ、重而又請取、三郡遣、相残分ニハ但州之山名(堯熙)殿右令落去候きさいちの城へ入置候、鬼か城へハ八木但馬守(豊信)置候、岩経之城、但州因州境目之間、垣屋播磨守(光成)を置候、因伯両国知行わり置目申付明隙候間、去十三日ニ至播州姫路打入候、委従斎内蔵(斎藤利三)可被申候、

已上、

羽柴藤吉郎

(天正八年)六月十九日　秀吉

長宗我部宮内少輔(元親)殿

参

## 二四九　仕置条々　「大歳文書」東大史影写

条々

一南条(播磨国)之堀事、謀叛悪逆人之おとゝ(弟)子にて候間、知行之儀者令闕所候、然者御着(播磨国)江人質出し候者共、国中相払候事、

一何もわき〳〵の者共ハ、知行付ニ可致奉公候、あひさハ(騒)く事不可有之候事、

一若下々非分之族有之者、可成敗事、

以上、

天正八年六月十九日　藤吉郎(花押)

## 二五〇　仕置条々　「福岡文書」東大史影写

条々

一本郷宮内(祐之カ)事、謀叛悪逆人之おとゝ(弟)子にて候間、知行之儀者令闕所候事、

一何も下々儀者、知行付ニ可致奉公候之事、

一若下々非分之族有之者、可加成敗候間、あひさハ(騒)く事あるへからす候事、且二ツ築地ゟまて岩辺之難所、可作儀尤ニ候事、

天正八年六月十九日　藤吉郎(花押)

## 二五一　湯原豊前守宛書状写　『萩藩閥閲録』

尚〳〵御面目之段令存候、(宇喜多)直家和睦之事専用ニて候、

以上、

態申入候、御方事対毛利家御届、神妙之至候、然者信長(織田)より如此御諚ニ候キ、宇喜多直家を為始、御一味申上候近辺之衆中、同心被申候、其方御請被申候ハヽ、尤本望可存候、仍雲州一円可被遣との御諚にて候、於然者御味方被申事専用候、

重々ハ和泉守(宇喜多直家)可申入候、恐々謹言、

(天正八年)六月廿八日　　筑前守

　　　　　　　　　　　　秀吉御判

湯原豊前守(春綱)殿

　　御陣所

## 二五二　野瀬大郎左衛門宛領知宛行状　長浜城歴史博物館

草野(近江国)内野瀬之郷、先年遣候知(ママ)五拾石之事遣置候、全可有領知者也、如件、

天正八

七月十二日　　藤吉郎

　　　　　　　　秀吉(花押)

野瀬大郎左衛門殿

　　進之候

## 二五三　蒔田平左衛門尉宛書状　「田中文書」東大史影写

大坂表　御出馬ニ付、上様(織田信長)被成御上洛候、我々事ハ西国表境目之儀堅申付、普請等可仕之旨被仰出候、則一昨日十五出京候、廿日時分其地へ可相越候、成其意、大か(鋸)・そま(杣)の事、何も無由断可申付候、為其態申遣候、恐々謹言、

(天正八年)七月十七日　　藤吉郎

　　　　　　　　　　　　秀吉(花押)

蒔田平左衛門尉殿

## 二五四　亀井新十郎宛書状　「亀井文書」国立歴史民俗博物館

其元知行方之事、可相紛儀ニあらす候間、歴然候、やからを申掠候事候者、何かた成共可為越度候、其方申分迄にてハ、不能分別候、双方聞届、可随其候、猶仁右(増田)衛門尉(長盛)可申候、以上、

使札之趣得其意候、其表無相替事候由、可為其分候、我等事、今明日中播州江相越候間、猶追而可申越候、恐々謹言、

(天正八年)七月廿日　　藤吉郎

　　　　　　　　　　　　秀吉(花押)

亀井新十郎(茲矩)殿

　　進之候

## 二五五　黒田官兵衛宛書状　『黒田家文書』

昨晩三木(播磨国)迄下着候、一両日候て其地へ可相越候、普請等則可

申付候条、内々可有其用意候、各へも其分可被申候、恐々謹
言、

藤吉郎

秀吉（花押）

（天正八年）七月廿四日

黒官兵（黒田官兵衛孝高）

進之候

二五六　竹木ニ付制札　「広峰神社文書」『姫路市史』

当峰竹木之事、此方於用所者直可申付条、みたりニきりとる
事、かたく令停止候、若違犯之輩在之者、速可加成敗者也、

天正八

七月廿八日　藤吉郎（花押）

二五七　吉川駿河守宛書状写　個人蔵

就報恩祈念、別而辛労祝着候、将亦為八朔之儀両種給候、喜
悦候、猶重々可申候、恐々謹言、

天正八年

八月一日　秀吉（花押影）

吉川駿河守（元春）とのへ

○この文書は検討を要する。

二五八　正直屋安右衛門尉宛判物　「榧井文書」

於明石郡（播磨国）借々付分之事、遂元利算用可召置候、其方儀者、別
而従前辺懸目候間、向後徳政判形遣候共、令免除上者、無異
儀可召置候、質物同前也、

天正八　藤吉郎

八月六日　秀吉（花押）

正直屋安右衛門尉

二五九　亀井新十郎宛書状　「亀井文書」国立歴史民俗博物館

又此伯州使、従其馬ニのせ可遣之候、以上、

伯州表之儀ニ付て申越候、則先勢として一万余申付候、敵不
退散候者、急度各此方より遣候者共、同事ニ可承候、其次第
我等相働可及一戦候、此方者軈而可着陣候間、然者其方ハ一
手ニ羽衣石（伯耆国）へ可相越候、恐々謹言、

藤吉郎

（天正八年）八月十七日　秀吉（花押）

亀井新十郎（茲矩）殿
進之候

二六〇　英賀道場宛寺領宛行状　「本徳寺文書」

以当郡（播磨国飾西郡）内三百石付置之候、被得其意、全可有寺納者也、如件、

天正八　　羽柴藤吉郎
九月朔日　　秀吉（花押）
英賀（播磨国）道場

二六一　鵤寺宛寺領宛行状　「斑鳩寺文書」東大史影写

以当庄（播磨国鵤庄）内三百石付置之候、被得其意、為惣山全可有寺納者也、
仍如件、

天正八　　羽柴藤吉郎
九月朔日　　秀吉（花押）
鵤（播磨国）寺

二六二　黒田官兵衛尉宛知行宛行状　『黒田家文書』

揖東郡（播磨国）以福井庄内六千弐百石、岩見庄（播磨国）庄（内カ）弐千七百石、伊勢村（播磨国）上下千百石、都合壱万石、相副小帳進之置候条、無相違可有
御知行候、御忠節次第弥可申談候、恐々謹言、

天正八　　羽藤
九月朔日　　秀吉（花押）
黒田官兵衛尉（孝高）殿

二六三　浄土寺宛寺領宛行状写　「浄土寺文書」東大史写真

以当郡（播磨国加東郡）内三百石付置之候、被得其意、為惣山全可有寺納者也、
仍而如件、

天正八　　羽柴藤吉郎
九月朔日　　秀吉有判
浄土寺（播磨国）

二六四　刀田山宛寺領宛行状　「鶴林寺文書」東大史影写

以当郡（播磨国加古郡）内弐百石付置之候、被得其意、為惣山全可有寺納者也、
仍如件、

天正八　　羽柴藤吉郎
九月朔日　　秀吉（花押）
刀田山（播磨国鶴林等）

二六五　福西長右衛門尉宛領知宛行状

『三都古展連合会創立十周年記念古典籍下見展観大入札会目録』一九七二年

以揖西（播磨国）郡伊保庄内百石進之候、全可有領知候、忠節次第猶可申付候、仍如件、

「天正四」（異筆カ）
九月九日（天正八年）　藤吉郎
秀吉（花押）

福西長右衛門尉殿

二六六　亀井新十郎宛書状

「亀井文書」国立歴史民俗博物館

我等相働候時之為兵粮、従但州八木千石鹿野（因幡国）城江差籠候間、可然蔵ニつミ候て、能々符を付可入置候、船より鹿野迄之事、則其鹿野之郡之人夫ニとゝけさせ候へく候、先度如申遣候、其方ハ鹿野城留主居として普請用心等無由断可申付候、恐々謹言、

九月十一日（天正八年）　藤吉郎
秀吉（花押）

亀井新十郎（茲矩）殿
進之候

二六七　吉川村百姓中宛判物　「小倉文書」東大史影写

当陣中通路之者、不寄上下、いわれさる族申通もの在之者可注進、堅可申付候也、

九月十二日（天正八年）　秀吉（花押）

よし川村（因幡国吉川）
百姓中

二六八　亀井新十郎宛書状

「亀井文書」国立歴史民俗博物館

追而此鉄炮之薬人夫申付、羽衣石（伯耆国）可相届候、以上、

其表之儀ニ付而、木下将監（昌利）相副、人数重而遣候、委曲神子田半左衛門（正治）申含差越候間、各申次第、弥馳走不可有由断候、兵粮等之儀申付候、委曲神子田半左衛門可申候、恐々謹言、

九月十七日（天正八年）　藤吉郎
秀吉（花押）

亀井新十郎（茲矩）殿
進之候

二六九　福屋彦太郎宛書状　「福屋文書」東大史影写

羽衣石(伯耆国)表之儀、別而被入精馳走由尤候、然者先度兵粮事、百五十人宛雖申付候、人数多候由、神子田半左衛門尉(正治)申候間、弐百(人脱カ)分遣候、此時候間、弥無由断馳走肝要候、猶神子田半左衛門可申候、恐々謹言、

九月十七日(天正八年)　　藤吉郎

秀吉(花押)

福屋彦太郎殿

進之候

二七〇　片桐駒千代宛知行宛行状　「成簣堂古文書　片桐文書」

以神東郡(播磨国)百五十石令扶助候、但当年者六ツ之物成ニ可召置候、所付之儀、重而可申付候、恐々謹言、

天正八　　藤吉郎

九月十九日　　秀吉(花押)

片桐駒千代(貞隆)殿

二七一　加藤虎介宛知行宛行状　「紀伊徳川文書」東大史影写

「(包紙ウワ書)
加藤虎介(清正)殿　」

以神東郡(播磨国)内百弐十石令扶助候、但当年者六ツ之物成ニ可召置候、所付之儀者、来年可申付候、恐々謹言、

天正八　　藤吉郎

九月十九日　　秀吉(花押)

加藤虎殿

二七二　立木藤蔵宛知行宛行状　「古文書纂」東大史影写

以賀西郡(播磨国)内百石令扶助候、当年者六ツ之物成ニ可召置候、所付之儀者、重而可申付候、恐々謹言、

天正八　　藤吉郎

九月十九日　　秀吉(花押)

立木藤蔵殿

二七三　平塚三郎兵衛尉宛知行宛行状写　「武州文書」東大史影写

以賀西(播磨国)郡内三百石令扶助候、当年者五ツ之物成可召置候、所付之儀者、重而可申付候、恐々謹言、

天正八
九月十九日　藤吉郎
　　　　　　秀吉(花押影)
平塚三郎兵衛尉殿

二七四　上部越中守宛知行宛行状　「可睡斎文書」東大史影写

以神東(播磨国)郡内弐百石進之候、当年者六ツ之物成、於百姓前可被請取候、所付之儀者、重而可申付候、恐々謹言、

羽藤
九月廿一日(天正八年)　秀吉(花押)
上部越中守(貞永)殿

二七五　一柳市助宛知行宛行状　「一柳文書」国立国会図書館

以揖西(播磨国)郡内弐千五百石、此内千石為自分遣候、但当年者知行取五ツ之物成、無足人者六ツ之物成申付候条、於百姓前可請取候、所付之儀者、来年可申付候、恐々謹言、

天正八
九月廿一日　藤吉郎
　　　　　　秀吉(花押)
一柳市助(直末)殿

二七六　某宛知行宛行状　「中村林一氏所蔵文書」東大史影写

以神東(播磨国)郡内弐百石進入候、但当年之儀者六ツ之物成可被召置候、所付之儀、来年可申付候、恐々謹言、

天正八
九月廿一日　藤吉郎
　　　　　　秀吉(花押)
(宛所欠)

二七七　岩屋船人中宛判物写　「淡路名所図会」東大史謄写

岩屋(淡路国)船人共事、当飾万津(播磨国)江着津、於商売仕候者、廻船之儀上下不可有意(異)儀候、宿当津へ不相付之者、可為曲事者也、

天正八
九月廿三日　藤吉郎
　　　　　　秀吉(花押影)
岩屋船人中

二七八　某宛書状　「反町文書」慶應義塾図書館

尚以□儀、丈夫ニ可被相卜候、此口之事ハ□
今度一揆蜂起候在々悉以令成敗、放火候□、此方城之
儀ハ、来年出馬迄無異儀様ニ丈夫兵粮以下可申付事候、
其方注進切々可被申候、又孫宿(畠山禅高)をハ先々機崎ニおかれ
候へく候、以上、

重而令申候、岩根江つなき城として、きい山(因幡国桐山)可然所之由候、
然者委細垣播(垣屋光成)可被申候間、両三人談合候て、普請被申付、
垣駿(垣屋豊続)人夫以下家中者迄丈夫ニ被相卜候て可被入置候、左様ニ
候者、垣駿ニ三百人之兵粮可被□久蔵かた□可被
相渡候、委細垣播ゟ可有演説候、恐々謹言、

(天正八年)九月廿五日　　藤吉郎
秀吉(花押)

(宛所欠)

二七九　弓之河内宛条々写　「北村武士氏蔵文書」

条々　　ゆミのかわち(因幡国弓之河内)

一今度当国一揆雖令蜂起候、当郷之事、神妙之覚語(悟)忠節ニ候、
然者乱妨狼籍(藉)放火之族不可在之事、
一為褒美、年貢諸済物、亀井新十郎(茲矩)如申定、向後不可有相違
事、
一同為褒美、末代国役令免除事、
右弥於忠節仕者、猶以重而恩章(賞)可宛行者也、仍如件、

天正八
十月六日　　藤吉郎(花押影)

二八〇　村上源太宛書状　関西大学図書館

為音問、柿一籠・同木綿一籠送給候、御懇志之儀令祝着候、
殊自備前客来之刻到来候、喜悦此事候、尚期来信候、恐々謹
言、

(天正八年カ)十月十四日　　羽藤
秀吉(花押)

(村上)村源太
御返報

二八一　妙光寺宛寺領宛行状　「妙光寺文書」東大史影写

以加東郡(播磨国)之内弐百石申付候、全可有寺納者也、仍如件、

天正八　　藤吉郎

十月廿日　秀吉（花押）

（摂津国）妙光寺

## 二八二　増位山行事坊宛寺領宛行状　「随願寺文書」東大史影写

於（播磨国）印南郡内百五拾石申付置之候、此内五拾石者本尊料也、当年者五ッ之物成可被召置候、恐々謹言、

藤吉郎

（天正八年）十月廿七日　秀吉（花押）

（播磨国）増位山

行事坊

## 二八三　村上源太宛書状　「村上文書」東大史影写

為音信、見事物到来、祝着候、先度其地相越候砌者馳走共候、猶面之時可申候、恐々謹言、

藤吉郎

（天正八年カ）十月廿七日　秀吉（花押）

村上源太殿

## 二八四　龍野町宛条々（木札）　姫路市城郭研究所

条々　（播磨国）龍野町

一当龍野町市日之事、如先規可罷立事、

一市之日、諸商人ゑらむ（撰）へからさる事、

一同諸公事役、不可在之事、

以上、

天正八年十月廿八日　藤吉郎（花押）

## 二八五　奉公人等ニ付条々（木札）　「歳田神社文書」

条々

一当所奉公人何も立置候間、可為如先々事、

一同町人如有来無異儀可商売事、

一下々猥之族不可有之事、

右条々違乱之輩有之者、堅可加成敗者也、仍如件、

天正八年十月廿九日　藤吉郎（花押）

二六六　浅野弥兵衛宛切手　『古典籍下見展観大入札会目録』一九六八年

ゑむらかたへ可相渡八木之事
合弐百八十七石四斗　長浜《（近江国）》升也、
右分可相渡候、あつらへ物小につき《（日記）》のおもてさん《（算）》用相済、
此分遣者也、
天正八
十一月十六日　秀吉（花押）
弥兵衛《（浅野長吉）》

二六七　黒田官兵衛宛書状　『黒田家文書』

尚々我々早速帰候事ハ、御出馬之儀被仰出ニ付而、為用□《（意）》如此候、無油断可有其覚悟候、
態申遣候、来春出仕、小袖已下相調候儀、令停止候間、被得其意、各可被申聞候、来年西国表御出馬之儀候条、武者道具用意、不可有油断候、并知行役程人をも可被相抱候、我等事、来月二日三日比可令帰城候間、諸事堅可被申付候、恐々謹言、
藤吉郎
十一月廿一日《（天正八年）》　秀吉（花押）
黒官兵殿《（黒田官兵衛孝高）》
御宿所

二六八　芯山さいゐん宛切手写　『播陽万宝智恵袋』

かきやはりま《（垣屋播磨守光成）》人しち《（質）》に合十石わたし可申物《（ママ）》也、
天正八年十一月廿六日　秀吉（花押影）
芯山さいゐん

二六九　亀井新十郎宛書状　「石見牧家文書」東大史影写

（端裏ウワ書）
「（墨引）
亀井新十郎《（茲矩）》殿　藤吉郎
秀吉　」
書中令披見候、
一其表弥堅固之由尤候、殊更先度其城江敵取寄候処ニ数多討取由、無比類候、尚以下々迄粉骨此時候事、
一来年西国表　御働座、弥以堅相究候、我等事、安土為越年相上候へ共、右之趣重々被仰出候条、其為用意、一昨日六日姫地《（播磨国姫路）》へ帰城候、来春ハ　御出馬以前ニ、先我等可相働候、其通南勘《（南条元続）》へも以誓紙申遣候事、

一玉薬之事、則申付、薬三十斤・鉛三十斤、都合六十斤之分、
并中筒弐張遣候、雪中路次不都合ニ候間、先如此候、猶
追々可遣候、南勘へも先度路次右之分候間、先少分遣候、
用所次第可申付由、従其方も可被申届候事、
一武田家中之衆、両四人存分事聞届候、不可有疎意候、来春
働之刻、知行等可申付候事、
一近辺百姓等忠節之在所引直候由、可然候、是又来春働之時、
忠不忠相糺可申付候、今少之間ニ候間、諸式弥堅固被申付、
万端気遣不可有由断候、猶使者ニ申含候間、不能巨細候、
恐々謹言、
（天正八年）十二月八日　秀吉（花押）
亀井新十郎（茲矩）殿

## 天正九年（一五八一）

二九〇　杉原七郎左衛門宛自筆切手　名古屋市博物館

こめ三百石、小一郎（羽柴秀長）かたへ、ひやうろ（兵粮）ニわたし可申候、
天正九　正月十一日　秀吉（花押）
七郎さへもん（杉原七郎左衛門尉家次）

二九一　祐坮宛書状　「浄信寺文書」東大史影写

当寺上人跡目之事、不可有異儀候、然上者如前々寺中有才判、
諸事可有馳走候、并本堂修造其沙汰肝要候、恐々謹言、
天正九
正月十五日　藤吉郎
秀吉（花押）
祐坮
床下

## 二九二　某宛書状断簡　「牧文書」東大史影写

（前欠）

三月迄可被相□旨、誠以神妙之覚悟、不及是非候、伯州面つなぎ、旁以肝心之城ニ候□、如此之刻、堅可申付候□めニ、兵粮之儀も於但州千石申付、既ニ船ニつまセ置候へ共、今度之仕合ニ付而、不相越候之処ニ、於其方兵粮以下之儀被取集、堅固之覚悟申も愚候、来二月三月ニハ、必我等相働、先々迄即時ニ平均ニ可申付候、然者其方之儀、是非一

（後欠）

○天正九年正月か。

## 二九三　徳雲軒他宛書状　馬の博物館

尚以可成程之儀ニ候ハヽ、為両三人馳走候て可給候、
以上、

今度於京都御馬めし候、見物ニ御次（羽柴秀勝）上洛有度之由、今日申来候間、十三ケ条書立遣之候、三蔵（藤懸）付置候間、何とも仕候而、出来候様ニ可有馳走候、猶委細三蔵可申候条、不能巨細候、
恐々謹言、

藤吉郎
秀吉（花押）

（天正九年）二月四日
徳雲軒（施薬院全宗）
伊藤与左衛門殿（吉次）
筑後
進之候

## 二九四　亀井新十郎宛書状

「亀井文書」国立歴史民俗博物館

尚以　御出馬以前ニ此方御座所普請打置候ても、先々我等相働候儀者何時も安事ニ候、併とても其表ニ敵あひこたゑ候事在之間敷と存候間、其方次第との事ニ候、能々分別候て可被申越候、敵不取退躰ニ候者、不移時日相働可打果候、以上、

書中披見候、仍宮吉表（因幡国）へ敵少々相働之由候、於様子者先書ニ申遣候、鉄炮・中筒・小筒并玉薬之事、先度差遣候、猶又用所候者其方次第、追々可申付候、従最前如申遣候、兎角　御出馬之上にて悉以可属一篇事候間、端之儀者其分別候て、当城之事堅可被申付之儀専一候、　御出馬被成御急候付而、此方御座所之普請、日夜無由断申付候、来月中旬比ニハ可為出来候、然間働之儀無幾程事候、其間堅固之覚悟之段者、旧冬

ゟ重畳之事ニ候間、不及申候、将亦頭書之通、何も一々得其
意、無由断申付候間、可御心安候、恐々謹言、
（天正九年）二月十三日　秀吉（花押）
「（ウワ書）（墨引）　藤吉郎
亀井新十郎（茲矩）殿　秀吉　」

## 二九五　生熊左介宛自筆請取状　『豊大閤真蹟集』

（但馬国生野）銀山正月分公用之事
合五十まい者　但此内六十めハ、三百まいの かけ出し也、
右請取者也、
天正九　ちくせん
二月十六日　秀吉（花押）
いくま（生熊）左介

## 二九六　亀井新十郎宛書状　「亀井文書」国立歴史民俗博物館

去十五日書中、今日廿一日到来、令披見候、仍（因幡国）宮吉表敵退散
之由、可為其分候、如被申越候、御出馬以前之事ハ、端之儀
者不入事候、其城堅固之段肝要候、就其　御出馬前ニ先々江
覚ニ候間、驪而先但馬之一揆共悉討果、従其則可為出勢候、
然者其城兵粮之儀、兼而其分別候て相延候様ニ覚悟専一候、
其苦労候褒美、我等出馬候而可申付候、為其但州ニ兵粮宛置
事候、兎角今少之間ニ候条、下々被相勇粉骨肝要候、恐々謹
言、
（天正九年）二月廿一日　藤吉郎　秀吉（花押）
亀井新十郎（茲矩）殿

## 二九七　山名五郎宛書状　安土城考古博物館

為年頭之御祝儀、御使者并百疋本望存候、尚自是祝詞可申述
候、将亦其表　御動座不可有程候条、其間之儀、万事無御由
断尤候、委曲桑原次右衛門尉（貞也）かたより可申候、恐々謹言、
（天正九年カ）二月廿一日　秀吉（花押）
山名五郎殿
御返報

二九八　長谷川竹宛書状　名古屋市秀吉清正記念館

今度　御馬揃之儀、夥敷相聞へ申候事、中〱驚耳申候、□(か)
様之砌、不令参上候段、無念存計候、各御仕立共、せめて承
度候て令啓候、御報具預示候者、可為本望候、爰元普請等、
漸出来候間、軈而可罷上候、以面上、万々相積儀共可申承候、
恐□(々)謹言、

羽□

(天正九年)三月五日　秀吉（花押）

(長谷川竹秀一)長竹殿

□(貴報カ)

二九九　妙覚院宛寺領寄進状写　「総持寺文書」東大史写真

居屋敷并為寺領田二反令寄進候、無異儀可有収納之状如件、
恐々謹言、

藤吉郎

天九(天正九年)

三月五日　秀吉御判

(近江国)妙覚院

三〇〇　善福寺宛書状　『思文閣古書資料目録』一九一

遠路為見舞使僧被差越候、殊更御鏝(幔)幕如御札送給候、奇特成
御音信、別而令祝着候、爰元普請大形出来候間、近々可令上
洛候条、其節立寄、必以面可申述候、恐々謹言、

羽藤

(天正九年)三月六日　秀吉（花押）

(摂津国)善福寺

御返報

三〇一　亀井新十郎宛書状　「亀井文書」国立歴史民俗博物館

追而令申候、其地相残在城候武田源三郎衆事、雑説候間不実
ニ候へ共、其身之為ニ候条、出勢之刻迄少之間、慥之人質被
取之、若桜(因幡国)ニ成共可被置候、鳥取(因幡国)辺ゟ申来候間、如此候、
恐々謹言、

藤吉郎

(天正九年)三月十日　秀吉（花押）

亀井新十郎(茲矩)殿

進之候

三〇二　浅野弥兵衛宛知行宛行状　「浅野文書」東大史影写

知行方之儀、去年申付候分四千六百石、今度為加増千石、都合五千六百石、所付目録相副、令扶助候、全可知行候、恐々謹言、

天正九

三月十八日　　秀吉（花押）

浅野（長吉）弥兵衛殿

三〇三　浅野弥兵衛尉宛知行目録　「浅野文書」東大史影写

目録　（播磨国）揖東郡

一千三百七拾六石四斗　香山上下

一千弐百五拾五石　網干

小宅庄

一五百九拾壱石壱斗　堂本村

同

一五百四拾弐石七斗　中村

同

一九拾石三升　同村

一七百廿七石四斗

松山

一六百壱石九斗　阿曽村

一百六石三斗　松尾村

一参百石　佐々村

合五千六百石

天正九

三月十八日　　秀吉（花押）

浅野（長吉）弥兵衛尉殿

三〇四　鵤寺宛寺領寄進状写　「斑鳩寺文書」東大史写真

以（播磨国）揖東郡寺内村百五拾石事、令寄進之条、全可有寺納者也、仍如件、

天正九　　藤吉郎

三月十八日　　秀吉在判

（播磨国）鵤寺

三〇五　黒田官兵衛尉宛領知宛行状　『黒田家文書』

以（播磨国）揖東郡内壱万石事、所付目録相副進之候、全可有領知候、猶追而可申談候、恐々謹言、

天正九　藤吉郎
三月十八日　秀吉（花押）
黒田（孝高）官兵衛尉殿

三〇六　黒田官兵衛尉宛知行目録　『黒田家文書』

目録　（播磨国）揖東郡　越部
一千弐百五拾四石八斗　上庄
一九百弐拾石　伊勢上下
一弐千九百拾三石　岩見庄
一四千九百七石　福井庄内
合壱万石
天正九
三月十八日　秀吉（花押）
黒田（孝高）官兵衛尉殿

三〇七　杉原七郎左衛門宛切手　「蓮教寺文書」東大史写真

かし候八木之事
合百石者　壱わりのかき物取て可相済候也、
右郡山弾正ニ可相渡者也、
天正九
三月廿五日　秀吉（花押）
（杉原家次）七郎左衛門

三〇八　別当坊宛判物　「柿本神社文書」『兵庫県史』

播州明石人丸者、和歌第一之神仙而、諸願之霊験甚速也、仍之大（播磨国）明石村新開之田地、高参拾石寄附之畢、并山林竹木等永免除之、全可受納者也、
天正九辛巳
四月十一日　筑前守
秀吉（花押）
（月照寺）別当坊

○この文書は検討を要する。

三〇九　後藤四郎兵衛宛書状　「後藤文書」東大史影写

（施薬院全宗）徳雲下国之儀候間、御上候て申候、以上、
其後不申承候、御普請故、当城相詰候、不図御見舞待入候、仍而金子判形之事、生熊（左介）ニ申付候処、御入魂令祝着候、向後尚以頼入候、随而立佐（小西）ニ申付候めぬき（目貫）・かうかい（笄）の様躰承候、

得其意候、可然様ニ任申候、此方御用之儀不可有疎意候、猶
生左可申候、恐々謹言、

（天正九年カ）卯月十八日　　羽筑
　　　　　　　　　　　　　　秀吉（花押）

後藤四郎兵衛殿
　　　御宿所

三〇　建徳寺侍衆宛寺領宛行状　大阪城天守閣

実際庵領之事、進之置候条、全可有御知行候、恐惶謹言、

天正九　　　　藤吉郎
四月十九日　　　秀吉（花押）

建徳寺
　侍衆　御□下

三一　野村弥八郎宛連署知行宛行状
　　　　「鈴木康隆氏所蔵文書」東大史影写

親之跡目候間、如此知行申付候、
（近江国）野村郷之内、内匠分百五拾石遣之候、全可有知行候、恐々謹
言、

天正九　　　　藤吉郎
四月廿二日　　　秀吉（花押）
　　　　　（羽柴）次　秀勝（花押）

野村弥八郎殿

三二　瑠璃坊他宛判物写　「南部文書」東大史影写

（近江国長浜）当町舟持之者共、諸役免許之上者、舟之用所不可無沙汰者也、

天正九
四月廿二日　　秀吉

（近江国）瑠璃坊
助左衛門
与左衛門
藤内
孫太郎
弥二郎
源七
平七
大郎介
藤二郎

二郎太郎
新左衛門
源五郎
兵九郎
孫三郎
孫三
大介
弥五郎
亀若
下坂《近江国》
平内
已上弐十人

三三　伊藤宛自筆書状　名古屋市秀吉清正記念館

なを、たしかにはかり《計》わたし可申候、以上、
我等ふね一双にて、とゝけ可申候、以上、
まめ五十石、とたせいさいもん《戸田清左衛門》、さう久《今井宗久》ゐ五十石、合百石の
ふん、六日しさう《播磨国宍粟》にてわたし可申候、恐々謹言、
ちくせん
天正九　五月六日　秀吉（花押）
いとう《伊藤吉次》

三四　今井宗久宛自筆書状　大阪城天守閣

なを〳〵こんとう《今度》ハ参申候処ニ、御ねんころ《懇》き《儀》とも申
へ《得》す候、たゝ〳〵、まへ〳〵よりへ《別》してとかん《等閑》なく存
候間、心やすく存候て、さて〳〵其方へすくニ参申、
した〳〵の物とも、ふミあらし可申候へとも、其
きつかい《気遣》なく、なか〳〵とうりう《逗留》いたし候、はしかき《端書》
ハ我等て《手》にて候まゝ、ミゐ申ましく候間、ミな〳〵と
御たんかう《談合》候て、御らん候へく候、以上、
態令啓候、仍今度者令入津、数日逗留、御造作共中〳〵難申
尽候、殊更切々御茶湯御道具共拝見、心静ニ申承候段、本望
至極候、心底之程書中不得申候、爰元隙を明、軈而又罷越、
今度之御残多さ可申述候、猶宗易《千利休》迄申候間、不能細筆候、
恐々謹言、
羽藤
秀吉（花押）
五月十七日《天正九年》
宗久《今井》
御宿所
○尚々書は秀吉自筆。

三五　亀井新十郎宛書状　「亀井文書」国立歴史民俗博物館

六月廿五日西表令出馬候、無由断可有其用意候、然者其元路次之儀、能々被申付つくらせらるへき事専一候、恐々謹言、

（天正九年）五月廿九日　藤吉郎

秀吉（花押）

亀井新十郎（茲矩）殿

御宿所

三六　亀井新十郎宛書状　「亀井文書」国立歴史民俗博物館

書中加披見候、其後雖無音信候、其方丈夫被申付候由候間、無気遣候事候、然者遠路使札令祝着候、働之儀今月廿五日相究、南勘（南条元続）よりも使者候、其手筈ニ候、聊以不可有相違候、其間之儀、弥気遣専一候、今迄出馬延引候事、其国衆中播作半軍勢乱入候者、可為不作之由、種々理候条、任其意候、此度之儀、無幾程事候間、万々其刻可令申候、恐々謹言、

（天正九年）六月二日　藤吉郎

秀吉（花押）

亀井新十郎（茲矩）殿

御返事

三七　きさいもん宛自筆切手　『豊大閤真蹟集』

こ物ともニかさねてかし候ふん

合百石八　百五十弐人

かわりかし可申候、

天正九　六月三日　秀吉（花押）

きさいもん

三八　伊藤与左衛門宛切手　「沢田四郎氏所蔵文書」『近江長浜町志』

五たん　す丶し《すり》（生絹）　此内三たん《すり》　一たんす丶し

かたひら（帷子）二つ、はかま（袴）此しろ

合拾六石七斗七升八

天正九　六月五日　秀吉（花押）

い藤与さいもん（伊藤与左衛門吉次）

三二九　城崎郡竹野浜宛判物写　「南部文書」東大史影写

よし川平介、急之使ニ遣候間、きの崎郡（但馬国城崎）たか（竹）野の浜衆、平介申次第、かこニ可罷出者也、

（天正九年）六月八日　　秀吉

きの崎郡
たか野の浜

三三〇　杉原七郎左衛門宛自筆書状　『豊大閤真蹟集』

こめ五十石、てらつくり（寺作）のよをい（用意）ニ、めうこしゐ（妙興寺）わたし可申候、かしく、

天正九　六月廿一日　　秀吉（花押）

七郎さいもん（杉原七郎左衛門家次）

三三一　八木但馬守宛書状　「福成寺文書」東大史影写

但州一揆為成敗、来廿七日令出馬候、然者其表江赤松殿（広通）・神子田半左衛門（正治）・木下平大夫（荒木重堅）・蜂須賀小六（家政）差越候、さ様ニ候ハヽ、其方者城ニ被相残、同甚三郎左右之衆与一手ニ可被相働候、猶様子者両三人ニ申含候、一揆申付候者、我等も自但州直ニ其表可相働候条、其節可申承候、恐々謹言、

（天正九年）六月廿四日　　羽藤　秀吉（花押）

八但（八木但馬守豊信）

参　御宿所

三三二　寺村喜才宛掟　「大洲加藤文書」東大史影写

掟

一陣とり并路次すからにおゐて乱妨狼藉、地下人ニたいし不謂儀申懸輩、一銭きりたるへき事、

一味方地内、おし買放火等堅可成敗事、

一ぬか（糠）・薪・さうし（雑事）以下ハていしゆ（亭主）ニあひことわり、もらふへき事、

以上、

天正九年陸月廿五日　　秀吉（花押）

寺村喜才殿

三三三　一柳市介宛掟写　「伊予小松一柳文書」

掟

一陣取并路次すからにおいて乱妨狼藉、地下人にたいし不謂儀申懸族、一銭きりたるへき事、
一味方地のうち、おしがい（押買）放火等堅可成敗事、
一ぬか（糠）・薪・さうし（雑事）以下ハ、ていしゆ（亭主）ニ相ことわり、もらふへき事、

以上、

天正九年
六月廿五日　　秀吉公御居判

一柳市介（直末）殿

## 三四　小野玄蕃宛判物写　『豊公遺文』

因幡国取鳥（鳥取）之城、可責崩着陣、為物見遣候、則伏見起候、以半弓敵を射退、其上太刀打之高名、寔以神妙之至也、因茲為加増百石宛行之畢、弥於抽軍忠者、可加増者也、

（天正九年）六月廿九日　　秀吉華押

小野玄蕃え

○この文書は検討を要する。

## 三五　加藤虎之助宛判物写　「加藤文書」東大史謄写

因幡国取鳥（鳥取）城為可責崩着陣、為物見遣候刻、伏起候処、以半弓敵射退、其上太刀打之高名、寔以神妙之至也、因茲為加増百石宛行之畢、弥於抽軍忠者可加増者也、

天正九辛巳年六月廿九日　　秀吉御判

加藤虎之助（清正）とのへ

○この文書は検討を要する。

## 三六　毛利新左衛門他宛書状　「毛利文書」東大史影写

因州表ニ八月時分迄致在陣、伯州南条（元続）と入相、御味方中城々へ兵粮を入、可□（被）成　御動座候間之儀、無異儀様堅可申付候、於時宜者可御心安候、恐々謹言、

羽藤

（天正九年）七月四日　　秀吉（花押）

毛新左殿（毛利新左衛門良勝）
毛河殿（毛利河内守秀頼）　御宿所

三七　某宛書状　「正木直彦氏所蔵文書」東大史影写

此表之儀、御注進申上候条令啓候、
一但州七美郡一揆為可令成敗、去廿七日姫路(播磨国)を罷立、今月朔日ニ彼郡入口之谷々追破、悉切捨申候事、
一同七美郡之奥ニ小代谷与申所者、四方隔大山、少之道一筋ならてハ無之候を、けわしき所々切落、大木をきりふせ、人の通可申様無之ニ付而、右之一郡中之一揆等取籠申候を、因幡口よりも人数をまわし、同播州口従四方きりあけ、昨日三日ニ追崩、なてきり其外生捕数を不知、はた物ニあけ申候事、
一何も之小屋〳〵不残討果申候へ共、四方深山之儀ニ御座候間、残一揆等にけ入居申与存候条、彼谷四五里候間ニ人数を分、五町十町ニ陣取、山々さかさせ申候間、四五日も当谷ニ逗留仕、念を入成敗可申付候事、
一此表右之分ニ申付候上者、十日時分ニハ隙明可申候間、従其直ニ因州鳥取表へ取かけ、取出以下丈夫ニ可申付候事、
一因州表ニ八月時分迄致在陣、伯州南条(元続)与入相、御味方中城々へ兵粮入、可被成　御動座旨之儀、無異儀様堅可申付候条、可御心安候、恐々謹言、

羽藤
(天正九年)七月四日　秀吉（花押）
（宛所欠）

三八　亀井新十郎宛書状　「亀井文書」国立歴史民俗博物館

尚以七郎左衛門尉(杉原家次)参着候を被待付候て、其次第此方へ可被相越候、以上、
先書ニ如申候、明日十三日七郎左衛門可相越候、其次第ニ明与四(明石則知)・木隼人(木村定重)残置候鉄炮之者共同道候て、先々此方へ可被相越候、入見参可申候、恐々謹言、

羽藤
(天正九年)七月十二日　秀吉（花押）
亀井新十郎(茲矩)殿
御宿所

三九　宇喜多和泉守宛書状写　『萩藩閥閲録遺漏』

追而此表取出之普請頓而可隙明候、然者知頭郡(因幡国)より草苅表(因幡国)へ行之儀、重而御左右可申入候、以上、
十日之御折紙、昨日十四日ニ到来令拝見候、先書如申入、但

州小代一揆等悉討果候付而、直因州表へ打出、鳥取（因幡国）之城押詰
取巻候、明日十五日より取出数十四五丈夫ニ申付候、因州但
州之もの共入置、播州越等手之者ハ隙明浮勢ニ候条、何之口
へ成共可相働候、随而作州表之儀如何、無御心許候、相替儀
候者何時も可被仰越候、猶期後音候、恐々謹言、

羽藤　秀吉判

（天正九年）七月十四日

宇泉（宇喜多和泉守直家）

御返報

## 三〇　亀井新十郎宛書状

「亀井文書」国立歴史民俗博物館

鳩五ツ・瓜二ケ到来、令祝着候、仍其表之儀、杉原七郎左衛（家次）
門尉相談候而、弥堅可被申付候、随而先書ニ申遣候くわ（鍬）、其
元在々へ被申付、有次第持セ可被越候、あき候者聽而返可遣
候間、其通被申付、早々可被越候、恐々謹言、

羽藤　秀吉（花押）

（天正九年）七月十六日

亀井新十郎（茲矩）殿

## 三一　亀井新十郎宛書状

「亀井文書」国立歴史民俗博物館

敵兵粮可差籠行相催候由候、定而船にてならてハ入申間敷候、
此方船申付置候条、弥堅可申付候、七郎左衛門（杉原家次）相談候而、敵
行仕候共、何時も城中ニ候て可相支候、聊爾之働不可有之候、
猶追々様子可被申越事専一候、恐々謹言、

羽藤　秀吉（花押）

（天正九年）七月十九日

亀井新十郎（茲矩）殿

御返事

## 三二　亀井新十郎宛書状

「亀井文書」国立歴史民俗博物館

瓜一籠并焼続松到来候、日々懇信令祝着候、鍬之事是又被入
情被相越候、喜悦之至候、次其表之儀ニ付て今日以両使申遣
候、被相談様子可被申越候、何も其表之儀諸事不可有由断候、
恐々謹言、

羽藤　秀吉（花押）

（天正九年）七月廿日

亀井新十郎(茲矩)殿
御返事

三三三　亀井新十郎宛書状　「亀井文書」国立歴史民俗博物館

瓜一籠并鍬如書中到来候、日々心入之段、難申尽候、余ニ此方へ之音信無用ニ候、随而其方番等気遣之儀、弥不可有由断候、恐々謹言、

筑前守
(天正九年)七月廿二日　秀吉(花押)
亀井新十郎(茲矩)殿

三三四　亀井新十郎宛書状写　「因幡志」東大史謄写

被申越之趣聞届候、敵差行無之候共、其用心之儀不可有油断候、何ニても候へ、不足之物候ハヽ、只今可被申越候、塩なとも用意候哉、無之候ハヽ、自此方可遣候、急度可被申候、又天気次第ニ七郎左衛門尉(杉原家次)其外之もの共、先日如申進候ニ可在之候間、其節□尤候、さ様ニ候へ者□とも可相□何者相替儀候者可有注進候、恐々謹言、

(天正九年)七月廿二日　羽筑
秀吉(花押影)
亀井新十郎(茲矩)殿
御報

三三五　豊池孫次郎宛定　「賜蘆文庫文書」東大史影写

定

一廿五日より兵粮いたし候之間、かり田一切ちやうし(停止)せしめ候、自然此以後あをいね(青稲)にて陣屋ふき候ハヽ、くせこと(曲事)たるへき事、

一あを(青)田ひきわたし、兵粮にさすへく候之段、其意をなし、いよ〳〵せいたう(政道)かたく可申付事、

一馬のかい(飼)として、あをまめ(青豆)・ひゑ(稗)なとかり取候てもくるしからす候事、

一判形いたし候在所へあいこし、少もいわれさるやから(族)申かけ、并家こほつ(毀)ましく候、然共、竹木きりとり普請ニつかふへき事、

一在々にて、家ニ火を付候ハヽ、可成敗事、

以上、

天正九年七月廿二日　秀吉(花押)

尚以明日廿三日より奉行いたし、いね(稲)のたくい(類)かり候
もの、うちすて申付候也、

豊池孫次郎殿

## 三三六　亀井新十郎宛書状　「亀井文書」国立歴史民俗博物館

鳩二并二籠到来、令祝着候、切々音信被入精候之段、奇特ニ候、仍其城之儀、縦敵相働候共不被取出、城中之儀堅可被申付覚悟専一候、鳥取(因幡国)之事落居候ヘハ、其外之儀ハ即時ニ一篇ニ申付事候、就其相替儀候者、被立聞可有注進候、恐々謹言、

筑前守

(天正九年)七月廿六日　秀吉(花押)

亀井新十郎(茲矩)殿

返事

## 三三七　弓之河内宛禁制　「北村武士氏蔵文書」

禁制　(因幡国)弓之河内

一当手軍勢乱妨狼藉之事、
一放火之事、
一田畠苅取事、

右条々堅令停止畢、若違犯之輩在之者、速可処厳科者也、仍下知如件、

天正九年七月日　筑前守(花押)

## 三三八　宮内卿法印宛書状　「金剛輪寺文書」東大史写真

猶以折々御肝煎之由申儀、無面目候へ共、此城申付候ハて不叶儀候条如此候、以上、

態令啓候、仍此表鳥取(因幡国)城取巻候事、播但国かなめ之所候、其上吉川伯父甥、其外歴々籠置候条、彼等討果候へ者、毛利其外吉川初而、両手うちおとされたることく之由申候間、付城三十余申付候処、早々ニ堀をほりまハし、塀柵かけさせ、廊下続町屋ニ申付候、自然毛利家後詰可仕候者、丈夫ニ令覚悟候条、可御心易候、縦令越年候とも、申付候ハて者不叶儀候条、如此念を入申付儀候、連々無御等閑候条、定而可有御気遣候、桑原(貞也)委細相含口上候、恐々謹言、

羽藤

(天正九年)八月八日　秀吉(花押)

宮法(宮内卿法印)(松井友閑)

御宿所

三三九　光源院宛書状　「光源院文書」東大史影写

御札披閲本望之至候、此表鳥執（因幡国鳥取）之事、付城数ケ所相拵、其間〱ニ取続堀塀柵かけさせ、町屋作ニ申付候、因茲城中無正躰由候条、可属存分事不可有幾程候間、其上ニ彼国御寺領分へ御使僧可被差下候、猶淡路所まて令申候条、不能再筆候、恐々謹言、

（天正九年）八月十八日　　羽柴筑前守
　　　　　　　　　　　　秀吉（花押）

光源院（山城国）
　御返報

三四〇　鷹取備中守宛書状写　「黄薇古簡集」東大史謄写

為音信、焼物鉢五ツ送給候、御心入之段令祝着候、毎度御懇志共候、猶黒田官兵衛（孝高）可申候、恐々謹言、

（天正九年カ）八月廿七日　　羽筑
　　　　　　　　　　　　秀吉（花押影）

鷹取備中守殿
　御宿所

三四一　亀井新十郎宛書状　「亀井文書」国立歴史民俗博物館

将亦鉄炮の薬卅斤・鉛卅斤自是可進候間、たしかなるものを取ニ可越候、并其元物成おそく候ハヽ、かり田を仕候て、兵粮已下丈夫可成其意事専一候、

為音信松茸并大豆腐到来、快然候、毎度如此之気遣祝着不少候、其表之儀、万端由断無之様肝用候、恐々謹言、

（天正九年）八月廿八日　　筑前守
　　　　　　　　　　　　秀吉（花押）

亀井新十郎（茲矩）殿
　進之候

三四二　亀井新十郎宛書状　「亀井文書」国立歴史民俗博物館

書状令披見候、敵行之模様一書之趣、得其意候、其城へ取寄候共、鳥取（因幡国）一着不可有程候条、其間之儀堅可被相拘、兼而丈夫之覚悟専用ニ候、玉薬儀も度々遣候、猶追々可遣候間、可心安候、其元不可有由断候、恐々謹言、

羽筑

九月十六日(天正九年)　　秀吉(花押)
亀新十(亀井新十郎茲矩)
御返報

## 三四三　亀井新十郎宛書状　「亀井文書」国立歴史民俗博物館

吉川(元春)茶磨(臼)山(伯耆国)着陣ニ付而被申越書中、何も得其意候、其元今少之間之儀候之間、其城堅固之覚悟専一候、先日　御朱印進之候、有御頂戴各へも被見候て、被勇尤候、玉薬儀重而越置候つる、委細御使者へ申渡候、恐々謹言、

筑前守

九月廿二日(天正九年)　　秀吉(花押)
亀新十(亀井新十郎茲矩)
御返報

## 三四四　小左宛書状写　「古案」徳川林政史研究所

吉川羽衆(伯耆国羽衣石)右表江寄陣之由承候、右ニ如申候、弥丈夫ニ御覚悟尤候、併鳥執(因幡国鳥取)城主腹ヲ切、下々相助様ニと懇望半候得共、一切不能許容候、急度可為落去候条、一騎懸ニ相働、一々首ヲひっさけ可申候間、可御心安候、此表委細飛脚及見候条非偽候、弥々御気遣肝要候、恐々謹言、

羽筑

九月廿五日(天正九年)　　秀吉在判
小左
御返報

## 三四五　某宛書状　個人蔵

鮭二尺到来候、切々心入之段、賞翫此事候、随而伯州表兵糧之儀、無由断通尤候、羽衣石(伯耆国)之儀、鹿野(因幡国)よりの書状ニ何とやらん申越候、如何儀候哉、被聞届追而可承候、恐々謹言、

筑前守

九月廿八日(天正九年)　　秀吉(花押)
(宛所欠)

## 三四六　前野将右衛門他宛書状　鳥取県立博物館

尚以さしあたる用無候共、毎日其方之儀、可被申越候、自此方も可申遣候、昨日従此方飛札遣候つるかり田、一ケツ、ニねんを入、新十郎(亀井茲矩カ)請取とられもちて可被帰

候、
御状令披見候、誠長々普請くたひれたるへく候条、其元へ差遣事、一入笑止ニ候つれ共、既其方手前儀候条遣候也、打続辛労無是非候、然ニ苅田并普請被申付候由尤候、最前ハ中二日□□《逗留》候て、両条堅被申付被帰候へと申候へ共、苅田も取逃□、又普請なとも不出来候者、中三日程も逗留候て、近辺苅田不残申付、普請等儀、丈夫ニ念を入被申付、可被帰候、次被帰候刻、さして用心も入間敷候条、自身馬之上ニ道具を□□、中間小者ニハ、苅田をさせ候てもたせ、面々こし兵粮ニもさせらるへく候、又其元近辺、敵陣取候ハんする山々在所并従此方人数いたし候はん所之道すからとも□
□可被帰候、恐々謹言、

九月□日《天正九年カ》　　筑前守
　　　　秀吉（花押）
前　将右《前野将右衛門長康》

□
□
□

## 三四七　亀井新十郎宛書状　「亀井文書」国立歴史民俗博物館

尚以其表ニ一日陣をもかけ間敷と存候、とかく当城果候てハ被引退間敷と存、にけかまへ《逃構》たるへきと存候、返々其元気遣も二三日中たるへく候間、得其意、城を不出ニ可被居候、不審なるものハ城中へ被入ましく候、

御折紙披見候、仍吉川《元春》事、当城《因幡国鳥取城》可相果付而、羽衣石《伯耆国》表を引取ため、橋津《伯耆国》へ令陣替と推量候、自然其表へ一日手遣ニハ相動、それをしほニ可引取候、若其元ニ一日も於陣取者、其方城ニ火をも付候ハんなとゝ調略在之物ニ候間、其用心候て、城ニ堅可被居事専一候、何も家中不可有由断候、恐々謹言、

十月廿日《天正九年》　　羽筑
　　　　秀吉（花押）
亀新十《亀井新十郎茲矩》
　御返報

## 三四八　平三郎宛判物　「横尾勇之助氏所蔵文書」東大史影写

淡州岩屋船五十七艘之事、此方分国中、灘目廻船往来之儀不可有別候、猶浅野弥兵衛《長吉》可申候也、

天正九
十月廿三日　　筑前守
平三郎　　秀吉（花押）

## 三四九　与一左衛門尉宛判物　大阪城天守閣『乱世からの手紙』

淡州岩屋船五十七艘之事、此方分国中、灘目廻船往来儀不可
有別候、猶浅野弥兵衛（長吉）可申候也、
天正九
十月廿三日　　筑前守
秀吉（花押）
与一左衛門尉

## 三五〇　堀久太郎宛書状写　「古文書」国立公文書館

昨日廿五日、鳥取（因幡国）之城大将分首進上申候、定而可為参着候、
今日つなき丸山（因幡国）城大将延屋（塩）周防守、桑佐（奈）日本介両人首進上候、
其外きりすてニ仕候処、吉岡（因幡国）・大崎両城自焼仕、罷退候間、
明日廿七日ニ伯耆之国南条（元続）為可致後巻罷立候、此旨以書状申
上候条、可被成御披露候、次岐阜（美濃国）へ御注進状、乍御造作其方
飛脚ニ参候而可有（給）、我ら無恭衆へ銘々ニ可申候へ共、貴所此
旨其々〳〵ニ被仰配之可有（給）、是又所仰候〳〵、恐々謹言、
（天正九年）十月廿六日　　羽藤
堀久太郎（秀政）
御宿所

## 三五一　宮部善浄坊宛国之掟覚　「間島文書」東大史影写

国之掟覚
一鬼か城（因幡国）木下平大夫（荒木重堅）物主ニ相定候、然者八東（束）郡自分ニ遣之、
知頭（因幡国）郡を磯部（康氏）与八木（豊信）両人ニ半分ちわり、鬮取（因幡国）ニいたさるへ
く候、右両人を平大夫ニ相付候間、其方先備ニ被相定、弟
子同前ニ可有覚悟事、
一垣屋平右衛門尉（光成）ニ巨能（因幡国）郡遣之条、亀井新十郎（茲矩）一そなへ被相
定、其方先手ニ備之儀可在之事、
一亀井新十郎本国へ帰国間ハ、鹿野（因幡国）郡申付候間、垣屋平右衛
門尉与一備ニ被相定、其方先手ニ備儀可在之事、
一山名殿（堯熙）・禅高（山名豊国）御両人之儀者、其方覚悟次第ニ何方を以成共、
御知行被相定、有馳走、そなへ之儀、其方きわニ可然事、
一美含（但馬国）郡天正十年とし之儀者、鳥取廻（因幡国）不作も過半可在之かと
秀吉分別いたし、右之一年之儀者、其方へ遣候間、給人不

付ニ兵粮以下可被覚悟事、
一国之百姓ニ種籾作食三千石かし候、米ニ相定候間、一和利（割）
ニ相定かし可被申候事、
一多賀備中、吉岡（因幡国）ニ可被置候、吉岡ニ在之籾を千俵遣候、但
ニ（マヽ）米ニつもつてかわりを被出、此籾ハ種もミニ百姓ニ可被
借遣事、
以上、
筑前守
天正九年十一月四日　秀吉（花押）
善浄坊（宮部継潤）

三五二　一友斎宛書状　京都大学総合博物館

尚以鳥取（因幡国）惣大将吉川式部少輔（経家）、去年謀叛候森下出羽入道（道誉）・中村対馬（春続）両三人大将分首并丸山（因幡国）城主延（塩）屋周防守（高清）・奈佐日本介両人首合五ツ、安土へ致進上候、其以後伯州へ相動、所々申付候、於時宜者可御心易候、此書状宗易（千利休）へ御届頼入候、以上、

預示本望至候、従発意、在陣為御音信皮衣送給候、遠路候之処御心入程満足候、此表何も任本意候条、於時宜者可御心易候、近日安土へ可参候条、かた／＼以面可申承候、恐々謹言、

（天正九年）十一月五日　羽藤　秀吉（花押）
一友斎
御返報

三五三　多雲宛書状写　「古案」徳川林政史研究所

尚以遠路之処、切々御音信祝着不浅候、何茂以面可申述候、以上、

就鳥取（因幡国）申付、早々預御使札、殊霰酒一荷饋賜候、寔遠路与申、爰許珍酒、御志之程、別而祝着無申計候、鳥取儀、去月廿五日惣大将吉川式部少輔（経家）・去年謀叛いたし候森下出羽入道（道誉）・中村対馬（春続）両三人之首進上仕候、同翌日丸山（因幡国）城主延（塩）屋周防（高清）・奈佐日本助首是又進上、然処伯耆国内南条居城（羽衣石城）、毛利取巻候条、為後巻去廿七日令出張候処ニ、吉川本陣廿町計相開候間、押詰、南条城江取続、令居城、兵粮玉薬来春迄無機取様ニ差籠、別ニ可仕事無之埒明、去六日鳥取迄打入、城々残置候人数之儀、何茂手堅申付、今日至姫路（播磨国）令開陣候、軈而可致参上候条、其節以面相積儀可申承候、旁期後音之時候、恐々謹言、

（天正九年）十一月八日　羽柴　秀吉御書判

多雲
御返報

三五四　松浦宛自筆請取状　「森家文書」鳥取市歴史博物館

請取台所飯米事
合四拾石者但いなハちん(因幡陣)留主の飯米也、
天正九年十一月十一日　　秀吉（花押）
まつら(松浦重政)

○宛名は秀吉自筆。

三五五　安宅河内守宛連署状写　『味地草』

於貴命ハ、速退城可申時ニハ、両輩安土達、本領安堵宜可致沙汰、仍之御答申入候、恐惶謹言、
(天正九年)十一月十五日　　羽柴筑前守
池田勝九郎
安宅河内守(清康)殿

○この文書は検討を要する。

三五六　生駒甚介宛書状　「吉武文書」東大史影写

尚以いわや城(淡路国岩屋)不謂儀不相渡候へ者、御まハし可申候、諸事其覚悟ニて用意いたし候、已上、
明日其方迄発足候、然者むかひニ陣取之用意、なわを可有用意候、恐々謹言、
(天正九年)十一月十六日　　筑前守
秀吉（花押）
生駒甚介(親正)殿

三五七　桑山修理進宛書状　「古文書纂」東大史影写

書状委細披見候、仍淡州之儀十六日七日先勢差遣、十八日ニ我等令渡海、所々令放火、洲本(淡路国)迄押詰候処、始安宅各令懇望候条、則人質等取置候て召直、野口孫五郎をも本之在所三原(淡路国)之古城普請等申付入置、一国平均五三日之中ニ申付、昨夕廿一日至姫路(播磨国)令開陣、於時宜者可心易候、早々音信令祝着候、随而腫物煩之由無心許□(候)、能々養生肝要候、恐々謹言、
(天正九年)十一月廿二日　　藤吉郎
秀吉（花押）
桑山修理進(重清)殿

進之候

三五八　小出甚左衛門宛自筆切手

「桑原羊次郎氏所蔵文書」東大史影写

こめ卅石、甚さいもん（小出秀政）にうほうかた（女房）へ、わたし可申候、

天正九　十一月廿五日　秀吉（花押）

甚さいもん（小出甚左衛門秀政）

三五九　掃守宛禁制写『淡路名所図会』

かもり（淡路国掃守）

禁制

一当手軍勢乱妨狼藉之事、
一放火之事、
一此在所於猥儀者一銭切之事、
右条々堅令停止畢、若違犯之輩在之者、速可処厳科者也、仍
下知如件、

天正九年十一月　日　筑前守（花押影）

三六〇　保内六村こや共宛禁制写『淡路名所図会』

ほうない（淡路国保内）
む丶ら（六村）　こや共

禁制

一当手軍勢乱妨狼籍（藉）之事、
一放火之事、
一此在所於猥儀者一銭切之事、
右条々堅令停止畢、若違犯之輩在之者、速可処厳科者也、仍
下知如件、

天正九年十一月日　筑前守（花押影）

三六一　所付欠禁制写『淡路草』

禁制

一当（ママ）　軍勢乱妨狼藉事、
一放火之事、
一此在所猥事、
右条々堅令停止訖、若違犯之輩在之者、速処厳科者也、仍下
知如件、

天正九年十一月日　筑前守（花押影）

三六二　中川瀬兵衛尉宛書状　『思文閣古書資料目録』二〇二

於西国之内両国被　仰付、御朱印御頂戴之由、福平左(福富秀勝)・
下彦右(下石頼重)・野三十(野々村正成)を以被仰候条々事、
一宇喜泉(宇喜多直家)　上様(織田信長)へ如在被申、彼国於不被　仰付者、任　御朱
印之旨馳走可申事、
一弥宇喜泉忠節被申、備中之儀任御朱印之旨、宇喜泉ニ於被
　仰付者、備後之次国を以為替被　仰付候様ニ馳走可申候
事、
一石千世殿(中川秀成)を御取次申候へのよし、御契約心得存候、於此上
者聊如在申間敷候、為其一筆如此候、恐々謹言、

天正九
　十二月三日　　羽藤　秀吉(花押)
　　中川瀬兵衛尉(清秀)殿
　　　まいる

三六三　村上右衛門大夫宛書状　「来島家文書」

「(端裏ウワ書)（墨引）　羽柴筑前守
村上右衛門大夫(通昌)殿
　御宿所　　秀吉」

雖未申通候、一筆令啓候、仍佐々孫介・魚住隼人佐方迄承候
趣、則遂　上聞候、可有御忠節旨、度々何之口を以も、被
　仰上由被聞召入、被成御祝着旨　御諚候、来春必可被成
御動座候之条、其刻可被抽御忠儀事、専一候、委細両人可有
演説候、恐々謹言、

十二月三日(天正九年)　　秀吉(花押)
　村上右衛門大夫殿
　　御宿所

三六四　野口孫五郎宛書状　「野崎文書」東大史影写

上様(織田信長)貴所之事一段御懇之　御諚共候、雖延引候、正月御礼旁
ニ、来廿七八日ニ安土へ参着候様ニ御越尤候、然者御ミやけ
之物、堺(和泉国)にて被相調、必御出可然候、其方城之留守以下慥被
申付、御上肝要候、其城普請出来候て、御有付候哉、猶
弥兵衛(浅野長吉)・権兵衛(千石秀久)可申候、恐々謹言、

　　　羽筑
十二月十四日(天正九年)　　秀吉(花押)
野孫五(野口孫五郎)

御宿所

## 三六五　安文三宛書状写　『淡路草』

（包紙ウワ書）「安文三（ママ）　秀吉
御返報　」

去月廿九日芳墨、殊此地稀成伊与鶴（鵭）一連被懸御意候、寔寄思食御懇遠路贈賜、別而祝着無他候、如承之今度因州表任本意、至播州開陣、則淡州へ令渡海平均申付、於時宜者可御心易候、仍貴遍（辺）之儀、以垂（ママ）被達　上聞旨尤候、自然似相之御用承、不可有疎意候、猶蜂須賀（正勝）可申入候、恐々謹言、

（天正九年）十二月十六日　秀吉（花押影）

安文三
御返報

## 三六六　御太刀等目録写　「碩田叢史」東大史謄写

目録

御太刀一腰国久　銀子千枚　御小袖百　御鞍置馬十疋　杉原三百束　なめし弐百枚　明石干鯛千枚　鯣弐千連　野里鋳物

以上、

（天正九年）十二月十六日　羽柴筑前守秀吉

○この文書は検討を要する。

## 三六七　昨夢斎他宛書状　「小林憲雄氏所蔵文書」東大史影写

けさ（今朝）巳之刻、御山（近江国安土）へ被召上、種々御懇ニ被加　御諚、御茶之湯を仕、陣方之仕気を慰遊可申旨被成　御免、其上御道具被下候事、

一すゝめのゑ（雀）（絵）　はりん
一はないれ（花入）　きぬた（砧）
一かたつき（肩衝）　あさくら（朝倉）
一てんもく（天目）　大覚寺
一だい（台）　尼崎
一茶杓　しゆとく竹（珠徳）
一ひはし（火箸）　てつハね
一かうらいちやわん（高麗茶碗）

以上　八色

右分、何も御名物被下、余身忝次第候、無御等閑条、早々申入候、御心中も可為同前と存候、猶以面可申述候、恐々謹言、

羽筑

（天正九年）極月廿三日　　　　秀吉（花押）

（今井宗久）昨夢斎

（今井宗薫）単丁斎

御宿所

## 天正十年（一五八二）

### 三六八　亀井新十郎宛書状　「亀井文書」国立歴史民俗博物館

将亦　御出馬不可有程候条、其元無越度様ニ可被入精候、次聽而安土へ参上候間、切々一人も飛脚以下も御越事無用ニ候、以上、

年頭為祝之儀、太刀・馬并雁一贈賜候、別而祝悦無他候、猶永日可申述候、猶安威（了佐）五左衛門尉可申候、委曲使者ニ申渡候、恐々謹言、

筑前守

秀吉（花押）

（天正十年）正月八日

亀井新十郎（茲矩）殿

御返報

### 三六九　庄駿河守宛書状写　「黄薇古簡集」東大史謄写

未申通候所、御内存旨被仰越尤候、即御朱印被成下候、弥有

御才覚、御忠節肝要存候、此方之儀、如在存間敷候、近日播
州へ可罷越候之条、則其表可相働候、其刻可申承候、随而太
刀一腰・馬一疋到来、令祝着候、旁期後音之時候、恐々謹言、
（天正十年）正月十日　　秀吉
庄駿河守殿
御返報

三七〇　伊藤与左衛門尉宛判物　「那須良忠氏所蔵文書」東大史影写

ゑかき（絵描）の加野そうしう（狩野宗秀）播州へくたり候、留守中女子の
はんまい（飯米）として、八木五十石かし遣候、慥可相渡者也、
天正十
正月廿一日　　秀吉（花押）
い（伊）藤与左衛門尉（吉次）とのへ

三七一　鷹取備中守宛書状　「鷹取家文書」

雁一・鉢五ツ送給候、被入御念候段、令祝着候、猶黒田
官兵衛（孝高）可申候、旁期後音之時候、恐々謹言、
羽筑
（天正十年カ）正月廿二日　　秀吉（花押）
鷹取備中守
御宿所

三七二　黒田官兵衛尉宛書状　『黒田家文書』

備前児島内高畠（和泉守）色立、人質宇喜多方へ相渡由尤候、弥立聞可
有注進候、丈夫成於在之者、人数を出之、其上我等も可罷出
候、近日可令帰城候之条、普請等無由断可被入精事、肝要候、
恐々謹言、
（天正十年カ）二月六日　　筑前守
秀吉（花押）
黒田官兵衛尉（孝高）殿
御返報

三七三　西子十兵衛尉宛書状　「牧山文書」東大史影写

雖未申通候、令啓候、仍於西国可相働候条、其節御忠儀専用
候、従御返事申上、御朱印相調可進之候、委細草苅三郎左衛
門方ゟ可被申候、恐々謹言、
羽柴筑前守

(天正十年カ)二月廿八日　秀吉（花押）
西子十兵衛尉殿
御宿所

三七四　太田美濃入道宛書状写　「太田文書」東大史謄写

去年正月廿六日之御状、今日到来、拝見候、以上、
如仰未申通候処、被寄思召、芳札拝見、本懐至極候、内々信長(織田)江被仰通度之由、得其意存候、五畿内之儀者不及申、中国西国迄如形被申付候之条、猶上辺御用等不可存疎略候、猶宝林坊可有演説候、恐々謹言、
(天正十年)二月九日　秀吉
太田美濃入道(資正)殿
御報

三七五　観世彦右衛門入道宛領知宛行状　法政大学能楽研究所

為合力知行百石之事、以播州之内遣候、全可有領知者也、
天正拾　羽柴筑前守
三月九日　秀吉（花押）
観世彦右衛門入道

三七六　草苅太郎左衛門尉宛覚　「草刈家証文」東大史影写

覚
一知行方書立筋目、不可有異儀事、
一御身上善悪ニ付而、不可見放事、
一先判遣候知行方、可相除事、
右条々、八幡大菩薩・愛宕御照らん候へ、不可有相違候、仍如件、
(天正十年)三月十一日　羽柴筑前守
秀吉（花押）
草苅太郎左衛門尉(重継)殿
まいる

三七七　赤松左衛門尉宛判物写　『吉備郡史』

備中国冠山城攻崩刻二番乗合鎗高名之段、粉骨之至也、褒美之領知重而可下行者也、仍感状如件、
天正十年三月十八日　秀吉判
赤松左衛門尉江

○この文書は検討を要する。

三七八　加藤虎之助宛判物写　「加藤文書」東大史謄写

天正十年三月十七日、備中国冠城攻崩刻、一番乗仕、鑓を合
高名之段、粉骨之至也、褒美之領知、重而可下行者也、仍感
悦状之状如件、
(天正十年)三月十八日　　秀吉御判
加藤虎之助(清正)殿へ

○この文書は検討を要する。

三七九　乃美兵部丞他宛書状　「乃美文書」東大史写真

雖未申通候、両人被申様ニ付而令啓候、御方之御事、対
毛利(輝元)・小早川(隆景)度々御忠儀無其隠候、雖然連々御述懐深重之旨
令承知候、此時被対当家被抽忠儀候者、御望等之儀何様ニも
可申調候、永代御身上無異儀様、於我等可令入魂候、此旨非
偽之段、愛宕八幡可有御照覧者也、尚蜂須賀彦右衛門尉(正勝)・黒
田官兵衛尉(孝高)可申候、恐々謹言、
(天正十年)三月十八日　　秀吉(花押)
乃美兵部丞(宗勝)殿
同少輔四郎(盛勝)殿
　御宿所

三八〇　片桐加兵衛宛領知宛行状　「成簣堂古文書　片桐文書」

(播磨国)揖東郡越部内以弐百石、令扶助訖、可全領知状如件、
天正十　　筑前守
三月廿一日　　秀吉(花押)
片桐加兵衛(貞隆)殿

三八一　高野七郎宛領知宛行状　個人蔵

(播磨国)多可郡比延村之内以四拾五石、同郡おち(越知)四ケ村之内三十石、
合七拾五石令扶助畢、可全領知状如件、
天正十　　筑前守
三月廿一日　　秀吉(花押)
高野七郎殿

三八二　水原亀千世宛領知宛行状　「畠山文書」東大史影写

神東《(播磨国)》郡舟津之内を以百石、令扶助訖、可全領知状如件、

天正拾　　　　　筑前守

三月廿一日　　　　秀吉(花押)

水原亀千世《(吉一)》殿

三八三　余田源太郎宛領知宛行状　「郡文書」東大史影写

明石《(播磨国)》郡名はた内以百弐十石、令扶助畢、可全領知状如件、

天正十　　　　　筑前守

三月廿一日　　　　秀吉(花押)

余田源太郎殿

三八四　脇坂甚内宛領知宛行状　個人蔵

為加増、明石《(播磨国)》郡ふせのはた《(布施畑)》之内以拾八石、同下津はし《(橋)》内拾四石、合三拾石令扶助訖、可全領知状如件、

天正十年　　　　筑前守

三月廿一日　　　　秀吉(花押)

脇坂甚内《(安治)》殿

三八五　村上右衛門大夫宛書状写

彦根藩井伊家文書「諸士書上」

数年可有御忠節由、度々被仰上候趣、今以無相違被立色御忠儀之段、神妙候之条、為御褒美安芸国・伊与国両国之儀申上、御朱印取可進之候、於我等聊不可有別候、恐々謹言、

三月廿七日《(天正十年)》　　　秀吉(花押影)

村上右衛門《(通昌)》大夫殿

御返報

(ウワ書)

「　　　　　　羽柴筑前守

村上右衛門大夫殿　　秀吉

御返報　　　　　　　」

三八六　伊部村宛制札（木札）

広島県立歴史博物館『毛利氏VS天下人』

当所伊部《(備前国)》村之事、陣執相除候、然上者彼在所江出入一切令停止訖、若違犯之族於在之者、速可処厳科者也、仍如件、

天正拾年三月　日　　　筑前守(花押)

三八七　作州内大方宛禁制写

「美作国諸家感状記」『久世町史』

禁制　　作州内大かわ(たカ)(方)

一軍勢(乱脱)妨狼藉之事、
一放火之事、
一苅取田畠事、付対地下人不謂族申懸事、
右条々堅令停止畢、若違犯之輩在之者、速可処厳科者也、

天正十年三月日　　筑前守黒判

三八八　作州内樫村さいしやう小屋宛禁制写

「作陽誌」東大史謄写

禁制　　作州内
かし(樫)村さいしやう小屋

一軍勢乱妨狼籍(藉)之事、
一陣取放火之事、
一苅取田畠事、付対地下人不謂族申懸事、
右条々堅令停止畢、若違犯之輩在之者、速可処厳科者也、仍
下知如件、

天正十年三月日　　筑前守(花押影)

三八九　作州内高野村牧佐介宛禁制　「牧文書」

禁制　　作州内高野村
牧佐介

一軍勢乱妨狼藉之事、
一放火之事、
一苅取田畠事、付対地下人不謂族申懸事、
右条々堅令停止訖、若違犯之輩在之者、速可処厳科者也、仍
下知如件、

天正拾年三月日　　筑前守(花押)

三九〇　備前内浦伊部宛禁制　「来住文書」東大史影写

禁制　　備前内浦伊部

一当手軍勢乱妨狼籍(藉)之事、
一放火之事、
一田畠苅取、対地下人不謂族申懸事、
右条々堅令停止訖、若違犯之輩在之者、速可処厳科者也、仍
下知如件、

天正拾年三月日　　筑前守(花押)

三九一　備前片上宛禁制写　「黄薇古簡集」東大史謄写

禁制　　備前片上

一当手軍勢乱妨狼籍(藉)之事、
一放火之事、
一田畠苅取、対地下人不謂族申懸事、
右条々堅令停止畢、若違犯之輩在之者、速可処厳科者也、仍
下知如件、

天正拾年三月日　羽柴
筑前守(花押影)

三九二　草部宛禁制写　「黄薇古簡集」東大史謄写

禁制　　草部(備前国)

一軍勢乱妨狼籍(藉)之事、
一放火之事、
一苅取田畠事、付対地下人不謂族申懸事、
右条々堅令停止畢、若違犯之輩在之者、速可処厳科者也、仍
下知如件、

天正拾年三月日　筑前守(花押影)

三九三　備前内西太寺宛禁制　「早水凡夫氏所蔵文書」東大史影写

禁制　　備前内西太寺

一当手軍勢乱妨狼藉之事、
一放火之事、
一田畠苅取、対地下人不謂族申懸事、
右条々堅令停止畢、若違犯之輩在之者、速可処厳科者也、仍
下知如件、

天正拾年三月日　筑前守(花押)

三九四　備前之内鹿忍宛禁制　「牛窓町民家所蔵文書」『改訂邑久郡史』

禁制　　備前之内鹿忍

一当手軍勢乱妨狼籍(藉)之事、
一放火之事、
一田畠刈取、陣(対カ)地下人不謂族申懸事、
右条々堅令停止畢、若違犯之輩在之者、忽可処厳科者也、仍
下知如件、

天正十年三月　日　筑前守(花押)

三九五　枚石郷内金山寺宛禁制写　「金山寺文書」東大史謄写

禁制　　　　(備前国枚石)ひらせ郷内金山寺

一軍勢乱妨狼籍(藉)之事、
一放火之事、
一苅取田畠事、付対地下人不謂族申懸事、
右条々堅令停止畢、若違犯之輩在之者、速可処厳科者也、仍
下知如件、
天正拾年三月日　　　　筑前守(花押影)

三九六　福岡宛禁制写　「黄薇古簡集」東大史謄写

禁制　　　　(備前国)福岡

一軍勢乱妨狼籍(藉)之事、
一陣取放火之事、
一苅取田畠、対地下人不謂族申懸事、
右条々堅令停止畢、若違犯之輩在之者、速可処厳科者也、仍
下知如件、
天正拾年三月日　　　　筑前守(花押影)

三九七　和気庄宛禁制写　「関文書」東大史影写

禁制　　　　(備前国)和気庄

一軍勢乱妨狼籍(藉)之事、
一放火之事、
一苅取田畠事、付対地下人不謂族申懸事、
右条々堅令停止畢、若違犯之輩在之者、速可処厳科者也、仍
下知如件、
天正拾年三月　日　　　　筑前守(花押影)

三九八　備中国宮内宛禁制　「吉備津神社文書」

禁制　　　　備中国　宮内

一軍勢濫妨狼藉之事、
一放火之事、
一苅取田畠事、付対地下人不謂族申懸事、
右条々堅令停止畢、若違犯之輩在之者、忽可処厳科者也、仍
下知如件、
天正拾年三月日　　　　筑前守(花押)

三九九　所付欠禁制写　「黄薇古簡集」東大史謄写

禁制

一当手軍勢乱妨狼籍（藉）之事、

一放火之事、

一田畠苅取、対地下人不謂族申懸事、

右条々堅令停止訖、若違犯之輩在之者、速可処厳科者也、仍
下知如件、

天正拾年三月日　（花押影）

○「浦伊部村伊八所蔵」とあり。

四〇〇　所付欠禁制写　『苫田郡志』

禁制

一軍勢乱妨狼藉之事、

一放火之事、

一刈取田畠之事、付対地下人不謂族申懸事、

右条々堅令停止訖、若違犯之輩有之者、速可処厳科者也、仍
下知如件、

天正十年三月　日　筑前守花押

四〇一　松浦弥左衛門尉宛切手　豊国神社・大阪市

たい所のたもん兵介・はやみち・小島・ないとう、以上四人
ニ壱石宛、合四石かし遣候間、可相渡者也、

天正十
四月一日　秀吉（花押）

松浦弥左衛門尉（重政）殿

四〇二　村上越後守宛書状　「京塚村上文書」『市史研究くまもと』一四

今度通昌（来島）可有御忠節付而、連々被申上候筋目を以、此比被色
立之段、尤神妙候、然処貴所事、対彼家数代忠儀之段、国分
寺被申達候趣、得其意候、如前々於彼家者可有異見事、於我
等可為入魂候、進退之儀者弥可被申上候、不可有疎意候、猶
国分寺へ申渡候条、不委候、恐々謹言、

羽柴筑前守

（天正十年）卯月十九日　秀吉（花押）

村上越後守（吉郷）殿

几下

## 四〇三　村上河内守宛書状写

「紀伊古文書」国文学研究資料館

今度通昌(来島)可有御忠節付而、連々被申上候以筋目、此比被色立候段尤神妙候、然処貴所事、対彼家数代忠儀段、国分寺被申達候趣、得其意候、如前々於彼家者可有異見事、於我等可為入魂候、進退之儀者弥可被申上候、不可有疎意候、尚国分寺へ申渡候条、不委候、恐々謹言、

羽柴筑前守

(天正十年)卯月十九日　秀吉判

村上河内守(吉継)殿

## 四〇四　村上掃部頭宛書状　「屋代島村上文書」

尚以被対　公儀可有御忠節之由、被相定候上者、私之意趣不入事候、其方次第、警固船等之儀可申付候、先度被相越候使者、此方へ可給候、内証之儀可申入候、以上、

其方御覚悟、此比相違之儀、御同彦次郎(名脱カ)被申越付而、承届候、内証之趣、国分寺具被相達候、尤無余儀候、菟角御忠節之事ハ、両島各別ニ可在之候条、私之意趣更不入儀候間、最前之通、於此方聊不可有相違候、国分寺如被見及候、此表敵城之中へわり入、かわやか城(備中国宮路山城)・すくも塚(冠山城)両城取巻、其上小早川(隆景)幸山(備中国)ニ候へ共、毎日此方足軽申付、十町十五町之内迄雖令放火候、一人も不罷出候条、落居不可有程候、委細国分寺可被申入候、恐々謹言、

羽筑

(天正十年)卯月十九日　秀吉(花押)

村上掃部頭(元吉)殿

御宿所

## 四〇五　村上大和守宛書状　「屋代島村上文書」

今度其島之儀申談候之処、両島内々御意趣候哉、相違之段不及是非候、然者私之被申分者不入儀候間、貴所御分別を以、此節御忠儀肝要候、於様躰者国分寺へ申渡候、恐々謹言、

羽筑

(天正十年)卯月十九日　秀吉(花押)

村上大和守(武吉)殿

御宿所

## 四六　中川長鶴宛書状　「中川家文書」神戸大学文学部

尚以此表儀、中少路又右衛門見聞候条、不委候、猶
追々可申承候、
当陣為御見廻、預御使札、殊袷一重被懸御意候、寔遠路寄
思食、御音信祝着不浅候、
一如仰、東国儀、平均被仰付候事、目出度存候、我等式、満
足不過之候、今度清秀(中川)御供御辛労難申尽候、定而近日可為
御帰国候条、其節可申承与所希候事、
一此表事、備中之内敵城数ケ所在之中をわり入、令陣取、当
日ニ敵城二ツ取巻、丈夫ニ覚悟候て、去年鳥取(因幡国)之ことく、
屏(塀)柵以下堅申付候事、
一小早川(隆景)事、当陣取と一里計之間、幸山(備中国)与申城ニ在之条、後
巻仕□□及一戦可相果与待請候処、至今日無其儀候間、此
上者右両城へしより(仕寄)を申付、水手相留、一人も不洩可責殺
調儀候、於時宜者可御心易候、恐々謹言、

(天正十年)卯月廿三日　　羽筑　秀吉(花押)

中川長鶴(秀政)殿

御返報

## 四七　某宛書状　「米蟲剛石氏所蔵文書」東大史影写

宗安(上原元祐)相越候間、令啓候、我等事、備中之内へ令乱入、かわや
か上城(備中国宮路山城)・すくもつか(備中国冠山城)両城取巻、一人も不洩様ニ堀塀柵以下堅
申付、従四方しより(仕寄)相責候、急度可為落去候、小早川(隆景)従当陣
取五十町西、幸山(備中国)ニ居陣之由候、此方之者共、毎日幸山之山
下迄相越、令放火候へ共、一人も不罷出候、両城討果次第、
幸山を可取巻候、就其連々如堅約此節ニ候之条、御色立専一
候、御一味中被仰談、可成程御行肝要候、此砌御手切なく候
ハヽ、重而平均ニ申付候上者、不入事候、海上事、塩飽・能
島・来島人質を出し、城を相渡令一篇候、次東国之儀、甲州
武田四郎(勝頼)被刎首、関東之事者不及申、奥州迄平均ニ被仰付、
近日　上様(織田信長)被納御馬、則軈而此表へ可被成　御動座旨候、然
者従伯耆口も御人数可被遣候条、急与其表両口より可馳向事、
不可有程候、早々御色立不可有御由断候、恐々謹言、

(天正十年)卯月廿四日　　秀吉(花押)

(宛所欠)

## 四八　梶原宛書状　「潮田文書」東大史影写

如尊札、連々御父三楽斎(太田資正)得貴意候条、従是可申入処、御懇之

段、寔不得申次第候、委細被及返答候条、向後切々可被仰通
事、肝要存候、随而以一書、御老父(太田資正)江申入候条、不及再筆候、
尚御使僧へ申渡候条、令不具候、恐々謹言、
(天正十年)卯月廿八日　　秀吉(花押)
梶原殿(景国)
参　貴報

四〇九　平野右京亮宛書状　「本誓寺文書」

去廿一日書状、令披見候、
一今度者遠路辛労、無是非候、
一遠路定而可為草臥候条、少々休息候て此方へ相越、東国之
様躰可被語候、具聞届度候、
一かたな箱ハ用ニ候ハヽ、可取寄候間、姫路(播磨国)ニ可被置候、此方
へハ相越間敷候、猶参陣之刻可申聞候間、省略候、恐々謹
言、
(天正十年)卯月廿九日　　筑前守
秀吉(花押)
平野右京亮殿(長治)
進之候

四一〇　羽柴小一郎宛掟写　「諸名将古案」東大史謄写

掟
一於岡山町(備前国)うりかい(売買)物之事、ありやう(有様)のことく、かハりを取
かハし、買可申事、
一町中におゐて在陣のものとも、下々慮外不可有之事、
一当国衆と喧嘩口論於在之者、理非に不立入、在陣のもの曲
事たるへき事、
右条々堅相定者也、仍下知如件、
天正拾年四月日　　筑前守御判
小一郎殿(羽柴秀長)

四一一　竹剪採禁制写　「黄薇古簡集」東大史謄写

築地山(備前国)并多田屋敷、其外郷内之竹、敵取廻之城用可取候之条、
剪採者在之者、忽可加成敗者也、仍下知如件、
天正拾年卯月日　　筑前守(花押影)

四一二　知行所仕置定写　「永運院文書」京都市歴史資料館

定

一家中におゐて奉公人不寄上下、いとま不出に、かなたこなたへ罷出輩在之ハ、可加成敗条可申上事、付遣女同前事、
一知行遣候已前之領中つきの若党小者いつかた（何方）に奉公仕候共、当給人違乱有間敷候、但田地事ハ給人次第可取上事、
一知行遣候以後、其在所之百姓他所へ相越ニおゐてハ曲事たるへし、いかやうニも給人任覚悟、其ものからめ取上可申事、
一（五）もとの在所へ於還住者、不可有違乱事、
一（四）此以後何々の百姓たりといふ共、前々ゟ田地作候百性を此以後に者、めしつかふ（召使）へからさる事、
右条々、一柳市助（直末）・小の木清次（小野木重次）・尾藤甚右衛門（知宣）・戸田三郎四郎（勝隆）、此四人として聞立有様ニ可申上候、もし他所（カ）ゟ於聞付者、四人之者可為曲事者也、

天正十

卯月　日

## 四三　蜂須賀彦右衛門宛書状　「牛田文書」東大史影写

尚以政道かたの事も、矢留の人質被請取次第ニ可申触候間、被請取候者此方へ可被申候、将亦雨ふり候ハヽ、城中申分無余儀候間、やミ次第尤候、以上、

一札之儀、先刻花又（花房又七郎）へ遣之候、然者矢とめの事ニ付て人質之儀申遣候、其来次第ニ諸手へ申付、矢とめ候へく候間、人質来候者、其方か平助所ニ可被置候、警固政道かたの事、得其意候、堅可申付候、恐々謹言、

筑前守

（天正十年）五月一日　秀吉（花押）

蜂須賀彦右衛門（正勝）殿

## 四四　児島之内郡年寄中宛書状　「郡総社宮文書」

尚以なわの事、今弐百束之分、早々馳走可為祝着候、已上、

先度縄之事申遣候之処、早速馳走候而相越、令祝着候、此表之儀、すくも塚（備中国冠山城）の城乗崩、一人茂不残討果候、并かわやの城（備中国宮路山城）水之手迄責詰、昨日落居候、同昨日かもの城（備中国賀茂）端城乗破、悉令放火候、然者何之城成共可取巻候間、縄之事、今弐百束馳走候て相越候者可為祝着候、為其申遣候、謹言、

（天正十年）五月三日　秀吉（花押）

児島之内（備前国）

郡年寄中

## 四五　亀井新十郎宛書状　「亀井文書」国立歴史民俗博物館

早々飛脚令祝着候、此表之儀、すくも塚(備中国冠山城)の城、去月廿五日ニ責崩、始城主首数三百余討果候、同取巻候かわや(備中国宮路山城)の城之事、水之手迄責詰、去二日ニ是又落去候、其競を以加茂(備中国賀茂城)の城端城乗崩、悉令放火候、并亀石(備中国)之城同日ニ帰参候、近日令陣替、何之城成共可申付候、如此所々任存分候、弥一篇ニ可申付事、程有間敷候、尚期後音候、恐々謹言、

羽筑

(天正十年)五月六日　秀吉(花押)

亀井新十郎(茲矩)殿

御返報

## 四六　菅屋九右衛門宛書状写　『太閤記』

態捧書檄奉伸愚意畢、

備中高松之城、地之利全、武勇智謀之士数多籠居之儀、旁以致水攻、既落城可為旬日之内外躰、見及申候、雖然為毛利右馬頭輝元後巻、卒数万騎令対陣、可相救於高松之城行候、両陣之間、不可過于十町候、御勢聊於御合力、以其勢為高松之城囲、指向某勢而、以遂合戦、即時追崩、西国悉当年中可属幕下事、在手裏、此旨宜預御披露候、恐々謹言、

羽柴筑前守

天正十年五月十五日　秀吉

菅屋九右衛門(長頼)殿

○この文書は検討を要する。

## 四七　木俣又左衛門尉宛書状　「瀧川文書」東大史影写

尚以此方ゟ何とそと存候処、御懇之儀、毎々難申尽候、以上、

遠路為御音信、鯛如預示候到来、誠被入御心、御懇意之至令祝着候、先度も彦次より預御音信、毎々如此之儀不得申候、仍此表事、芸州者共罷出候条、則取向、敵一人も不罷退様ニ取詰候、急度　御出馬次第ニ悉可被討果事、案之中ニ候、於時宜ハ可御心安候、旁期後音之時候、恐々、

羽筑

(天正十年)五月十六日　秀吉(花押)

木俣又左衛門尉殿

御報

四八　得居右衛門佐宛書状　真田宝物館

如仰、先度者御越令満足候、仍此表之儀、高松(備中国)之城取巻、堤
丈夫ニつきまわし、水責ニ申付候、国分寺如被見及候、落居
不可有幾程候、然者其表警固船之儀、聽而可申付候条、可御
心易候、委細国分寺□申渡候間、不能巨細候、恐々謹言、

羽筑

(天正十年)五月十八日　秀吉（花押）

得居右衛門佐(通幸)殿

御返報

四九　溝江大炊允宛書状　「溝江文書」東大史影写

(端裏ウワ書)「溝□(江)大炊允殿　秀吉

御返報　」

将亦此書状共乍御造作、此方より飛脚ニ被仰御届候て、
返事ハ長浜(近江国)年寄共まて可越給候、併たのミ入候、以上、
如此表在陣為御見廻、遠路預御使札、殊鳥子被懸御意候、
御書中到来候、誠寄思召御音信毎々御懇情、祝着不浅候、
一越後面御働候て、越中内魚津城被取巻旨、御辛労無是非候、
昼夜御気遣与令察候、
一今度東国　御動座之刻、西国面為御手当、播州ニ雖被残置
候、其侭可在之儀ニあらす候と存、備中内へ押入、令山取、
則敵城かむり山(備中国冠山城)之城并かわやか城(備中国宮路山城)、此間十五町計候を、同
前取巻候事、
一右之取巻候城より五十町西、幸山(備中国)与申城ニ小早川(隆景)在城候、
毛利(輝元)・吉川(元春)も令着陣、後巻可仕ニ相究由候間、合戦儀者不
余長候へ共、両城取巻如何与存、去月廿五日ニかむり山之
城攻崩、城主林三郎左衛門尉(重真)・松田孫次郎始而、其外城中
者不残一人、三百余人討果、則大将両人首、安土へ致進上
候事、
一同取巻候河屋(備中国)城事、四方より仕寄を申付、責詰、水之手を
取、是又去三日ニ落去候事、
一右之競ニ、賀茂(備中国)之城端城乗崩、悉令放火、本丸計はたか城
ニ申付候事、
一亀石(備中国)と申城、色々降参仕候間、令赦免、居城ニ召出候事、
一去八日、同備中内高松与申城取巻候、当城事平城ニ而候を、
数年相拵、其上三方深田にて責口無之候之間、廻ニ堤を丈
夫ニつかせ、近所之川を切懸、水責ニ申付候、はや端城の
土居を水打越候間、落去不可有何程躰候事、
一毛利・吉川・小早川事、右ニ如申候、当陣取より五十町西、

幸山ニ候、先の陣取十町十五町之間ニ候、彼等目之前にて諸城如存分申付候、今十日五日之内ニ、高松事可為落居ニ付而、後巻儀是非可仕由候、不実候へ共、自然於罷出者、及一戦、即時切崩、悉可討果事、案之内ニ候之間、可御心安事、

一海上之儀、能島・来島・塩飽迄一篇ニ申付、何も島之城を請取、人数入置候、然間此方警固船之儀、関戸迄も灘太目、恣ニ相動候、何之道ニも西国之儀、急度可任存分候条、於時宜者可御心易候、猶追々可申承候、恐々謹言、

（天正十年）五月十九日　　秀吉（花押）

溝江大炊允（長澄）殿

御返報

## 四〇　岡又宛書状　『尾張国遺存豊臣秀吉史料写真集』

今夜高松（備中国）へかせき被出、彼船被引取之由、尤御才覚御心懸故、城内可失手旨珍重候、猶以毎々人を被出、可被仰付事専一候、旁以面可申候、委曲蜂須賀（正勝）可申候、恐々謹言、

（天正十年）五月廿三日　　秀吉（花押）

「（ウワ書）　筑前守

（墨引）　岡又殿　　秀吉

御宿所」

## 四一　ゑもん宛書状

『古典籍下見展観大入札会目録』一九九八年

返々お□とりあわせたる御いんし□御うれしく候へく候、なを□（か）さねて申候へく候、くわしくはちすか（蜂須賀）ひこ（正勝）ゑもん申候へく候、以上、

此をもてさいちん（在陣）について、御いんしん（音信）として、すたる・そたる、いつれもとゝき候、まことにおもいいれられ候、御いんしん一しほ御うれしくおもひまいらせ候、又さ□□いり申事候、なをかさねて申候へく候、かしく、

（天正十年カ）五月廿三日　　ひて吉（花押）

「（ウワ書）（墨引）　□□（ちく）せんの守

ゑもんとのへ　　ひて吉

たれにても

申給へ」

## 四二　毛利輝元他宛起請文写　「水月古鑑」東大史謄写

起請文之事

一被対　公儀御身上之儀、我等請取申候条、聊以不可存疎略之事、

一雖不及申候、輝元(毛利)・元春(吉川)・隆景(小早川)深重無如在、我等懸身躰、見放申間敷事、

一如斯申談上者、表裏抜公事不可在之、

右之条々、若偽於有之者、忝茂　日本国中大小之神祇、殊八幡大菩薩・愛宕・白山・摩利支尊天、別而氏神御罰可罷蒙者也、仍起請文如件、

天正拾年　　羽柴筑前守

六月四日　　秀吉血判

輝元(毛利)

吉川駿河守(元春)殿

小早川左衛門督(隆景)殿

## 四三　岡本平吉郎宛書状　「長井喜平氏所蔵文書」東大史影写

追て念を入候ておかれ候へく候、

日幡(備中国)城上原右衛門大夫(元祐)為人質、舎弟を被相越候条、其方へ預ケ申候間、被請取おかるへく候、恐々謹言、

(天正十年)六月五日　　羽筑

秀吉(花押)

岡平(岡本平吉郎良勝)

御宿所

## 四四　中川瀬兵衛宛書状　「梅林寺文書」

只今の殿(備前国野殿)迄打入候之処、御状披見申候、今日成次第、ぬま(備前国沼)迄返申候、古左(古田重然)へも同前候、

自是可申与存刻、預示快然候、仍只今、京より罷下候者慥申候、上様(織田信長)并殿様(織田信忠)何も無御別儀、御きりぬけなされ候、ぜゝ(膳所)か崎(近江国)へ御のきなされ候内ニ、福平左(福富秀勝)三度つきあい、無比類動にて、無何事之由、先以目出度存候、我等も成次第、帰城候条、猶追々可申承候、其元之儀、無御由断御才覚専一候、恐々謹言、

(天正十年)六月五日　　羽筑

秀吉(花押)

中瀬兵(中川瀬兵衛清秀)

御返報

四五　きさへもん宛切手　個人蔵

御中間御小人衆御帳
惣并百六十三人ハ
天正十年六月七日　秀吉（花押）
右者共八木、合八十壱石五斗
かし可遣也、但一人ニ五斗宛、
きさへもん

四六　軍役人数書　「石井文書」『兵庫県史』

（前欠）

六十人　明石与次兵衛
十人　梶原弥介
五人　河井伝吉
三人　出井六兵衛
八人　佐地孫右衛門尉
六人　郡新介
拾人　飯尾清三郎
十人　福島市松（正則）
百人　渡辺勘（丁）兵衛
十五人　渡辺半右衛門
五人　ミのへ（美濃部）四郎三郎
合七百廿六人
都合千六百卅三人
天正十
六月七日　秀吉（花押）
右六月十五日より十日分

四七　織田三七宛書状　「坂井正秋蔵文書」

只今午刻ニ至大明石（播磨国）致着陣候、然者淡路洲本へ菅平右衛門尉（達長）
取入由聞候、さ様ニ御座候へ者、路次伝路次つたい如何存候
間、人数を遣、すもと・岩屋（淡路国）之儀申付、明日ハ可隙明候間、
明後日至尼崎（摂津国）可参候、其内ニ猶以其元被成御才覚尤存候、得
御意、五郎左（丹羽長秀）申談、□可申付事安（案）之内□、片時も急申
度□可被成御推量候、頓可得貴意候条、不能詳候、恐惶
謹言、

（天正十年）六月九日　羽柴藤吉郎
秀吉（花押）

（織田信孝）三七殿様
参　人々御中

## 四八　広田内蔵丞宛書状　「広田文書」東大史影写

洲本城(淡路国)へ菅平右衛門(達長)入城候由注進候間、只今午刻、至大明石(播磨国)令着陣候、明日渡海、彼城取巻可責干候、然者内々忠儀可在之旨、与二兵衛ニ被申含由候条、此時候間、於有忠節者、知行等可遣候、恐々謹言、

(天正十年)
六月九日　　　　筑前守
　　　　　　　　　秀吉(花押)
　　広田内蔵丞殿

## 四九　三好神五郎宛書状　「豊国社祠官萩原文書」東大史写真

御状并船左(船越景直)被越置、様子具承届候、

一平右衛門尉(菅達長)今夜洲本(淡路国)を可相退由、追々申越候付而、今夜ゟ海陸可有御動旨尤候、無御越度様ニ御行専一候、平右衛門尉罷退候ハヽ、早々此方へ承へく候、さ様ニ候ハヽ、人数越間敷候、人数不越候ハヽ、御国も置申間敷候、

一貴所ハ可有御働候条、為留守、先剋高田長左衛門尉越置候つる、我々明日岩や(淡路国岩屋)まて先可令渡海覚悟候へ共、其方御左右次第可相越候、然者長左衛門尉を本丸ニ御置有へく候、

一可有御働付而、野孫五(野口孫五郎)、田村かたへ被仰遣之由尤候、被見合、無越度様ニ可被相動事、肝要ニ候、恐々謹言、

(天正十年)
六月九日　　　　羽筑
　　　　　　　　　秀吉(花押)
(三好神五郎)
(安宅信康)
三神五
　　御返報

## 五〇　中川瀬兵衛宛書状　福井市愛宕坂茶道美術館

尚以柴修(柴田勝家)越中表相澄付而、急与可馳上旨、五郎左(丹羽長秀)より
　書状披見、快然候、

一両日無音候之処、御状本望候、明石(播磨国)令着陣旨、昨晩高右(高山重友)飛脚ニ書状言伝申候ツ、

一其元弥無相違之儀之由、珍重存候、

一明智(光秀)久我(山城国)其辺へ居陣候て、其国か河内へ歟、可相動旨風聞由候、哀さ様ニ動候へかし、一騎懸にて不寄夜中可馳参候、天与所候間、罷出候へかしと所希候、

一明日兵庫(摂津国)・西宮(摂津国)辺まて罷出、可令着陣候、爰元之国々ト、境目等之儀、跡のほくれさる様ニ申付置、延引更ニ非由断候、迚以面可申入候間、不能巨細候、恐々謹言、

　　　　　　　　羽筑

六月十日（天正十年）
中瀬兵（中川瀬兵衛清秀）
御返報
秀吉（花押）

四二　宮内卿法印宛書状　「萩野由之氏所蔵文書」東大史影写

一両日令無音候、
一一昨日九日至大明石（播磨国）令発足、洲本城（淡路国）菅平右衛門尉（達長）取入候条、海陸人数遣、乗崩、悉討果候、岩屋（淡路国）儀、摂播灘目、頃成所候之条、此方人数差籠、普請以下申付候事、
一明智（光秀）め、此表へ相動之由候之条、天之与たるへく候条、各申談可討果与存、夜中ニ兵庫（摂津国）まて着陣候、則尼崎（摂津国）迄打出候条、大坂衆参会候て調儀相ト、則馳上、彼悪逆人刎首可散欝憤候、
一急度可懸御目と存候へハ、満足不過之候、旁期後音候条、閣筆候、恐々謹言、

六月十一日（天正十年）　羽筑
秀吉（花押）
宮法（宮内卿法印）（松井友閑）
御宿所

四三　加藤虎之助宛判物写　「碩田叢史」東大史謄写

鳥取（因幡国）之城、備中冠之城、今日之働、中々言舌に難延、武勇之心かけ手柄者之（と）若者をは汝たるへし、弥武功を尽へし、
六月十三日（天正十年）　秀吉
加藤虎之助殿（清正）

○この文書は検討を要する。

四三　加藤虎之助宛判物写　「古今消息集」東大史謄写

武勇こゝろかけ手柄もの候若者とは、なんちたるへし、いよ〳〵武功をつくすへし、
六月十三日（天正十年）　秀吉判
加藤虎之助殿（清正）

○この文書は検討を要する。

四四　筒井順慶宛連署状　「名張藤堂家文書」名張市教育委員会

急度令申候、仍今日三七様（織田信孝）川を被成御越、高槻（摂津国）面御陣取之儀

候、明日者西岡（山城国）表へ可有御陣替候之条、被得其意、其方人数
山城へ御出候て、川切之御放火尤候、則従三七様被成　御書
候、不可有御由断候、恐々謹言、

羽筑
秀吉（花押）

（天正十年）六月十三日　惟五郎左（丹羽）
長秀（花押）

筒順（筒井順慶）
御宿所

## 四五　某宛廻文写　「寸金雑録」東大史謄写

態申触廻文之事、今度明智日向守光秀構謀叛、去朔日之夜入、
早西国在身寄之軍兵究竟之者共引卒、信長（織田）公御座候御館、
二日之卯刻押寄之処、五三度迄者雖及御動座、終不叶給、其
後御親子共被召御腹畢、一天下之消灯、四海速闇夜、上下悉
愁歎耳、御分国之忠兵承届聞及、洛中洛外馳集、五日之午刻、
織田七兵衛（信澄）を為生害、十三日ニ又明智踏殺、其次而分国之残
党徒を一々ニ申付、次男三男之御若子達取建者也、仍下知如
件、

天正拾暦
六月十五日　羽柴筑前守

（宛所欠）

○この文書は検討を要する。

## 四六　高木彦左衛門尉宛書状　「高木文書」東大史影写

御状拝見申候、如仰、今度京都不慮之仕合、無是非儀ニ候、
一西国之儀、悉存分申付、京面罷上候事、
一去十三日、明智（光秀）勝龍寺（山城国）相拘、山崎（山城国）面へ罷出候処、及一戦、
即時ニ追崩、悉討果、首三千余討捕申候事、
一明智首相尋候之処ニ、山科（山城国）藪中かくれ居候之処、百姓首を
切捨置候処、見出候事、
一斎藤内蔵助（利三）、二人子を相連、たつな斗にて落行候処、郷人
おこり候て、両人之子共ハ首切、蔵助ハ生捕ニ仕、なわを
かけ来候条、於天下車ニ乗わたして首切かけ申候事、
一坂本（近江国）明智居城にてハ、明智子二人・明知弥平次（秀満）腹を切、殿
守焼崩死候事、
一今度江州明智同意輩、或首を切、或命を助、召出候事、
一爰元隙明候条、明日其国へ相越候条、以面可申入候、御身
上之儀、不可有疎意候、御子息何とやらん承候、無心元候、
旁期後音候、恐々謹言、

羽筑

秀吉（花押）

（天正十年）六月十九日

高木（貞久）彦左衛門尉殿

御返報

## 四七　広瀬兵庫助宛連署領知宛行状　『古裂会』七二

所付

一四百弐拾石　高山（近江国、以下同国）

一三十五石　かうつはら（甲津原）

一四拾五石　すいの（杉野）

合五百石　可有知行也、

今度女房共相越候処、抽馳走条、喜悦候、為忠恩五百石令扶助畢、可有全領知状如件、

天正十

六月十九日　次（羽柴秀勝）（花押）

筑前守

秀吉（花押）

広瀬兵庫助殿

## 四八　那和和泉守宛連署状写　「松涛棹筆」徳川林政史研究所

急度以折紙申候、仍津田又十郎殿御女房衆、其地ニ御座候由ニ候、馳走候而此方へ送届可被申候、但御女房衆御覚悟次第ニ候、恐々謹言、

（天正十年）六月廿二日　惟住（丹羽）五郎左衛門

長秀判

羽柴筑前守

秀吉判

那和和泉守殿

## 四九　新長谷寺衆徒中宛書状　「新長谷寺文書」東大史影写

当寺之事、如先々可令馳走候、若非分之族在之者可申理候、猶於様子者斎玄（斎藤利暁）可有演説候、恐々謹言、

羽柴筑前守

（天正十年）六月廿三日　秀吉（花押）

新長谷寺（美濃国）

衆徒中

## 四〇　立政寺宛判物　「立政寺文書」

当寺事、乱妨狼籍(藉)并竹木伐取事、令停止訖、若違乱輩於在之
者可有注進、相理無別儀様申調可進之候也、

天正拾年　　羽柴筑前守
六月廿三日　　秀吉（花押）
(美濃国)立政寺

## 四一　関惣中宛連署状　「梅龍寺文書」

当手軍勢関陣取有間敷候、勿論乱妨狼藉之輩在之者、可有注
進、堅可申付候、其外不謂族申懸者、同前之可加成敗者也、

筑前守
(天正十年)六月廿四日　　秀吉（花押）
(丹羽)五郎左衛門尉
長秀（花押）
(美濃国)関
惣中

## 四二　高田長左衛門宛書状写　「古今消息集」東大史謄写

書中披見候、委曲先書ニ如申聞候、五畿内・江州速属一偏(篇)、
其ゟ直尾濃相働、今度未落居輩成敗申付、其外人質等不残相
ト、両国事、是又即座相静候、漸明隙候間、近日至長浜(近江国)打入、
其ゟ令上洛、上様(織田信長)御仏事執行候て可帰城候、其元弥無由断、
諸事気遣尤ニ候、恐々謹言、

筑前守
(天正十年)六月廿五日　　秀吉判
高田長左衛門殿

## 四三　延友佐渡守宛書状　長浜城歴史博物館

急度申入候、今度悪逆人等悉討果、江州之儀も一篇申付、去
十一日尾濃へ罷越、則国中人質丈夫ニ召置候、然者其方之儀、
早々質物被出尤候、但御存分在之衆者、人質をも被出間敷候、
さ様候ハヽ、随其人数差越可申付候、於可被出者、今明日必
可被越候、不可有御由断候、恐々謹言、

羽柴筑前守
(天正十年)六月廿五日　　秀吉（花押）
延友佐渡守殿

御宿所

## 四四　瀧川左近将監宛書状　大阪城天守閣

今度京都□(不)慮之儀、絶言語、不及是非題目無申計候、就其
御手前御気遣候様ニ承及候、貴所次第従家康(徳川)人数をも被出、
伝取出段々ニ被申付、可有馳走旨、家康へ堅令相談候間、
可御心易候、
一中国表儀、敵城数ケ所責崩申ニ付而、毛利(輝元)及迷惑、取巻候
城十町十五町之間罷出候条、天之与儀候間、根切可申付与
希処、合戦ニハ不相構、御国五ツ致進上、被成御赦免候様
ニと、種々御侘言雖申候、是非共可討果与存刻、上様(織田信長)不慮
之儀申来候間、無是非令和与境目□(城)々請取、無異儀申付置
候事、
一去十三日、山崎(山城国)表馳上候之処、明智(光秀)勝龍寺(山城国)相拘罷出候間、
則及一戦切崩、首三千余討捕、其外淀(山城国)・桂川へ流死候者不
知其数候、然ニ惣首中明智首不相見候条、郷々尋候へ者、
山科之藪之中ニかゝミ居候を、百姓明智首を切て溝ニ捨置
候を見出候、扨々死様之儀、上様御当罰眼前与一身致満
足事、
一右之通候間、則坂本(近江国)居城へ取懸候処、明智□(子カ)二人・明智
弥平次(秀満)殿守にて腹を切、火を懸、焼死申候事、
一斎藤内蔵助(利三)□(む)すこ二人召連、たつな計にて北落候処、追而
子共二人ハ当座ニ首をきり候、蔵介ハ生捕ニ仕、なわをか
け引来候間、則車ニのせ、京中をわたし刎首、明智首一所
ニ懸申候事、
一江州族者、今度明智同意之族為成敗、坂本より直ニ罷越、
或刎首、或命を助令赦免候、阿閉(貞征)事、連年構逆心候間、
山本山(近江国)ニ栖籠成御敵候之条、足軽共差遣、父子三人、其外
一類女子共一類悉刎首、何も一篇ニ申付候事、
一去廿一日、尾濃へ令出張、未落居輩悉人質丈夫ニ召置、如
先々相静申、隙明候間、清須城(尾張国)ニ令逗留、御国之置目等申
付候事、
一留守中之儀も、弥火之用心堅申付候様ニ、留守居之ものニ
相談候間、可御心易候事、
委細之儀者此仁申含候間、不能巨細候、恐々謹言、

(天正十年)六月廿六日　秀吉(花押)

瀧左殿(瀧川左近将監一益)

御宿所

## 四五　上下京中宛連署状写　「小西康夫氏所蔵文書」

今度　御両殿様（織田信長・信忠）不慮之義付而、城介殿（織田信忠）若子様（三法師）、為御宿老中奉守、天下之義被仰付候、然者洛中政道方、先奉行裁許、於順路者、可為如其置目候、若非分族於在之者、被成御改、可被加御宥免之条、前後之儀無其憚可令言上候、為其尋遣候、恐々謹言、

（天正十年）
六月廿七日　　惟住（丹羽）五郎左衛門尉
　　　　　　　　長秀
　　　　　　羽柴筑前守
　　　　　　　　秀吉
　　　　　　池田勝三郎
　　　　　　　　恒興
　　　　　　柴田修理亮
　　　　　　　　勝家

上下京中

## 四六　蒲生忠三郎宛連署知行宛行状　本居宣長記念館

南郡（近江国）佐久間分内を以壱万石、全可有御知行状如件、

天正十
六月廿七日　　羽柴筑前守
　　　　　　　　秀吉（花押）
　　　　　　惟住（丹羽）五郎左衛門尉
　　　　　　　　長秀（花押）
　　　　　　池田勝三郎
　　　　　　　　恒興（花押）
　　　　　　柴田修理亮
　　　　　　　　勝家（花押）

蒲生（氏郷）忠三郎殿

## 四七　高山右近助宛連署知行宛行状

「塚本文書」東大史影写

能勢郡（摂津国）之内参千石、江州佐久間分之内千石、都合四千石、御知行不可有相違之状如件、

天正十
六月廿七日　　惟住（丹羽）五郎左衛門尉
　　　　　　　　長秀（花押）
　　　　　　羽柴筑前守
　　　　　　　　秀吉（花押）
　　　　　　池田勝三郎
　　　　　　　　経興（恒）（花押）
　　　　　　柴田修理亮

勝家(花押)

高山右近(重友)助殿

## 四四八　堀久太郎宛連署知行宛行状写　「延岡堀文書」大阪城天守閣

(近江国)坂田郡弐万五千石、為御台所入、如先々有手長、可有運上、
永不可有相違候状如件、

(天正十年)六月廿七日

柴田修理亮
勝家(花押影)
(丹羽)惟住五郎左衛門尉
長秀(花押影)
羽柴筑前守
秀吉(花押影)
池田勝三郎
(恒)経興(花押影)

堀(秀政)久太郎殿

## 四四九　高木権右衛門尉宛書状　「市田家文書」

爰元隙明候条、今日津島(尾張国)をとをり(通)、晩ニハ石たて(尾張国立石ヵ)、はや尾(同国早尾)ニ
令居陣、それより長浜(近江国)帰城候、然者船之事、此節候間、一艘
も不残可被差寄候、御由断候てハ御為不可然候、恐々謹言、

羽筑
秀吉(花押)

(天正十年)六月廿八日

(貞利)高木権右衛門尉殿
御宿所

## 四五〇　所付欠連署禁制写　「善行寺文書」

(前欠)

一当手軍勢・甲乙人等乱妨狼籍(藉)事、
一伐採竹木事、
一相懸矢銭兵糧事、
右条々、堅令停止訖、若於違犯之輩在之者、□□処厳科者也、
仍下知如件、

天正□(十)年六月　日

筑前守
(丹羽長秀)五郎左衛門尉
(堀秀政)久太郎

四五一　称名寺宛連署判物　「称名寺文書」東大史影写

今度令赦免召返上者、尊勝寺(近江国)郷へ有還住、屋敷寺領家来等、
如先々可申付者也、

(天正十年)七月朔日　　筑前守
　　　　　　　　　　　　秀吉(花押)
　　　　　　　次(羽柴)
　　　　　　　　　　　　秀勝(花押)
称名寺(近江国)

四五二　織田三七宛書状写　「諸名将等感状集記」金沢市立玉川図書館

御札并一柳市介(直末)ニ被仰下趣、承知仕候、不破源六(広綱)人質之義、
是ハ尾州之内ニて御座候之間、三介(織田信雄)殿へ可参御事候、猶追々
可得御意候、恐惶謹言、

(天正十年)七月三日　　羽柴筑前守
　　　　　　　　　　　　秀吉判
三七(織田信孝)様
　参　御報

四五三　稲葉勘右衛門宛書状　「小川文書」東大史影写

如仰今度尾濃之儀、如先々相静、至長浜(近江国)帰城候、于今御疵
然々無之旨、炎天時分候条、御養生専一候、七日八日比可令
上洛候間、旁以面可申承候、恐々謹言、

(天正十年)七月四日　　羽筑
　　　　　　　　　　　　秀吉(花押)
稲葉勘右(稲葉勘右衛門重通)
　御返報

四五四　河尻淵名主百姓中宛判物　「北村文書」東大史影写

銀山之普請□候間、縄竹木人足をいたし、急度可普請、若於
無沙汰者可為曲事、但上使者共検役等在之者、可注進者也、

(天正十年カ)七月五日　　筑前守
　　　　　　　　　　　　秀吉(花押)
河尻淵(但馬国)
　名主百姓中
　　　まいる

四五五　徳川家康宛書状　大阪城天守閣

今度信長(織田)不慮之事御座候付而、信州・甲州・上州ニ被置候者
共罷退候、然者両三ヶ国之儀、敵方江非可被成御渡儀候条、
御人数被遣、被属御手候之様ニ被仰付、尤存候、猶追而可得
御意候、恐惶謹言、

羽柴筑前守

(天正十年)七月七日　秀吉(花押)

(徳川)家康様

参　人々御中

四五六　惟住五郎左衛門宛書状　『古典籍下見展観大入札会目録』二〇一三年

我等者共福富ものを可申付候、彼足弱子共当分在之事候条、
同ハ当年之儀、福富者共ニ被仰付候様ニ与存事候、恐々謹言、

羽筑

(天正十年)七月七日　秀吉(花押)

(丹羽)惟五郎左殿(惟住五郎左衛門長秀)

御宿所

四五七　河州機物神社宛禁制写　『交野町史』

制禁　河州
　　　機物神社

一陣取寄宿矢銭兵粮米之事、
一社木剪採短髪族住社之事、
一成社来参籠之輩戯之事、
右条々総見院殿(織田信長)仕(任)先判例、堅令停止訖、若違犯之族於有之者、
可処厳科条、下知如件、

天正十
七月九日　秀吉印

○この文書は検討を要する。

四五八　長岡兵部大輔他宛起請文　『細川家文書』

敬白起請文前書之事

一今度信長(織田)御不慮ニ付而、無比類御覚悟持頼敷存候条、別而
入魂申上者、表裏無抜公事、御身上見放申間敷事、
一存寄儀、不残心底、御為能様ニ異見可申事、
一自然中意之族在之者、互以直談可相済事、
右条々若偽於在之者、

梵天・帝釈・四大天王、惣日本国中大小神祇、八幡大菩薩・天満大自在天神、殊愛宕・白山・氏神御罰深重可罷蒙者也、仍起請文如件、

天正拾年七月十一日　　羽柴筑前守
　　　　　　　　　　　　秀吉（花押）（血判）

（細川藤孝）長岡兵部大輔殿
（細川忠興）長岡与一郎殿

○神文には牛玉宝印を用いる。

## 四五九　長岡与一郎宛書状　『細川家文書』

丹後国任　御朱印旨、一円可有御知行処、明智（光秀）申掠、丹波手寄ニ二ケ所城をいたし、所々知行雖仕候、今度被対　公儀無比類御覚悟持候条、彼押領分、同家来当知行并矢野分共、我等聞分申候条、為新知一職ニ可有御知行候、但松井（康之）弥人数持候様、右之内三分一可被遣事尤候、為其一紙如此候、恐々謹言、

（天正十年）七月十一日　　羽柴筑前守
　　　　　　　　　　　　秀吉（花押）

（細川忠興）長岡与一郎殿
　　御宿所

## 四六〇　松井胃介宛書状写　「松井文書」

丹後国明智（光秀）知行分、同家来当知行并矢野分共、今度為新知、長与一（細川忠興）御知行候、其内三分一其方へ可被遣候旨申候条、被得其意、弥人数等御馳走肝要候、恐々謹言、

（天正十年）七月十一日　　羽柴筑前守
　　　　　　　　　　　　秀吉御判

松井胃（康之）介殿
　　御宿所

## 四六一　鍋島飛騨守宛書状　「鍋島文書」東大史影写

（端書ウワ書）
「（墨引）　　　　羽柴筑前守
鍋島飛騨（直茂）守殿　　秀吉
　　御返報　　　　　」

如仰去年之比預示候、就其、唯今両人被相越、書中并口上之趣承届候、随而今度於備中表、敵城数ケ所責崩、毛利（輝元）陣中へ切懸可討果刻、京都不慮ニ付而、毛利相抱候国五ケ国、此方へ可相渡与、連々懇望之筋目を以、令和睦、馬を納、則京都へ切上、及一戦、即時ニ切崩、三千余討捕、則明智（光秀）一類共、

不残首を刎、其身之事、はた物ニ懸置候、然間御国々如前々静謐ニ申付、一昨日九日令上洛、近日至播州姫路可帰城候、就中任被仰越旨申通上者、別而不可有疎意候、将又南蛮帽子送給候、祝着之至候、猶期後音之時候、恐々謹言、

（天正十年）七月十一日　秀吉（花押）

鍋島飛騨守殿

御返報

四六二　宇治他宛判物写　「伊予古文」東大史写真

今度明智（光秀）同家中、其外敵心之者共、預ケ物并乱妨物之事、早々可出合申候、若於隠置者、地下中悉可加成敗候間、堅令糺明、早々出可申者也、

筑前守

（天正十年）七月十二日　秀吉（花押影）

（山城国）宇治

（山城国）同白川

四六三　毛利右馬頭宛書状　「毛利文書」東大史影写

（端裏書）「（墨引）」

為　大相国（織田信長）吊、御使僧被差上、青銅万疋贈被懸御意候、誠被入御念示預候段、難申謝候、然而就畿内要候、御使僧如被及見候、於山崎（山城国）我等普請申付候故、吊之儀、先令延引候間、彼仏事執行候刻、可蒙仰候条、御使僧へ申渡候、恐惶謹言、

（天正十年）七月十七日　秀吉（花押）

毛利右馬頭（輝元）殿

人々御中

（包紙ウワ書）「羽柴筑前守

毛利右馬頭殿　秀吉

人々御中」

四六四　吉川駿河守宛書状　「吉川正統叙目」東大史写真

為天下静謐祝詞、太刀一腰刀信国送給候、御懇之至候、殊見事候、別而可令秘蔵候、将亦貴国半之儀付而、安国寺（恵瓊）口上之旨、得其意候、委細西堂江申達候、向後之儀御分別尤候、恐々謹言、

（天正十年）七月十八日　秀吉（花押）

吉川駿河守（元春）殿

御返報

「（ウワ書）
羽柴筑前守
吉川駿河守殿　　秀吉
御返報　」

## 四五　大山崎宛条々　「離宮八幡宮文書」東大史影写

条々　　大山崎（山城国）

一油之座之儀、従前々如有来、当所侍之外不可商買事、
一買得田畠等之儀、如先規不可有相違事、
一麹之座、是又如前々可令進退事、
一理不尽之催促令停止事、
一徳政免許之事、
右堅相定条如件、
天正十年
七月廿一日　　筑前守（花押）

## 四六　織田三七宛書状写　「田中氏系図譜」

田中虎知行分之事、被仰下候、当知行之旨（不脱ヵ）可有相違之趣、相心得存候、被仰越儀候条、於我等不可存疎意候、恐惶謹言、

（天正十年）七月廿四日　　羽柴筑前守
（織田信孝）三七殿　　秀吉（花押影）
参御報

## 四七　へちい中宛条々　「長沢陽四郎家文書」『豊能町史』

条々　　へちい中（摂津国別院ヵ）

一奉公人下々地下中へ立入、田畑をあらし、不謂やから於有之者、一銭きりたるへき事、
一下々として人夫以下めしつかふへからさる事、
一少も非分之事在之者、直訴詔（訟）可申、若見隠、申あけす候ハヽ、其地下人可為曲事候事、
已上、
天正十年
七月廿五日　　筑前守（花押）

## 四八　東福寺惣寺家中宛書状　「東福寺文書」東大史影写

当寺中ニ預ケ物在之事候、早々有次第可被相渡候、少茂於被隠置者可為曲事候、為其桑原次右衛門尉（貞也）・森兵橘（重政）差越候、

恐々謹言、

羽筑　秀吉（花押）

（天正十年）七月廿八日

（山城国）東福寺

惣寺家中

## 四六九　甲賀近江介宛判物写　「松尾月読社文書」

感状

一此度於山崎（山城国）合戦之刻、一番鑓高名比類無之候、追而凱陣之後可致沙汰候、仍而如件、

天正十年

七月日　　秀吉（花押影）

甲賀近江介殿

○この文書は検討を要する。

## 四七〇　黒田官兵衛宛書状　大阪青山学園

尚以安国寺（恵瓊）大ぬる山ニ候間、先度岡平（岡本良勝）迄書状を以申候、返事ニよつて直ニも西国表為可相働、早々納馬候、以上、

安国寺被罷上由候、我々事、明日其地（播磨国姫路）可令帰城候之間、其方ニ被相待候様ニ可被申候、何も期面之時候之間、不具候、恐々謹言、

筑前守　秀吉（花押）

（天正十年）八月二日

黒田官兵衛（孝高）殿

几下

## 四七一　不彦宛書状　「今村文書」東大史影写

今度能州不動山（石カ）へ敵引入、取出相拵候処、各被成御働、即時被討果、石動山落去候由承候、御手柄共不及是非候、就其五畿内之儀茂各申談、相静申候、我等も昨夕三日、播州姫路迄令帰城候、然者西国之儀、是又弥無異儀候、我等任存分明隙候事候、可御心易候、猶相替候儀候者可申述候、恐々謹言、

羽筑　秀吉（花押）

（天正十年）八月四日

不彦殿

御陣所

四七二　千石権兵衛宛書状写　「改撰仙石家譜」東大史謄写

追而播州本知之事、当年ハ先遣候間、如前々可被領知
者也、
其国、阿波家分為代官申付候間、成其意、何方ニ雖有之、相
改メ可納候、恐々謹言、
天正十
八月五日　筑前守
秀吉花押
千石権兵衛殿（秀久）

四七三　三浦駿河守宛書状写

「永井家文書」奈良教育大学図書館

（端裏書）「本書ハ瀧川長門守（利貞）へ進候、」
態可申上与存候処、三郎兵衛（瀧川雄利）罷越候間申入候、仍伊賀国之儀、
上野殿（織田信包）其外御人数各雖被置候、今度一揆起候刻、北散之条、
先々雖御成敗有度儀候、不及是非候、然者三郎兵衛事、唯今
迄持詰候間、伊賀国一国之事、三郎兵衛ニ被仰付尤存候、
誰々申上候共、御許容有間敷候、彼国可被遣与存知、我等副
折紙遣候、可被成其御心得候、将又当年者彼国荒地ニ罷成由
承及候間、被成御検地候者、物成ニて為兵粮一廉被遣尤存候、
此等之趣宜預御披露候、恐々謹言、
（天正十年）八月六日　羽柴筑前守
秀吉
三浦駿河守（正勝）殿

四七四　桑原次右衛門尉宛書状　「立入家文書」

急度申遣候、仍今度為目付京江残置候事ハ、したく／＼不謂族
共可在之候条、さ様之狼籍（藉）人聞届、堅令成敗、神妙ニ可申付
為ニて候処、さハなく候て事を左右ニよせ、種々のまとハり
申かけ、地下町人ニよらす迷惑せしむる由、風説さま／＼也、
於事実者言語道断さたの限ニ候、付置候其詮なき事候間、
早々可罷帰候、天下之ほうへん（褒貶）ニのり候事、口惜題目候、今
度領知方あらため候事も、諸方之知行共入交候間、其差別を
しるへきためにて候条、勿論　公家領・寺社本所領、何も当
知行之所、少も違乱妨不可有之候、京中預物以下糺明申付候
儀も、地下町人等草のなひきたるへきニ、天下をくつ返すほ
との悪逆人を取もち、徒なる輩を且ハ可相撰ためにて候、又
長兵（細川藤孝）者共も案内者と号して諸方へむさとまとハるゝ様ニ其聞
候、是又かたく停止候様可申届候、古田左介（重然）者共も辺外辺内
ニ打散候て、悪行共在之様ニ相聞候、是ハよも左介存候て仕

候とハ不存候、成敗ゆるかせなるニより、徒者共けんか（権家）をかり、悪名をきせ候かと令推量候、各不届覚悟ニより、都鄙外聞失候へハ、千々万々後々くやミ候てもとり不被返候、右之趣ハいか成共、誠とハおもハす候へ共、かたちのなき事ハ申ちらすましく候、所詮早々此方へ可罷帰候、為其七郎左衛門（杉原家次）尉・弥兵衛（浅野長吉）申付差上候、恐々謹言、

（天正十年）八月七日　　筑前守

秀吉（花押）

桑原次右衛門尉（貞也）殿

## 四七五　長岡兵部大輔宛書状　『細川家文書』

御懇札拝見、本望存候、丹州より直至姫路（播磨国）令帰候、然者西国之儀、弥手堅申付候条、可御心易候、先度与一郎（細川忠興）殿御言伝如申候、其御国（丹後国）所々不入城共者、皆々わらせられ候て、肝要之所迄を丈夫ニ普請無御由断儀、尤にて候、何時も御手前人数手のふさかり候ハぬ様に御覚悟専一存候、次松井（康之）于今被相煩、在京之由候、是又養生無由断様、可被仰付候、先度山崎（山城国）逗留中、与一郎殿御逗留候て令満足候、猶追而可申承候、恐々謹言、

羽筑

（天正十年）八月八日　　秀吉（花押）

長岡兵部大輔（細川藤孝）殿

参　御報

## 四七六　惟住五郎左衛門宛書状　「専光寺文書」東大史影写

猶聽而自是以使者可申入候、以上、

御懇書令拝見候、如仰罷下候以後不申承候、何方も静謐之段尤候、

一瀧左（瀧川一益）御存分之儀承候、乍去御台所入之内迄を被減候ハん事如何ニ存候、各取口をハ其侭被召置、御蔵入之儀其分ニ候者、後ニハ御台所入ハ不可有之候条、御蔵入をへらされ候ハヽ、今度始我等召置候新知六万石ニもわり付られ、其方四万石ニもわりつけられ、御台所入二万石ニも□其外各□応高頭わりつけられ候て被遣事候者、不限瀧左、各有相談尤候事、

一若子様（三法師）之儀、未無御越候由候、普請等無出来ニ付而、右之分与相聞候ニ、其方程近候間、貴所被煎御肝候ハて不叶事候、其元御普請をハ先々被置候ても、安土御普請急度被仰付、不被参越候事御由断と存候、左様ニ候へハ、其方我等外聞あしく候間、山崎（山城国）普請をも打置候て、其方同前ニ安土

へ罷越可申付候哉、坂本(近江国)へ成共御越候様ニ可有御馳走儀候
条、被入御精尤候、よるの□とも、上様(織田信長)之御事御忘□、
くらやミニ可罷□知行ニ付候御事候、
其上山城之知行悉□知候上ハ、是又我等存事候、御朱印候
て召置候過書舟之儀ハ勿論相立可申候、又我等を始而、各
加判を被遣有之者、不及是非相立可申候、左様ニも無之候
て、誰々可召置候哉、理非ニ被立入御分別可在候事、
一尾濃境目之儀ニ付而如承候、三七殿(織田信孝)ゟ此方へも被仰越候、
以来迄被仰事無之様ニ尤存候間、大河(木曽川)切可然存事候、左候
ハ、一往も二往も右之分憑入候て可然候、則此方よりも以
使者右之通申入候間、従其方も同前ニ被仰候て尤存候事、
一聽而山崎へ可罷越候間、万々其刻程近可承候条、不能巨細
候、恐々謹言、
八月十一日(天正十年)　秀吉(花押)
惟五郎左殿(惟住五郎左衛門)(丹羽長秀)
御返報

## 四七七　有馬中務入道宛領知宛行状　「有馬文書」東大史影写

三木郡(播磨国)之内、淡川谷三千弐百六拾石進之候、全可有領知候、
恐々謹言、
天正十
八月廿八日　筑前守
秀吉(花押)
有馬中務入道(則頼)殿

## 四七八　山名宛知行宛行状写　「古文書」国立公文書館

為御合力、賀古郡(播磨国)木下将監(昌利)近(分之)内以、
三百卅石　ふた(二)又
弐百五十三石　山上
七百七拾弐石　しのへ(新野辺)
五百七拾九石　のそへ(野添)
七拾壱石五斗　野寺内
合弐千石進之置候、可有全御知行候、猶追而可申談候、恐惶
謹言、
天正十　羽柴筑前守
八月廿八日　秀吉書判
山名殿(堯熙)
人々御中

四七九　蓮照寺宛禁制写　「蓮照寺文書」

禁制　(越前国)蓮照寺

一門内乱入之事、
一境内殺生之事、
一寄宿狼藉之事、
一竹木伐取事、
一放火之事、

右条々堅令停止畢、若違犯之輩於有之、速ニ可処厳科者也、仍下知如件、

天正十年八月　筑前守秀吉(花押影)

○この文書は検討を要する。

四八〇　安宅神五郎宛知行宛行状　「豊国社祠官萩原文書」東大史写真

知行方之事、阿波家領田村分并千石権兵衛(秀久)取次申付候七人之外、其方本知分、如先々全可有御知行候、恐々謹言、

天正十　羽柴筑前守
九月五日　秀吉(花押)
安宅神五郎(信康)殿

四八一　船越左衛門尉宛領知宛行状写　「古文書」国立公文書館

其方知行分之事、阿波家領共ニ如当知行全可有領知候、恐々謹言、

天正十　筑前守
九月五日　秀吉判
船越左衛門尉(景直)殿

四八二　生駒甚介宛書状　『潮音堂書蹟典籍目録』十八

尚以長宗我部(元親)かたよりも申分候へ共、不能返事候、已上、

阿州表之儀、重而被申越候、勝瑞(阿波国)弥堅固之由尤候、淡路衆毎日追々渡海之旨可然候、行之儀者、(篠原)自遁其外何も之人質共悉丈夫ニ請取、於其上各を相越、人数壱万余も差越可申付候、彼人質請取次第、人数之儀何程も可申付候、其已前之事ハ聊爾之行在之間敷候、警固船なと何も召寄、無油断可被申付候、恐々謹言、

(天正十年)九月八日　筑前守
秀吉(花押)

生駒甚介(親正)殿

四八三　勧修寺宛書状　「馬越恭一氏所蔵文書」東大史影写

態申上候、信長(織田)殿御仏事之儀、御次(羽柴秀勝)仕度候由候条、尤存候間、
則可申付候、然者何之寺にて成共、従　禁裏様被仰出次第ニ
可申付候間、被得　勅定候而可被下候、恐惶謹言、
(天正十年)九月九日　秀吉(花押)
勧修寺(晴豊)殿
参　人々御中

四八四　川勝右兵衛大夫宛領知宛行状写　「古文書」国立公文書館

為扶助何鹿郡(丹波国)内上林三分二かたを以、参千五百三拾五石之事、
全可有領知候、恐々謹言、
天正十　筑前守
九月九日　秀吉
川勝右兵衛大夫(秀氏)殿

四八五　堀尾毛介宛領知宛行状　「圓成寺文書」

氷上郡(丹波国)之内を以、六千弐百八拾四石令扶助畢、目録別紙在之、
全可領知候、恐々謹言、
天正十　筑前守
九月九日　秀吉(花押)
堀尾毛介(吉晴)殿

四八六　某宛書状　大阪城天守閣

阿州木津ニ人を付置、様子被申越候、相替儀無之由得其意候、
警固船等相揃、一行可申付由、無聊爾様丈夫ニ可被申付候、
小西弥九郎(行長)ニも承合、可相働旨申付候之間、警固船猶以入候
者、可差越候、相替儀候者、追々可被申越候、不可□(有)油断候、
将亦先度より如申候、自通(篠原)其外阿州衆人質之儀、丈夫可被請
取候、恐々謹言、
(天正十年)九月十日　筑前守
秀吉(花押)
(宛所欠)

## 四七　黒田官兵衛宛書状　『黒田家文書』

猶以舟儀者入次第、梶原弥介方可申候、以上、

阿州自遁(篠原)かたゟ如此注進候、然者勝瑞(河波国)之城何之道ニも相渡候ハ、、権兵衛(千石秀久)ニ淡州衆召連可令入城候由申遣候、生甚(生駒親正)・明与(明石則実)四者、自遁城迄可令渡海候、左様候者、其方早々被相越、野孫五(野口孫五郎)城(淡路国志智城)ニ在城候て、右之両人を自遁城へ可相越候、為其申遣候、恐々謹言、

(天正十年)九月十二日　筑前守

秀吉(花押)

黒田官兵衛(孝高)殿

## 四八　大徳寺宛判物　「大徳寺文書」東大史影写

惣見院殿(織田信長)御作善料之事、

一壱万貫文

一御葬礼御太刀　不動国行

一御馬　葦毛

一御鞍　梨地金貝金覆輪　御紋桐鳳凰

一鐙　梨地御紋桐鳳凰

以上

天正十年九月十三日　羽柴筑前守

秀吉(花押)

大徳寺(山城国)

## 四九　黒田官兵衛尉宛書状　『黒田家文書』

書中令披見候、淡路へ渡海之儀、無由断由尤候、生甚(生駒親正)阿州へ相越候旨候条、其方者しちの城(淡路国志智)ニ在城候て、先々之儀被示合、行等之事調儀専一候、様子追々可被申越候、恐々謹言、

(天正十年)九月十六日　羽筑

秀吉(花押)

黒田官兵衛尉(孝高)殿

## 五〇　杉原七郎左衛門尉宛切手　『ねねと木下家文書』

米百石、中村孫平次(一氏)ニ遣候、可相渡者也、

天正十

九月十七日　秀吉(花押)

杉原七郎(家次)左衛門尉

## 四九一　下国愛季宛書状　「秋田家史料」東北大学附属図書館

「(包紙ウワ書)
(下国)愛季公　　　羽柴筑前守
　　　　　　　　　　秀吉
　貴報」

御懇之尊札致拝見候、今度信長(織田)御不慮之儀、如仰無是非次第御座候、東国御出馬之刻より我等事者西国表へ相動、於備中国冠山之城取巻、則乗崩不残一人討果候、并河屋(備中国)之城江取懸、是又丈夫ニ取巻、水之手取塀際迄責詰、即時落居候、以其競亀石(備中国)之城退散仕候、然者高松(備中国)与申城江押寄候之処、三方沼にて候之間、四方堤つき(築)立、近所之河を切懸、水責ニ申付候処、城中難儀仕候ニ付而、為後巻毛利右馬頭(輝元)・吉川(元春)・小早川(隆景)五六万にて罷出、此方陣取与纔五町六町之間山取仕候、誠為天之与事候条、及一戦可討果与存候処、去六月二日、於京都信長御不慮之仕合注進候間、同五日迄対陣仕、右之湖へあたけ(安宅)船を入、四方より押寄、同事ニ責崩、始城主悉刎首候、然間彼表之儀、種々懇望仕候間、毛利相抱候国之内、備中・備後・美作・伯耆・出雲、此五ケ国此方へ請取、誓紙其上人質両人迄召置令和睦、同七日ニ播州姫路之城へ打入、同九日より京都へ切上、十二日ニ城州於山崎表及一戦、則時切崩於鑓下三千余討捕、明智日向守(光秀)其外左右之者共をハはつつけ(磔)ニかけ、京都ニさらし置候、然上城介殿(織田信忠)御若子(三法師)取立、御分国中如前々相治、尾州ニ三介殿(織田信雄)、濃州ニ三七殿(織田信孝)居置候、拙者事、城州山崎ニ居城普請申付、畿内静謐之儀候之条可御心安候、来年者至東国相動、不相届仁可申付候間、必其刻遂面上可得御意候、恐惶謹言、

(天正十年)九月廿日　　　秀吉(花押)

　愛季公
　　貴報

## 四九二　荻野惣七宛書状　「佐藤行信氏所蔵文書」東大史影写

其方女子共之事、我等山崎(山城国)ニ在城候間、伊藤隣家在之儀候之間、早々可差越候、只今迄遠慮、返々不相届候、恐々謹言、

(天正十年)九月廿四日　　筑前守
　　　　　　　　　　　秀吉(花押)

　荻野惣七殿

## 四九三　黒田官兵衛尉宛書状　『黒田家文書』

書中令披見候、阿州相残人質共堅被相卜、至志智(淡路国)被相越之由
尤候、行之様子、委細小西弥九郎(行長)ニ書付を以申渡候、能々可
被相談候、将亦雑説申候由、沙汰之限候、牢人共申出候者を
搦取、はた物ニかけさせ候、随而讃州安富人質召連、親父(安富盛方)被
相越候、彼表行之儀、何も具弥九郎可申候、恐々謹言、

筑前守

(天正十年)九月廿四日　秀吉(花押)

黒田官兵衛尉(孝高)殿

## 四九四　明石与四郎宛領知宛行状　「一柳文書」

為加増以明石(播磨国)郡内

一弐百五拾石　茨木久兵衛分
一百拾石　一柳彦作分
一百五拾石　松井二平次分
一弐百五拾石　梶川新三郎分
一弐百石　森助十郎分

合千石令扶助畢、全可有領知候、恐々謹言、

天正十年　筑前守

九月廿五日　秀吉(花押)

明石与四郎(則実)殿

## 四九五　伊藤掃部宛領知宛行状写　「水月古鑑」東大史謄写

為加増千石内、丹州多起(紀)之郡黒谷村を以七百八拾石令扶助訖、
残弐百弐拾石之事、於山城表重而可申付候、恐々謹言、

筑前守

(天正十年)九月廿五日　秀吉御判

伊藤掃部(祐時)殿

## 四九六　福島市松宛領知宛行状　「南郷文書」東大史影写

為加増、神東郡(播磨国)内矢野仙分参百石之事、令扶助畢、全可領知
候、恐々謹言、

天正十年　筑前守

九月廿五日　秀吉(花押)

福島市松(正則)殿

## 四九七　山内伊右衛門尉宛領知宛行状　「山内文書」『兵庫県史』

為加増、印南郡(播磨国)高田長左衛門分内五百石之事、令扶助畢、全
可領知候、恐々謹言、

天正十

九月廿五日　筑前守　秀吉（花押）

山内伊右衛門尉(一豊)殿

## 四九八　某宛領知宛行状写　「黄薇古簡集」東大史謄写

為扶助六百石進之候内、丹州船井郡八木島分を以参百三拾四
石申付候、此外弐百六拾六石者於山城表□

天正□(十カ)　筑前□(守)

九月廿五日　秀吉（花押影）

□

## 四九九　所付欠禁制　「清水家文書」

禁制

一当手軍勢甲乙人乱妨狼籍(藉)之事、
一陣取放火之事、
一伐採竹木事、
一相懸矢銭兵粮米事、
一非分之族申懸事、

右条々堅令停止畢、若違犯之輩在之者、速可処厳科者也、仍
下知如件、

天正拾年九月廿七日　筑前守（花押）

## 五〇〇　羽柴小一郎宛書状　個人蔵

廿九日之書状、今日於姫路(播磨国)令披見候、
一御仏事儀、右ニ如申候、来十五日相究候間、十二日三日、
京表へ被越候様ニ、其用意尤候事、
一用心にて候間、其方警固可申付候、紫野(山城国)之西歟北歟、一所
ニ宿を被取尤候事、
一人数之事者、城へ留主居計被置候而、有次第被召連、馬し
るし・具足・甲はかりもたせ可被越事、
一善浄房(宮部継潤)ニも被越候へと申付候へ共、境目之儀候間、無用と
申折紙遣候条、其方ゟ早々可被持遣候事、
一菱食一給候、祝着ニ候、尚以鶴白鳥心かけ、うたせられ候
て可給候、恐々謹言、

筑前守
秀吉（花押）
十月朔日（天正十年）
小一郎殿（羽柴秀長）
御返報

## 五〇一　田路四郎次郎宛領知宛行状　「田路文書」東大史影写

完粟郡（播磨国宍粟郡）河東五郎左衛門尉分五百石、令扶持候、全可領知状如件、

天正十
十月九日　筑前守
秀吉（花押）
田路四郎次郎殿

## 五〇二　黒田官兵衛宛書状　『黒田家文書』

書中令披見候、来島（通昌）一書口上之趣聞届、委細申遣候、随而木津（阿波国）・土佐泊（阿波国）兵粮之事、申付相渡候、右両城玉薬事、先度書付候分、是又申付候、其元弥丈夫ニ可被申付事専一候、讃州表事、敵引退候由、可為其分候、猶追而様子可被申越候、恐々謹言、

十月十日（天正十年）　筑前守
秀吉（花押）
黒田官兵衛殿（孝高）

## 五〇三　幸田彦右衛門他宛書状写　「松花堂式部卿昭乗留書」国立公文書館

御書謹而拝見仕候、

一柴田（勝家）与拙者間柄之儀、何与哉覧被及聞召、可被仰扱之旨、忝次第候、雖然右申合候誓紙血判之筈相違候得者、何角茂不入儀与存事、

一上様（織田信長）御他界之刻、信孝（織田）様・三助（織田信雄）様御名代之御掟候而就御座候、御主ニ事闕申条、何れを御主用可申与、四人宿老共、清須（尾張国）ニ而致談合、信忠（織田）様之御若君（三法師）様ヲ御主ニ用、四人之宿老共トメ守立可申与談合を究、清須ゟ岐阜（美濃国）江御供申、若君様を信孝様へ預ケ申候事、

一幾程茂無御座候ニ、若君様ヲ安土へ移被参間鋪由被仰、今以若君様御渡無御座事、

一御次（羽柴秀勝）茂拾五六ニ御歳（成）候而、武士ヲ茂被致候者、御主ニも用申候而茂、人咲申間鋪といへとも、拙子育子ニ而御座候間、八幡大菩薩・愛宕茂御照覧あれ、誰々申候共御主ニ用させ

ぬ事有之間敷与、ふつと思切候事、
一上様御存生之御時茂、拙者ニ者播州・但州ヲ被下、其上江州北之郡今以(無脱カ)別儀被仰付、雖無不甲斐候、西国之先懸仕候得与被仰出候付而、去年ニ而御座候哉、因州之内鳥取之城取巻在陣仕候之処、荒木(村重)摂州いたみ(伊丹)に在之、企謀叛候之処、重而三木(播磨国)別所(長治)謀叛ヲ仕候上者、上方へ之通路雖取切申ト、終別所カ首ヲ刎申候事、
一其勢を以備中国へ罷立、革屋之城・すくもの城責崩、悉首ヲ刎、重而高松与申城者名城ニ而、三方ニふけを構へ、城広長立不申付而、力責ニ不罷成、水責ニ可致与筑前見及候而、堤をつかせ、水はや土居半分ニ上り、城迷惑仕ニ付而、西国毛利(輝元)一類五万計ニて、後巻ニ罷立、筑前弐参万ニ而取巻候処、五六町之内敵罷越、相陣ヲ構、後巻可仕由ニ相定事、
一毛利陣所へ切掛、可切崩ニ相定候処ニ、上様京都ニ御座候ヲ、明知(光秀)逆心を構、致夜討同前ニ、六月二日、御腹被為召候之由、同六日(四カ)ニ注進御座候、筑前驚入存候得者、我等茂致御供、京都ニ就在之者、小者一僕ニ而成共、御座所へ走入、腹十文字ニ切申者、本意之上ニ而御座候、御腹御供ヲ社(ママ)不申候者、於此陣毛利ヲ切崩候ハヽ、明知退治之儀、安御座候与存知、同六日迄逗留仕、堅取巻責申候処ニ、城悉迷惑仕候付而、城主(清水宗治)可腹切与種々懇望仕候へ共、覚(免カ)不申、城主之事者不申及、悉首刎候事、
一筑前右陣所者払、毛利陣所へ切懸、可切崩相定候処ニ、毛利種々令懇望、国五ケ国人質両人迄請取、廿七里之処ヲ、一日一夜ニ播州姫路迄人数打入候事、
一人馬ヲ相休可切上ル与存候処、信孝様大坂ニ御座候而、明知め河内表へ令乱入、七兵衛殿(津田信澄)ト申合、信孝様ニ御腹可為召ニ相定候由、八日之午ノ刻ニ風便ニ御注進御座候間、信孝様ニ御腹為召候而者、何角茂不入儀与存、不移時日播州姫路ヲ打立、同十二日富田(摂津国)ニ一夜致在陣、討死仕候共、河ヲ可越与存候而、大坂へ人を進上申候得者、次之十三日昼程ニ河を御越被成候、則御迎ニ罷出、懸御目候得者、御落涙、筑前もほへ申候儀、隠無御座候事、
一上様御存生之時、安土江罷越、上様へ懸御目候へ者、御座所へ被召上、筑前か首を撫させられ、侍程之者々筑前ニあやかり度ト可存与被仰出、其上但州金山、御茶之湯之道具以下迄揃被下、御茶之湯可仕ト被仰出事、誰哉之人歟、加様ニ御免可被成与存候得者、昼夜泪ヲ浮へ、御兄弟様之御事者不及申、御一類之御事迄あたにも不存候ニ、何事ニ而御座候哉、御兄弟様其外御宿老之御にくみを請、迷惑候事、
一同十四日、池田(恒興)を致同道、山崎(山城国)表江打向、敵之様子見合候

処、明知日山崎表へ走向、従正龍寺(山城国勝龍寺)取続陣取候処、高山右近(重友)・荒木瀬兵衛(中川清秀)、御先ヲ論し申候間、筑前申様ニ、先手之事ニ而候間、高山申茂無余儀候之条、瀬兵衛与申合候而、陣取合戦尤之由ニ而、両人之者共山崎為陣取、其次之者共天神之馬場迄罷越陣取候而、大坂江人を進上申候処、則以御手柄、七兵衛殿者被討果候、拙者池田与一所ニ罷越、明知日先手江高山右近・荒木瀬兵衛切掛候之処、明知め信長公之重恩を忘れ、構逆心候ニ付而、蒙天罰候故歟、弓矢を不取直敗軍仕、剰百姓等之手ニ掛り相果候、信孝様之儀者不申及、筑前天下雪会稽(恥脱カ)申候、此上者以御覚悟、天下之可為御主候、不謂御存分ゟ、拙者なと御にくみの段、迷惑仕候、雑然一々被聞召着(届カ)候者可忝候、

(天正十年)十月十四日　筑前

川田(幸田)彦右衛門殿
岡本(良勝)太郎左衛門殿

## 五〇四　根来寺惣分衆中宛書状写　『紀伊続風土記』

急度申入候、各人数被相催、泉州表被罷出候由其聞候、如何様儀ニ候哉、様子承可随其候、五畿内之義人質以下丈夫へ(ニ)相下(ト)、其上我等人数等相揃有之事ニ候間、和泉表其方乱入、理不尽之仕合承届、此方之義令其覚悟可及行候、慥ニ御返事可承候、八幡大菩薩非虚言候、恐惶謹言、

(天正十年)十月十五日　羽柴筑前守
秀吉判

(紀伊国)根来寺
惣分衆中

○この文書は検討を要する。

## 五〇五　捴見院宛判物　「大徳寺文書」東大史写真

為　捴見院殿(織田信長)贈大相国一品泰巌大居士御位牌所建立、寄進物渡申分之事、

一御太刀一腰　不動国行　捴見院殿永代可為御校割事、
一銀子千枚　捴見院御作事方、
一銀子廿五枚　捴見院殿御卵塔之用、
一御懸盤　五膳
一御呉器　七ツ入　付御皿十五、御再進鉢、同杓子、御箸一膳
　右、御紋桐、金銀金具有之、捴李(梨)地
一銀子百卅五枚　八木五百石充、
　右田地五十石買得之事、内卅石者
捴見院殿毎日朝暮御霊供田之事、付本膳

御菜五ツ御汁壱ツ、二之御膳御汁壱ツ、
御菜三ツ、但、御名(命)日朝者五之膳、晩者
三之膳可被備事、
一一日之下行八木九桝充、内三桝朝暮之御膳方、
残六桝有之、衆僧朝暮一人四合充、然者三十日衆僧
十五人之飯米有之、合八木弐石七斗
右　捴見院殿御膳、長老斎・非時、
捴并十二ケ月八木卅弐石四斗也、
一八木廿石、是者　捴見院所々御修理方之用、
一壱万貫残銭
千四百貫文、捴見院殿方丈之絵并畳、
其外万入目之用仁可被相立候、
右渡申所如件、
天正拾年壬午
十月十七日　　羽柴筑前守
秀吉(花押)
捴見院

## 五〇六　畳屋久次郎宛領知宛行状　「伊阿弥文書」『図解畳技術宝典』

於粟田口(山城国)申付分之事
一拾八石　かせう(加塩)分
一八反　すわ(諏訪)分
一五反　とすけ(藤介)分
右令扶助畢、全可領知之状如件、
天正十
十月十七日　　筑前守
秀吉(花押)
畳屋久次郎

## 五〇七　生熊源介宛書状　「生熊文書」東大史写真

阿州表打入付而、洲本(淡路国)相渡帰陣之由尤候、長々辛労共候、
先々其方ニ可相休候、此方左右次第可罷上候、恐々謹言、
筑前守
(天正十年)十月十八日　　秀吉(花押)
生熊源介(長勝)殿

## 五〇八　生駒孫七宛領知宛行状　「森文書」東大史影写

丹波船井郡上河内村弐百卅六石、山城国久世郷弐百四拾弐石、
合五百石進之候、可有領知状如件、
筑前守

(天正十年)十月十八日　　秀吉(花押)
生駒孫七殿

五〇九　伊藤掃部宛領知宛行状写　「水月古鑑」東大史謄写

為加増、丹波国多起(紀)郡黒岡村を以七百八十石、山城国山田郷弐百石、都合千石、全可有領知之状如件、

天正拾
十月十八日　　筑前守
秀吉判
伊藤掃部(祐時)殿

五一〇　片桐賀兵衛宛領知宛行状

「成簣堂古文書　片桐文書」

為加増、山城国平尾村内を以参百石、令扶助畢、全領知不可有相違候、恐々謹言、

天正十年
十月十八日　　筑前守
秀吉(花押)
片桐賀兵衛(貞隆)殿

五一一　加藤孫六宛領知宛行状　大阪城天守閣

為加増、山城国菱田村内以弐百石、令扶助訖、全領知不可有相違候、恐々謹言、

天正拾年
十月十八日　　筑前守
秀吉(花押)
加藤孫六(嘉明)殿

五一二　斎藤玄蕃允他宛書状写　「金井文書」東大史影写

先度者預御書、謹而拝見仕候、柴田(勝家)・我等間柄、何と哉覧被聞召、可被成御肝煎由忝奉存候、乍去右ニ相定申候一書并誓紙血判之筈相違申候へハ、何たる儀も入申間敷存候事、

一信孝様(織田)・三助様(織田信雄)、其外家康(徳川)誓紙并宿老共之一札以下、未来を大事ニ存、我等かたに所持仕候事、

一御兄弟様(織田信雄・信孝)雖多御座候、別而前々より被懸御目候条、今以左様ニ可有御座と存候へハ、我等程被懸御目候者多出来候故、跡へ罷成無念ニ存候事、

一信孝様・三助様御両人、御名代御あらそひ被成候ニ付而、何を御名代ニ立置候ハんと、宿老共清須(尾張国)にて令談合候処、信忠様(織田)御子(三法師)を取立申、為宿老共もりたて可申と相定、御

兄弟之儀を伺候へハ、尤之由被仰出候間、四人之宿老共、かやうにも可有御座と存、御誓紙をしるへ(標)と従清須岐阜(美濃国)へ御供申、信孝様　若君様(三法師)を預ケ申候事、

一日数無幾程御座候ニ、安土へ若君様を移参らせらるましき由、信孝様被仰候て、於于今其儀無御座候事、

一御両人之御兄弟様と、御名代を御あらそひにて御座候ニ付而、御主ニことをかき、迷惑仕候、御次(羽柴秀勝)も如被成御存知、十五六に御成候て、武者をも被致候間、御主ニ用申ても、人笑申間敷といへとも、我等養子ニいたし候間、八幡大菩薩・愛宕も御照覧あれ、御主ニ用させ候事、たれ〱申候共有之間敷と、ふつつと思切候事、

一何様ニ賢人をさはき、何たる儀も信孝様御事ハ不及申、御一類迄も御進退成候ハぬをハ、馳走可申と存候に、何事ニ而御座候哉、御兄弟様其外御宿老衆之御悪を請申候儀、迷惑に存候事、

一如御存知、上様(織田信長)御存生之御時も、我等ハ播州・但州を被下、其上北郡(近江国)、於于今無不甲斐雖御座候、西国之先懸仕候へと、上様被仰出候ニ付テ、播州致在陣候処ニ、三木(播磨国)之別所(長治)企謀叛、筑前(秀吉)迷惑仕候処ニ、重而荒木(村重)摂州伊丹ニ在之、謀叛を仕上ハ、通路を取切雖申候、終別所か刎首申候ニ付而、上様重々預御褒美御感状、其上但州金山、御茶湯道具以下迄取揃被下、御茶湯雖御政道、我等ハ被免置、茶湯を可仕と被　仰出候事、今生後世難忘存候、たれやの御人かゆるしものにさせらるへきと存出候へハ、夜昼泪をうかめ、御一類之御事迄あた(仇)にも不存候事、

一右之御褒美之事ハ不及申、安土へ致伺公(候)、上様之懸御目候へハ、御座所へ被召上候て、筑前か額をなてさせられ、侍程之者ハ、筑前にあやかり度可存と被仰出候ニ付而、猶々はけミ(励)をいたし、去年にて御座候哉、因州之内鳥取之城、雖為名城取巻申、悉刎首、是又因幡一国之事ハ不及申、伯耆之国中迄本意仕候事、

一明知(光秀)め構逆心、上様京都に御座候を夜討同前ニいたし、御腹をめさせ候、我等在京をもいたし於在之者、小者一僕ニ而成共御座所へ走入、腹十文字ニ切候共本意之上にて御座候ニ、其刻備中之国へ罷越、かわやの城(備中国宮路山城)・すくもの城(同国冠山城)責崩、悉刎首申候て、重高松(備中国)と申城ハ名城にて、三方ニふけを抱、其上堀ひろく、たけたち(丈立)不申ニ付而、力責ニ成不申、水責にいたすへきと筑前見及申候て、右之高松取巻、堤をつかせ、水はや土居半分ニあかり、城迷惑仕候ニ付而、西国悉催、毛利(輝元)一類後巻ニ罷出、五万計にて、筑前二三万ニ而取巻候所へ、五六町ニ罷越、相陣をかまへ、後巻可仕に、敵相定申候事、

一右之陣取、筑前不用後巻、猶々堅取巻申候へハ、城主(清水宗治)腹を
切可申と懇望申候へ共、免不申候処ニ、六月二日於京都
　上様御腹めされ候由、同四日ニ注進御座候、筑前おとろ(驚)
き入雖存候、御腹之御供こそ不申候共、於此陣者任本意、
城之事ハ不及申、毛利を切崩刎首申候者、明知退治之儀ハ
やすく御座候と存切、終城主之事ハ不及申、悉刎首申候事、
一手前隙明申候間、毛利陣所へ切懸可切崩ニ相定候処、毛利
令懇望、国を五ツ筑前ニ出、人質両人迄相渡可申由申候へ
共、許容申間敷ニ雖相定、明知め討果申度ニ付而、毛利一
書并血判人質両人迄請取、同七日、廿七里之所を、一日一
夜に播州姫路へ打入候事、
一人馬をも相休切上可申と存候処、信孝様大坂ニ御座候を、
明知め河内へ令乱入、はや大坂を取巻、御腹を可召之由、
八日之酉之刻ニ風便ニ御注進候之間、若信孝様御腹を被召
候てハ、なにかも不入儀と存、夜昼なしに十一日之辰之刻
ニ、尼崎(摂津国)迄令着陣、人数不相揃討死仕而も、川を越、致後
巻可申ニ相定候事、
一同十二日ニ、池田(恒興)を致同道、同中川瀬兵衛(清秀)・高山右近(重友)令談
合、山崎(山城国)表へ馳上申候へ共、高山と中川瀬兵衛と御先をあ
らそひ候間、筑前申様ニハ、高山申も無余儀候、手先之儀
ニ候条、一番合戦候処ニ、陣取をかため、瀬兵衛と申談、
合戦之陣取尤之由申候て、両人ハ山崎之内ニ陣取を固させ、
それより次之天神之馬場迄、我等ものを取続陣とらせ、大
坂へ人を進上申候間、働雖可申候、信孝様を相待、富田(摂津国)ニ
一夜陣相懸申候事、
一次之十三日昼時分、川(淀川)をこさせられ候条、筑前も御迎ニ馳
向、懸御目候へハ、御落泪、筑前もほえ申候儀限無御座候
事、
一其十三日之晩ニ山崎ニ陣取申候、高山右近・瀬兵衛・久太
郎(堀秀政)手へ明知め段々ニ人数立切懸候処を、道筋者高山右近・
中川瀬兵衛・久太郎切崩候、南之手ハ池紀(池田恒興)者、我等者ニハ、
加藤作内(光泰)・木村隼人(定重)・中村孫平次(一氏)切崩候、山之手ハ小一
郎(羽柴秀長)・黒田官兵衛(孝高)・神子田半左衛門(正治)・前野将右衛門(長康)・木下
勘解由(利匡)、其外人数を以切崩候て、則勝龍寺(山城国)を取巻候へハ、
明知め夜落ニ北落候所を、或ハ川へ追入候儀ハ我等覚悟ニ
而仕候歟、就其明知め山科(山城国)之藪中ニ北入、百姓ニ首をひろ
われ候事、
一信孝様之致御先懸、御無念をやめさせられ候事者、我等覚
悟にて候与存候、筑前不罷上候共、終ニハ信孝様、明知め
首を刎させらるへき御事、案之内とハ可被思召候へ共、筑
前はやく、毛利をも物之数ニせす馳上り、信孝様天下之
ほまれ(誉)をとらせられ候ハ、筑前覚悟ニ而、何様にも在御馳

走、かわゆ（可愛）からせらるへきと存候へハ、其御感ハ無御座、人並ニ被思召候事、迷惑ニ存候事、

一即江州へ致御供、山本之城阿閉（貞征）持候といへとも、先人数ニ申付、首を切可申といへとも、令降参人質を出申ニ付而、尾濃之御成敗可有之とはか行に命を助、長浜（近江国）へ罷通候事、

一濃州之面々城を拵、悉成御敵、いなは山（美濃国稲葉山）をは、既斎藤玄蕃（利堯）允被相上候といへとも、長浜へ罷越、我等ニいなは山可被相渡ニ被極候、其外国衆之人質不残我等請取申候、長松（美濃国）へつれて馳向候之間、一国之者首を助申候事、

一従其尾州へ罷越、又候哉、悪逆人成敗いたすへきと申候処ニ、我等清須之御城ニ居申候へハ、国中之人質不残、三河・信濃堺迄出シ申候間、不及是非候、是又首を助申候事、

一右之ほねおり申候儀ハ、悉我等一人之覚悟ニ雖相任候、御国わけをいたし、御兄弟御両人様へ先国を可致進上と存候て、宿老共と令談合、濃州之儀ハ、岐阜（美濃国）御城を久太郎上置申候へ共、御国を相添、一国之人質共ニ信孝様へ進上申候事、

一尾州をは清須之城相副、一国之人質共ニ三助様へ相渡申候事、

一御国ニ相残御知行方御忠節之者共、其外宿老共ニ、久太郎召置候江州北郡之知行并長浜之城迄、柴田誓紙を取相渡申候事、

一坂本（近江国）之儀、我等取口ニ可仕由、各雖被申候、坂本を持候へハ、天下をつゝミ候て、筑前天下之異見をも依申度、志賀（近江国）之郡を相抱候与人も存候へハ、少之間も、其以為迷惑ニ存、賢人をさはき、五郎左（丹羽長秀）ニ相渡候事、

一御仏事被仰、御両人様へ、従御次被申上候由、被申候へ共、兎角之御返事もなく、又ハ御宿老衆御仏事之沙汰も無之ニ付而、天下之外聞如何と存、如御存知、小者一僕之者被召上、国を被下候て、人並を仕候事ハ、上様之御芳情須弥山よりもおもく奉存ニ付而、不叶御仏事いたし候、御跡をもつかせられ、六十余州之御仏事御座候ハヽ、筑前ハ御葬礼過追腹十文字にきり候ても、八幡大菩薩限（恨）無御座候、此由信孝様へ御披露頼入候、恐々謹言、

十月（天正十年）十八日　　秀吉在判

斎藤玄蕃（利堯）允殿

岡本太郎（良勝）左衛門殿

## 五三　摂州塚口神家宛禁制　「興正寺文書」東大史影写

禁制　　摂州塚口神家

一当手軍勢甲乙人乱妨狼籍（藉）之事、

一放火之事、付陣取敵味方撰事、
一相懸矢銭兵粮米事、
右条々堅令停止訖、若違犯之輩在之者、速可処厳科者也、仍
下知如件、
天正拾年十月十八日　筑前守(花押)

### 五四　立木藤蔵宛領知宛行状　「佐藤行信氏所蔵文書」東大史影写

為加増、山城国奥戸北谷之内を以五拾石、令扶助訖、全領知
不可有相違候、恐々謹言、
天正十年　筑前守
十月十八日　秀吉(花押)
立木藤蔵殿

### 五五　一柳市助宛知行目録　「一柳文書」

知行方目録
一千九百石　丹波国何鹿郡之内　吉美郷
一六百七拾石　同　報恩寺
一五百九拾石　同　伊田村
一四百廿石　同　高津村
一百七拾石　同　大町安国寺村
一五拾石　同　野瀬黒谷
一百石　同　戸倉之内
一五百石　山城国綴(喜脱)郡之内　田辺郷之内
合五千百五拾石
天正十年　筑前守
十月十八日　秀吉(花押)
一柳市助(直末)殿

### 五六　森兵橘宛領知宛行状　「小川文書」真田宝物館

為加増、山城山本之内以五拾石、令扶助候、全領知不可相違
候、恐々謹言、
天正拾年　筑前守
十月十八日　秀吉(花押)
森兵橘(重政)殿

### 五七　浅野弥兵衛宛領知宛行状　「浅野文書」東大史影写

為加増申付所々

一千五百六十石　山科（山城国）
一千石　十一ケ郷内
一五百石　真木島（山城国槇島）
合三千六拾石、令扶助訖、全可有領知状如件、
天正十　筑前守
十月十九日　秀吉（花押）
浅野弥兵衛（長吉）殿

## 五八　亀井琉球守宛書状

「亀井文書」国立歴史民俗博物館

先度者被罷上、見参ニ入満足候、其城之儀、境目之事ニ候間、
弥丈夫覚悟専一候、兵粮等之儀、五百石も善浄（宮部継潤）ゟ可被差籠旨
申遣候、請取候て能々可被置候、自然秀吉此方隙入事も可在
之候、此時候間、堅固之儀兼而申遣候、普請等用心かた何も
不可有由断候、恐々謹言、
（天正十年）十月十九日　秀吉（花押）
「（ウワ書）（墨引）　羽筑
亀井流求（琉球）守（茲矩）殿　秀吉
御宿所」

## 五九　宮部善浄坊宛書状

「亀井文書」国立歴史民俗博物館

此書状共、其方ゟ可被相届候、以上、
態申遣候、
一自然此方ニ秀吉隙之入候事有之候条、被得其意、伯州境目
等之儀堅可被申付候事、
一小一郎（羽柴秀長）届候兵粮少々可在之候間、鹿野（因幡国）へ五百石も可被差籠
候事、
一大崎（因幡国）其外之儀者、其方分別次第ニ丈夫ニ可被申付候事、
一用瀬（因幡国）人質之儀、平太夫（荒木重堅）かたへも申遣候間、被請取候て、其
方ニ成共平太夫所ニ成共可被置候事、
一其城肝心ニ候間、無油断可有其覚悟候、此時ニ候条、何も
堅可被申付候儀専一ニ候、為其兼而態申入候、普請等諸事
不可有油断候、恐々謹言、
（天正十年）十月十九日　秀吉（花押）
「（ウワ書）（墨引）　筑前守
善浄坊（宮部継潤）　秀吉
□□」

五二〇　伊藤宛切手　相国寺承天閣美術館『千利休展図録』

弐百五十石、こうあミにわたし可申候、

天正十年十月廿日　　秀吉（花押）

い《（伊）》藤

五二一　舟越左衛門宛書状写　「古文書」国立公文書館

阿州表長々在陣、御辛労之至候、就其先度弓之者共可令扶持間、可被相揃旨申候、何程被集候哉、五十張も百張も相抱候而、召連可被罷越、扶持方等之事も可申付候、其地本知をハ其侭遣候而、右之弓之者とも相抱させ候者、重而知行等可申付候、人数揃次第可被罷上候、恐々謹言、

（天正十年）十月廿日　　筑前守　秀吉判

舟越左衛門《（景直）》殿

進之候

五二二　京届米覚　『京都古書籍古書画資料目録』九

きやう《（京）》へと丶け可申こめの事

三百石　は丶《（母）》にて候物のかたへ　き八郎

三百石　小八郎

三百石　や一ゑもん

五百石　さいさうほう

三百石　みのへ《（美濃部）》四郎三郎

合千七百石ふん、きやうへと丶けさせ候て、きやうにてうけとり《（請取）》をとり可申候、

天正十年十月廿日　　秀吉（花押）

五二三　小出甚左衛門他宛書状写　「相州文書」東大史影写

態申遣候、

五畿内之儀、堅相卜候、人質共之儀、高山右近《（重友）》・中川瀬兵衛《（清秀）》・筒井順慶・三好山城《（康長）》・若江三人衆、何も人質共出し候事、

一池勝三《（池田恒興）》手前相済、入魂候事、

一近江之儀、惟五郎左《（丹羽長秀）》事勿論、我等次第入魂久々ニて、長谷川藤五郎《（秀一）》、其外山崎源太左衛門《（片家）》・池田孫二郎《（景雄）》・山岡、何も城之儀堅申付候、自然何々より悪逆人罷出候共、物之数にて有間敷候て、若何たる雑説申候共、不可許容候、杢兵衛

をも遣候間、何も申談、神妙ニ留主儀可申付候、恐々謹言、

筑前守

秀吉（花押影）

(天正十年)十月廿一日

小出(秀政)甚左衛門殿
松浦(重政)弥左衛門殿
蒔田平左衛門殿
薄田伝兵衛殿
寺沢(広政)藤右衛門殿
平野(長治)右京殿
石田四郎兵衛殿
寺川権大夫殿
一牛斎

## 五四　下間刑部卿法眼宛書状　「浅野文書」東大史影写

尚以御坊領之事蒙仰候、聊不可得御意候、委細浅野(長吉)弥兵衛かたより可申入候、已上、

預御使札、殊薫革十枚、被懸御意候、御懇慮之至畏悦存候、随而今度逆人明智(光秀)事、拙者覚悟を以即時刎首、天下静謐ニ申付、城介殿(織田信忠)若子(三法師)取立可申ニ各相究候処、無幾程、誓紙血判之筈相違候而、其上若子安土へ御上国被押留候之条、不及是非次第候、我等事雖不肖者候、被取上、国々被仰付、如此之段、還而(織田)信長御芳情難忘候条、去十五日於京都御仏事執行候処、各蒙意趣儀、不能分別候、然者五畿内之儀堅相卜、人質共悉取申候、就其今度之雑説ニ、根来(紀伊国)之事、泉州知行等出入在之由候之条、遂糺明為可申付、廿五日為先勢中村孫平次(一氏)・伊藤掃部(祐時)・筒井順慶・浅野弥兵衛・若江三人衆・三好孫七郎(羽柴秀次)・同山城守(三好康長)、其外人数差遣候、依様子自身も可相働候、其元之儀、連々不得如在通候ハヽ、弥御分別尤奉存候、尚口上ニ申入候条、可被得御意候、恐々謹言、

(天正十年)十月廿二日　秀吉（花押）

下間刑部卿(頼廉)法眼

## 五五　下間少進法印宛書状　「本願寺文書」

尚々為御香典、金子壱枚被懸御意候、御懇志之至候、

従当御門(顕如)、為御音信預御使札、殊御馬太刀贈被懸御意候、御懇之儀令祝着候、則御報申入候、随而今度五畿内人質等之儀、堅相卜隙明候付而、泉州表遂糺明為可申付、廿五日為先勢人数申付差遣候、其元之儀、連々不存疎意候条、其通可被成御心得候、猶追々可申述候、恐々謹言、

(天正十年)十月廿二日　秀吉（花押）

「(墨引)(ウワ書)　羽筑
下間少進(仲之)法印　秀吉」
御返報

五六　大徳寺納所禅師宛書状　「大徳寺文書」東大史影写

当寺領并門前田畠山林所々散在之事、任捴見院(織田信長)御朱印旨、如先々御当知行尤候、誰々御違乱雖在之、我等御馳走申、相澄可進之候、恐々謹言、

天正十　羽柴筑前守
十月廿三日　秀吉(花押)
大徳寺(山城国)
納所禅師

五七　御局宛書状写　「大雲山誌稿」東大史謄写

上様(織田信長)より大野殿(細川昭元室おいぬ)へ被進申候地子之儀、御子たちおほく候間、御朱印之旨まかせ、御局執沙汰して、各へはこくミ(育)候て尤候、依之何かと申進、其理我等達而可申候、恐々謹言、

天正十年　筑前守
十月廿四日　秀吉判
御局

五八　安積将監宛知行宛行状　「安積文書」東大史影写

完粟郡(播磨国宍粟郡)河東本知分百石之事、令扶助訖、全可令知行候、恐々謹言、

天正十年　筑前守
十月廿五日　秀吉(花押)
安積将監殿

五九　福寿院宛知行宛行状　『古典籍下見展観大入札会目録』二〇〇三年

丹波国桑田郡国分之内、愛宕領六拾六石之事、任当知行旨可有寺納候、恐々謹言、

天正拾　羽柴筑前守
十月晦日　秀吉(花押)
福寿院
床下

五三〇　摂州吹田之津宛禁制　「橋本義敏氏文書」

摂州吹田之津

禁制

一当手軍勢乱妨狼籍(藉)之事、
一放火之事、
一相懸矢銭兵粮事、
右条々堅令停止畢、若違犯之輩在之者、速可処厳科者也、仍下知如件、

天正拾年十月　日　　筑前守(花押)

五三一　銭定之事写　「疋田家本離宮八幡宮文書」

銭定之事
一なんきん(南京)銭、うちひら(打平)め銭、この二銭のほかハゑら(撰)むへからさる事、
一右二銭之外ハ、三文立にとりやりすへき事、
右違犯之ともから、速可処厳科者也、仍下知如件、

天正十年十月日　　筑前守判

五三二　石川伯耆守宛書状　「小川文書」真田宝物館

尚以遠路御飛脚畏入存候、上様(織田信長)御かたき討、国々堅申付、成安堵之思候之処、一年も不相立、か様之申事、悪心之輩出来候て、遠国へ之外聞如何と存、迷惑申候、已上、

羽柴筑前守
秀吉

「(端裏ウワ書)(墨引)
石川□□守殿　」

去廿日御状、昨日晦日酉刻令拝見候、
一其御陣無御心元存、先勢既ニ三介殿(織田信雄)被申付候之条、追々人数可相立と存候処、成瀬藤八(国次)ニ先度如申含候、誓紙之筈被相違、柴田(勝家)以所行、三七殿(織田信孝)被企御謀叛候条、此上者惟五郎(丹羽長秀)左衛門尉・池田勝三郎(恒興)・我等申談、三介殿を御代ニ相立馳走可申ニ大方相究候、爰元弥手堅申付、家康(徳川)可請御意と存候刻、被仰越候、満足仕候事、
一五畿内人質、不残召置候事、
一江州衆質物、何も不残相卜申候事、
一西国毛利(輝元)、弥別而無等閑申合候事、
一其表、早御勝手ニ罷成候儀、我等一人満足、中〳〵不得申候、但諸事御分別候て、家康御馬を浜松(遠江国)へ於被納者、目出

度可存候、其上請御意、諸事御為能様ニ馳走可申候事、
一我等儀者、爰を以致分別、家康御誓紙申請候上者、何様ニ
も御異見次第可仕候間、可有其御心得候事、
一其方従前々、別而無御等閑申承候間、拙者事ハ、家康御前
之儀、何様ニも任置申候間、御油断有間敷候、其表御手前
ニ候処、御懇之御状日来被懸御目候験と存候、尚自是可得
御意候条、此由御物語被仰上候て可給候、以飛脚申上候、
定而可致参着候間、不能巨細候、恐々謹言、
(天正十年)十一月一日　　秀吉(花押)
石川伯耆守(数正)殿
御返報

五三三　村上右衛門大夫宛書状　個人蔵

御折紙令披見候、仍自芸州相催、至其島可働之由被申越、先
書ニ如申候、和平之筋目定而不可有異儀候、万一相替儀候者、
重而可有注進候、随而御存分趣、休夢(黒田高友)迄承候条、昨日以折紙
具令申候間、不能巨細候、恐々謹言、
羽筑
(天正十年)十一月八日　　秀吉(花押)
村上右衛門大夫(通昌)殿

御返報

五三四　濃州下宮宛連署禁制写　「日吉社由緒録写」『神戸町史』

禁制　　濃州　下宮
一当手軍勢乱妨狼藉之事、
一放火之事、
一対地下人非分申懸之事、
右条々堅令停止畢、若違乱之輩在之者、可処厳科者、仍下知
如件、
天正十年十一月　　筑前守在判
五郎左衛門(丹羽長秀)在判

五三五　博奕ニ付定写　「疋田家本離宮八幡宮文書」

定
一はくゑき(博奕)の事、堅令停止上者、取沙汰ハ不及申、となり七
けん可加成敗事、
一此已前之おいおゝせ取やり不可仕事、
一はくち(博打)とりあつかひ之儀、見かくし聞かくすともから(輩)、可

為同罪事、
右堅申付候上者、速可成敗者也、仍如件、
天正十年十一月日　筑前守判

五三六　四条余部宛判物　「余部文書」東大史写真

当所陣取放火等之儀、御朱印之旨不可有相違候、自然誰々不
届儀於在之者可相理者也、
天正十年　筑前守
十二月三日　秀吉（花押）
四条（山城国）阿まへ（余部）

五三七　池田丹後守他宛書状　「法輪寺文書」

尚以段銭諸成物等、銭年貢之事、可為三文立候、已上、
河内国中銭之取渡之事、京・堺（和泉国）如相定可在之旨申遣候間、可
有其御意得候、恐々謹言、
羽筑
（天正十年）十二月四日　秀吉（花押）
池田（教正）丹後守殿
多羅尾（綱知）玄蕃殿
野間（康久）左吉殿
御宿所

五三八　蜂須賀彦右衛門尉他宛書状　『黒田家文書』

委細書状并安国寺（恵瓊）返札、何も及披見候、彼方儀具聞届候、名
仁ふり之書中無是非候、此方之儀も随其可有分別候、然者
三介殿（織田信雄）為御迎、江州へ明後日相越候条、其方之儀先被帰、
早々可被相越候、不可有由断候、恐々謹言、
（天正十年）極月七日　筑前守
秀吉（花押）
蜂須賀（正勝）彦右衛門尉殿
黒田（孝高）官兵衛殿
進之候

五三九　五木長次郎宛扶持方事　「竹内文平氏所蔵文書」東大史影写

ふちかた（扶持方）の事
七百五十人　前野（長康）将右衛門
六百人　か（加）藤（光泰）作内

四百五十人　赤松弥三郎(広秀)
五百人　置塩殿(赤松則房)
八百人　はちすか(蜂須賀家政)
五十人　有間中書(有馬則頼)
百三十人　古田彦三郎
七十五人　佐久間忠兵衛
五人　同菊介
五十人　福原大郎左衛門
弐百五十人　生駒甚介(親正)
合四千百六十八人
天正十
十二月十四日　秀吉(花押)
五木長次郎

五四〇　中川瀬兵衛宛書状　『尾張国遺存豊臣秀吉史料写真集』

三介殿様(織田信雄)被成　御書候之条進之候、御請尤候、以上、
雨降、陣屋以下可為不自由候、令察候、無御由断其元御用心肝要候、参候て見廻可申候へ共、雨ゆへ延引、先令啓候、恐々謹言、
(天正十年)
極月十四日　羽筑
秀吉(花押)
中瀬兵(中川瀬兵衛清秀)
御陣所

五四一　氏家志摩守宛書状写　「松井文書」東大史写真

尚以人数差遣候間、可御心安候、我等も明日可令着陣候、其方御身上之儀可被任置候、委不及候、
昨日十四御状今日辰刻到来、令披見候、其方儀無御心元存、一昨日以書状申候、然ニ赤座助六・多田内次企謀叛候処、被仰付之□中〳〵御手柄無申斗候、惟五郎左(丹羽長秀)我々懸付可申候条、可御心安候、其方為加勢追々人数進之候、恐々謹言、
たつのこく　羽筑
(天正十年)
極月十五日　秀吉御判
氏志(氏家志摩守行継)
御返報

五四二　高木彦左衛門尉他宛書状　「西尾英吉氏所蔵文書」東大史影写

御状令披見候、先書如申候、昨日十六日、至大柿(美濃国)令入城候、即西美濃衆何も被罷出、被出人質、城々へ悉此方人数入置、何様ニも三介殿(織田信雄)様次第ニ覚悟候処、其方之儀、唯今迄延引之段、不能分別候、此方へ無疎略候者、国限郡限之事候間、瀧左(瀧川一益)存分も在之間敷候、事ニ左右をよせられ候て、何かと被申候段、御ため不可然候、早々被相越、人質以下被出置尤候、返事次第可随其候、恐々謹言、

羽筑
(天正十年)十二月十七日　秀吉(花押)
高木彦左衛門尉(貞久)殿
同　権右衛門尉(貞利)殿　□

五四三　宇喜多八郎宛書状　「小早川文書」東大史写真

(端裏ウワ書)
「(墨引)
八郎殿(宇喜多秀家)　筑前守
秀吉
御返報　」

十二日之御状、今日十七日令披見候、
一三介殿(織田信雄)為御迎、去九日令出張候、路次中城々始、勢田(近江国勢多)之城・安土・江州之内山崎ニ人数入置、十一日ニ至佐和山(近江国)令着城候事、
一江州北郡表人数打出、長浜(近江国)之儀、既可取詰与存候処ニ、柴田かた(勝家)ゟ何様ニも此方次第之由候て、金森五郎八(長近)・中村掃部差上候、向後別儀有間敷為請乞、柴田伊賀(勝豊)人質出候間、不及是非、横山(近江国)之城を相拵、人数丈夫ニ入置候、并佐和山ニ小一郎(羽柴秀長)入置候、濃州へ罷通候事、
一一昨日十六日、濃州大垣之城へ我等令着城候、稲葉伊与(予)父子(良通・貞通)実子人質請取、其外西美濃衆悉罷出、人質等出之候、其上城々へ人数入置、一篇ニ申付候事、
一三七殿(織田信孝)之儀、今度無御届御覚悟ニ付而、岐阜(美濃国)一国一城之事候、是も唯今侘言半之儀候へ共、不能許容候、但加遠慮可申も不存候事、
一如此寒天之刻、年之際とも不申相働候ハヽ、西国之表裏者、春ニ成候て為可令成敗、国々之儀堅申付候事、
一右之分ニ隙明候間、近日三介殿至安土御供申、頓至姫路(播磨国)可令帰国候、
一西表相替儀無之旨、可為其分候、猶期後音候、恐々謹言、

(天正十年)十二月十八日　秀吉(花押)

八郎殿

御返報

五四四　遠山佐渡守他宛連署状　安土城考古博物館

御状拝見候、仍而此表之儀、三介様(織田信雄)御名代ニ相究、若子様(三法師)
今日請取申、致供奉候、当国不届仁者曲事ニ相臥、悉一篇ニ
申付候条、可有其御心得候、将亦委儀森勝(長可)可被申候、恐々謹
言、

(天正十年)極月廿一日　羽筑　秀吉(花押)

惟五郎左(丹羽)　長秀(花押)

池勝(池田)　恒興(花押)

遠山佐渡守殿

同　半左衛門尉殿

御返報

五四五　遠山佐渡守他宛連署状写　「上原孝夫氏所蔵文書」『新編香川叢書』

今度　三介様(織田信雄)御家督儀、各令馳走被成御座(居)候付而、御分国諸
侍不残罷出、御礼申上候、其方之儀、御由断不可然候、然ハ
其元之儀、森勝(長可)蔵御取次等可申旨被　仰出候段、得其意、勝
蔵異見次第尤ニ候、尚委儀森勝可被申候、恐々謹言、

(天正十年)極月廿一日　羽筑　秀吉

惟五郎左(丹羽)　長秀

池勝(池田)　恒興

遠山佐渡守殿

同　半左衛門殿

御宿所

五四六　和田助右衛門尉宛連署状写　「小里家譜」

今度　三介様(織田信雄)御家督之儀、各馳走申、被成御居候付而、御分
国諸侍不残罷出、御礼申上候、其方之儀、御由断不可然候、

然者其元之儀、森勝蔵(長可)御取次等可申旨被仰出候、被得其意、
勝蔵異見次第尤候、猶委儀ハ森勝蔵方可被申候、恐々謹言、

羽筑

(天正十年)十二月廿一日　　秀吉（花押影）

(丹羽)惟五郎左　　長秀（花押影）

(池田)池勝三　　恒興（花押影）

和田助右衛門尉(光明)殿

御宿所

## 五四七　上賀茂社中宛書状　「古文書纂」東大史影写

在陣為御見廻、預使札、殊青銅弐百疋并一折被懸御意候、遠
路寄思召、御音信喜悦至候、(山城国)奈島之儀、様躰聞届可随其候、
猶使者ニ申渡候、恐々謹言、

羽柴筑前守

(天正十年)極月廿二日　　秀吉（花押）

(山城国)上賀茂社中

## 五四八　遠山佐渡守宛書状　長浜城歴史博物館

今度(織田信雄)三介様御家督之儀、各令馳走被成御居候付而、御分国
諸侍不残罷出、御礼申上候、其方之儀、御由断不可然候、然
者其元之儀、森勝蔵(長可)御取次等可申旨被仰出候、被得其意、勝
蔵異見次第尤ニ候、猶其元御取次之事、内々森勝三ニ被仰出
候条、被得其意、御入魂尤候、自然森勝へ被仰度事候者、承
可令馳走候、尚期後音候、恐々謹言、

羽筑

(天正十年)極月廿三日　　秀吉（花押）

遠山佐渡守殿

## 五四九　小袖等目録写　「碩田叢史」東大史謄写

目録

御小袖　十重
白　銀　千枚
御樽肴　十荷

以上

(天正十年)十二月廿四日　　羽柴筑前守秀吉

○この文書は検討を要する。

五五〇　小島宛連署状　「小島文書」東大史影写

三介殿(織田信雄)様・三七殿(織田信孝)様御間之儀、御無事相澄申候条、其御心得尤候、然者其方へ瀧左(瀧川一益)取出被申付由候、右之通候条、早々可被引払与、瀧左へ直ニ申遣候間、被得其意、其方儀も鉄炮一ツ被放間敷候、為其申候、恐々謹言、

(天正十年)十二月廿六日　羽筑　秀吉(花押)

(丹羽)惟五郎左　長秀(花押)

(池田)池勝　恒興(花押)

(民部少輔)小島殿

御宿所

五五一　某宛判物写　「碩田叢史」東大史謄写

来正月、北伊勢并岐阜(美濃国)表江令出馬之条、随遠近十五日ゟ廿日之間ニ、江州草津辺ニ至而着陣可有候、泊々不差合様ニ尤候、彼地ニおいて手合を定、可乱入之条、可被得其意者也、仍廻状如件、

天正十年十二月廿七日　筑前守秀吉

(宛所欠)

○この文書は検討を要する。

五五二　平塚三郎左衛門尉宛書状　「鎌田善弘氏所蔵文書」

将亦鴨五到来、令祝着候、已上、

御札令拝見候、今度濃州表へ令出張、人質以下堅相卜候、三七殿(織田信孝)・柴田(勝家)何かと在之由候間、江州北郡へも人数打出候処、柴田何様ニも此方次第之由にて、柴田伊賀(勝豊)人質出候間、不及是非令和睦候、然者万方隙明候条、来春者早々其表之儀、一着可申付候間、弥堅固御拘尤候、猶期後音候、恐々謹言、

(天正十年)十二月晦日　羽筑　秀吉(花押)

(平塚)平三郎左衛門尉殿

御返報

五五三　某宛書状　「中村孫次郎氏所蔵文書」東大史写真

将亦安富方事、其方ニ被相留尤候、やかて帰陣候条、
於其方可令見参候、以上、

遠路飛脚為悦之至候、三介殿様(織田信雄)為御迎令出馬候、然者路次通気遣ニ候間、長浜(近江国)柴田伊賀(勝豊)人質とも召置、其上北郡(近江国)横山ニ城相拵、□□(人数カ)丈夫ニ入置、濃州罷通候、美濃之事、一国城々へ此方人数入置、人質共何も請取候、岐阜(美濃国)之儀者何様ニも□□□如此存分候条、軈而可令帰陣候、猶期其節候、恐々謹言、

筑前守
(天正十年)十二月□□　秀吉(花押)
(宛所欠)

五五四　柏原次郎右衛門屋敷宛連署禁制写　「箕浦文書」『改訂近江国坂田郡志』

禁制　柏原次郎右衛門屋敷

一軍勢乱妨狼籍(藉)之事、
一放火之事、
一陣取之事、
右条々堅令停止畢、若違犯之輩在之者、速可処厳科者也、仍下知如件、

天正拾年十二月日　(丹羽長秀)五郎左衛門尉
筑前守

五五五　柏原常菩提院宛連署禁制　「成菩提院文書」東大史写真

禁制　(近江国)柏原　常菩提院

一当手軍勢乱妨狼籍(藉)之事、
一伐採竹木事、
一陣取放火事、
右条々堅令停止畢、若違犯之輩在之者、速可処厳科者也、仍下知如件、

天正拾年十二月日　(丹羽長秀)五郎左衛門尉(花押)
筑前守(花押)

五五六　河毛□宛連署禁制（木札）　「谷田神社文書」東大史影写

禁制　(近江国)河毛□

一当手軍勢甲乙人等乱妨狼籍(藉)事、
一伐採竹木事、
一放火事、
右条々堅令停止訖、若於違犯之輩者、速可処厳科者也、仍下
知如件、
　天正十年十二月日　五郎(丹羽長秀)左衛門尉(花押)
　　筑前守(花押)

## 五五七　薬神社宛連署禁制（木札）「大安養神社文書」

「
　禁制　薬神社(近江国)
一当手軍勢甲乙人等乱妨狼藉事、
一伐採竹木事、
一放火事、　」
右条々堅令停止訖、若於違犯之輩者、速可処厳科者也、仍下
知如件、
　天正拾年十二月日　五郎(丹羽長秀)左衛門尉(花押)
　　筑前守(花押)

○欠損を『東浅井郡志』により補い「　」内に記した。

## 五五八　神照寺宛禁制（木札）「神照寺文書」東大史写真

　禁制　神照寺(近江国)
一当手軍勢乱妨狼籍(藉)之事、
一放火陣取之事、
一対地下人非分申懸事、
右条々堅令停止畢、若違犯之輩在之者、速可処厳科者也、仍
下知如件、
　天正拾年十二月日　筑前守(花押)

## 五五九　末森村宛連署禁制（木札）「性顕寺文書」

　禁制　末森村(美濃国)
一当手軍勢乱妨狼籍(藉)之事、
一放火之事、
一対地下人非分申懸事、
右条々堅令停止畢、若違犯之輩在之者、速可処厳科者也、仍
下知如件、
　天正拾年十二月日　筑前守(花押)
　　五郎(丹羽長秀)左衛門尉(花押)

## 五六〇　惣持寺宛連署禁制　「総持寺文書」『改訂近江国坂田郡志』

禁制　　　　惣持寺（近江国）

一当手軍勢甲乙人等乱妨狼籍（藉）事、
一陣取事、
一放火事、
右条々堅令停止訖、若於違犯之輩者、速可処厳科者也、仍下
知如件、

天正十年十二月日　　　　五郎左衛門尉（丹羽長秀）（花押）
　　　　　　　　　　　　筑前守（花押）

## 五六一　濃州江口寺内宛連署禁制（木札）「養教寺文書」

禁制　　　　濃州江口寺内

一当手軍勢乱妨狼籍（藉）之事、
一伐採竹木事、
一放火事、付陣取事、
右条々堅令停止訖、若於違犯之族者、速可処厳科者也、仍下
知如件、

天正十年十二月　日　　　　五郎左衛門（丹羽長秀）（花押）
　　　　　　　　　　　　筑前守（花押）

## 五六二　濃州河手寺内宛連署禁制写　「福蔵坊文書」

禁制　　　　濃州河手寺内

一当手軍勢乱妨狼籍（藉）之事、
一対地下人非分申懸事、
一放火事、
右条々堅令停止訖、若違犯之族□（者）、速可処厳科者也、仍下知
如件、

天正十年十二月日　　　　五郎左衛門尉（丹羽長秀）（花押影）
　　　　　　　　　　　　筑前守（花押影）

## 五六三　神戸宛連署禁制（木札）「高橋宗太郎氏所蔵文書」

禁制　　　　神戸（美濃国）

一当手軍勢乱妨狼籍（藉）之事、
一放火之事、
一対地下人非分申懸事、
右条々堅令停止畢、若違犯之輩在之者、速可処厳科者也、仍
下知如件、

天正拾年十二月日　筑前守（花押）
（丹羽長秀）五郎左衛門尉（花押）

天正拾年十二月日　筑前守（花押影）
（丹羽長秀）五郎左衛門尉（花押影）

## 五六四　濃州千手堂寺内宛禁制（木札）『長浜の文化財』

禁制　濃州千手堂寺内

一当手軍勢乱妨狼籍（藉）之事、
一伐採竹木事、
一放火事、
右条々堅令停止訖、若於違犯之族者、速可処厳科者也、仍下知如件、

天正十年十二月日　筑前守（花押）

## 五六五　正木村寺内宛連署禁制写「山田文書」

禁制　（美濃国）正木村寺内

一当手軍勢乱妨狼籍（藉）之事、
一放火之事、
一対地下人非分申懸事、
右条々堅令停止畢、若違犯之輩有之者、速ニ可処厳科者也、
仍而下知如件、

# 天正十一年（一五八三）

五六六　賀茂惣中宛書状　『賀茂別雷神社文書』

為改年之儀、祈祷之巻数并縮弐端到来、祝着之至候、恐々謹言、

(天正十一年)正月二日　　筑前守

秀吉（花押）

(山城国)賀茂

惣中

五六七　伊藤与左衛門宛自筆切手　大阪城天守閣

しろかね(銀)四十まいのふん(分)、こめにてもきやう(京)のうりかい(売買)のふんに四ミつ(清水)九郎二郎たしかにわたし可申候、

天正十一年正月三日　　秀吉（花押）

い藤よさいもん(伊藤与左衛門吉次)

五六八　糟屋与十郎宛領知宛行状写　「因幡志」東大史写本

(播磨国)加古郡内生越平左衛門分弐百石之事、令扶助畢、全可領知状如件、

天正十一正月十二日　　筑前守

秀吉（花押影）

糟屋与十郎(宗明)殿

五六九　某宛領知宛行状　「松田文書」東大史写真

(播磨国)印南郡内松田忠右衛門分百石之事、令扶助畢、全可領知者也、仍状如件、

天正十一

正月十二日　　筑前守

秀吉（花押）

（宛所欠）

五七〇　小早川左衛門佐宛書状写　「古案」徳川林政史研究所

如仰年頭之御慶、珍重存候、為祝儀御太刀一腰・馬一疋被懸御意候、御懇意之至畏入候、随而旧冬江北(近江国)表令出張候之処、柴田(勝家)色々無事之理候間、柴田伊賀(勝豊)人質召置、其上一城申付、

人数丈夫入置令和睦候、濃州之義、是又国中城を請取、任存分打入候、就其来廿五日、三介殿(織田信雄)至安土御上国候、即御家督被居、国々面々令出仕候条、可罷上候、尚自是慶事可申述候間、不能巨細候、恐々謹言、

(天正十一年)正月十七日　　秀吉

小早川左衛門佐(隆景)殿

御返報

五七一　加藤虎之助宛判物写　「蠹簡集残編」東大史謄写

今度瀧川左近(一益)為可討伐令出馬、先勢移亀山(伊勢国)之城取巻刻、鑓を入、近江新七を討捕段、不可勝計候、依之為褒美信国之刀遣候事、全可抽忠戦之状如件、

(天正十一年)正月廿九日　　秀吉御判

加藤虎之助(清正)とのへ

○この文書は検討を要する。

五七二　木村十三郎宛判物写　『防長風土注進案』

瀧川左近将監(一益)為誅伐令出馬、勢州亀山之城取巻之時分、近江新七を討取段、不可勝計候、依之為褒美信国之刀遣之訖、全可抽忠戦之状如件、

天正十壱年

正月廿九日　　秀吉御判

木村十三郎殿

○この文書は検討を要する。

五七三　江州北郡福永新荘金光寺宛禁制　『改訂近江国坂田郡志』

江州北郡福永新荘

金光寺

禁制

一当手軍勢乱妨狼籍(藉)之事、

一放火之事、

一諸事非分之族申逢事、

右条々堅令停止畢、若違犯之輩在之者、速可処厳科者也、仍下知如件、

天正拾壱年正月日　　筑前守(花押)

五七四　伊藤与左衛門宛書状　「大河原家所蔵文書」

態申遣候、

一代官所知行方之算用聞可申候間、手間不入様、下算用能々仕、書立候て、此方左右次第可罷越候事、
一物成と蔵ニあり米書立、先早々もたせ可越候、それを見候て、入事候間、不可有由断候、
一山口ニ申付候つる賀茂之物成、払方蔵ニあり米、何もよく書立可越候事、
一当年ハ八木多入候ハん間、人ニ借候事無用候、何も念を入、能仕候て置可申事、
一右何も不可有油断候、尚追々可申聞候、恐々謹言、

筑前守
秀吉（花押）

閏正月十二日《天正十一年》
伊藤《吉次》与左衛門殿

## 五七五　宮木長次郎宛書状　『西武古書大即売展目録』一九六九年

尚以不相澄出入於在之者、双方之存分慥聞届、急度可越候、以上、
蒲忠三《蒲生氏郷》・池孫《池田景雄》懸組之儀ニ残置候之条、出入無之様ニ急度相澄可上候、不可有由断候、恐々謹言、

筑前守
秀吉（花押）

閏正月十四日《天正十一年》
宮木《豊盛》長次郎殿

## 五七六　某宛判物写　「古文書類纂　岐阜県」東大史写本

当寺内事、新儀諸役令免除上者、聊不可有違乱者也、

天正十一年
後正月廿八日　花押

（宛所欠）

○円徳寺（美濃国）宛か。

## 五七七　勧修寺大納言宛書状　「大賀文書」東大史影写

猶以去年之物成、誰ニ納候共可申付候、以上、
青蓮院御門跡、去年無御届事雖御座候、従　叡慮被仰出候間、不及是非候、御知行等如先々可被仰付候、此等之趣宜得御意候、恐惶謹言、

羽柴筑前守
後正月廿九日《天正十一年》　秀吉（花押）
勧修寺《晴豊》大納言殿
参　人々御中

## 五七八　脇坂甚内他宛書状

龍野歴史資料館『脇坂淡路守』

尚以右之趣三色ニ付わけ可申候、聊不可有由断候、已
上、
態申遣候、
一まへ（前）村井（貞勝）所に奉公し候つるとんさい家之事、町人ニ売候之
処、只今相改由候、此儀者曲事ニも無之者之事候条、其
まゝ置可申候事、
一前曲事なる者之家をハ、町人ニ売候者、堅遂糺明可取上事、
一前曲事ニも無之奉公人之家、町人買候をハ、今更改候儀無
用候、右能々念をやり可申付候、恐々謹言、

筑前守
秀吉（花押）

（天正十一年）閏正月廿九日
脇坂甚内殿（安治）
森兵吉殿（重政）
か（加）藤虎介殿（清正）

## 五七九　和泉国大津宛禁制写

「紀伊国古文書」国文学研究資料館

禁制　和泉国大津
一当手軍勢乱妨狼籍（藉）之事、
一陣取放火事、
一対地下人不謂族申懸事、
右条々堅令停止畢、若於違犯之輩在之者、速可処厳科者也、
仍下知如件、
天正十一年閏正月　日　筑前守花押

## 五八〇　江州北郡下坂郷福勝寺宛禁制

「福勝寺文書」東大史写真

江州北郡
下坂郷
福勝寺
禁制
一当手軍勢甲乙人濫妨狼籍（藉）事、
一陣取放火事、
一剪採山林竹木事、
右条々堅令停止畢、若違犯輩在之者、速可処厳科者也、仍下

知如件、

天正拾一年閏正月日　筑前守（花押）

## 五八一　阿州勝浦郡慈雲院宛禁制　「丈六寺所蔵文書」

禁制　阿州勝浦郡
　　　慈雲院

一当手軍勢乱妨狼籍（藉）事、
一放火之事、付山川殺生之事、
一対寺家門前不謂族申懸事、
右条々堅令停止畢、若於違犯輩者、速可処厳科者也、仍如件、

天正十一年閏正月日　筑前守（花押）

## 五八二　又衛門他宛自筆書状　『豊大閤真蹟集』

（前欠）

天正十一年二月六日　秀吉（花押）

両人ニあつけ候こめにて出し可申候、

又ゑもん（右衛門）
ミや木（宮木豊盛）

## 五八三　御次衆扶持方判物　大阪城天守閣

御次（羽柴秀勝）様衆扶持方十日分かし候、

三百拾人　田中小十郎
三百人　谷　兵介
三百人　藤懸三蔵（永勝）
百八拾人　石川小七郎（貞通）
六拾人　渡部勘兵衛
百　人　高田小五郎
　以上　千弐百五拾人
　此米　六拾弐石五斗

天正十一年二月六日　秀吉（花押）

## 五八四　須田相模守宛書状写　「歴代古案」東大史謄写

正月十二日之御状令披見候、従景勝（上杉）芳札并御誓詞、一昨々四日到来、何茂披見、則信雄（織田）江致披露候之処ニ、御入魂之儀、別而満足被申候、然者我等誓紙之儀、被仰越候、即血判を以申入候、自今以後、少茂相違有之間鋪候、可被御心安候、委細西雲寺・蔵田左京助江申渡候、恐々謹言、

天正十一

二月七日　　　秀吉

須田相模守（満親）殿

御返報

## 五五五　沼間任世他宛書状　「古文書纂」東大史影写

態令啓候、仍江北（近江国）長浜儀、宿老共人質七人出之、悉御礼申上相澄隙明候条、瀧川（一益）相構（カ）悪心候間、来十日勢州へ相動存分ニ申付、頓而泉州へ可令出馬候条、於時宜者可御心易候、蜂兵（蜂屋頼隆）此方之儀候、其間其国無異儀様ニ才覚専一候、恐々謹言、

羽筑

（天正十一年）二月七日　秀吉（花押）

沼間任世

寺又右（寺田生家）

松安太（松浦安大夫）

真次

御宿所

## 五五六　宇喜多八郎宛書状　長浜城歴史博物館

東表出馬付而、早々御状并花房又七郎（正成）被懸御意候、祝着之至候、仍江北（近江国）長浜之儀、柴田伊賀（勝豊）宿老共人質七人迄出之、相澄候之間、直ニ越州（越前国）へ可押込処、雪深候条、無是非候、岐阜（美濃国）儀三七殿（織田信孝）無御別儀、何様ニも我等次第と候之間、入念相堅候、瀧川（一益）不届子細候間、北伊勢へ相動、成敗申付候、月相ニ者可明隙候間、頓而可令開陣候条可御心安候、尚其節可申承候、恐々謹言、

筑前守

（天正十一年）二月九日　秀吉（花押）

八郎（宇喜多秀家）殿

御返報

## 五五七　某宛書状　「護国寺文書」東大史影写

追而申候、其口へ我等も罷出候条、此節諸侍中被相談、一廉之御馳走、別而被入精尤候、猶蒲忠（蒲生氏郷）三可被申候、恐々謹言、

羽柴筑前守

（天正十一年）二月九日　秀吉（花押）

（宛所欠）

五八八　小島民部宛書状　「小島文書」東大史影写

尚以両人之儀、令同道相越候条、可心安候、猶期後音
候、以上、
御状令披見候、三七殿（織田信孝）御儀、弥以無疎意馳走申候条、可御心安候、其元之儀、今度御覚悟以堅固之段尤候、急度其表へ可令出馬候条、遂見参可申述候、岡大郎右（岡本良勝）・大与右（大原与右衛門）被相談、彼地才覚専一候、恐々謹言、

（天正十一年）二月十日　　羽筑

秀吉（花押）

小島民部殿

御返報

五八九　奥村助右衛門宛書状写　「金沢文書」東大史写真

態々急度申入候、勢州進発ニ付、鉄炮三十挺・大舟十弐艘、桑名（伊勢国）浦迄早々致着岸候様ニ被仰出、尤奉存候、手配堅申付候条、宜言上可給御披露候、猶追々可申上候也、恐惶謹言、

（天正十一年）二月十一日　　羽柴筑前守

秀吉（花押影）

（ウワ書）
「奥村助右衛門（永福）との　　筑前守

秀吉　」

五九〇　小島民部他宛書状　安土城考古博物館

至楠（伊勢国）表被相動之由尤候、我等も明日其表へ可令□陣候間、其以前ニ聊爾之手遣一切不可在之候、猶追々可申候、恐々謹言、

（天正十一年）二月十二日　　羽筑

秀吉（花押）

小島民部殿

大原与右衛門尉殿

五九一　草津そうさ所宛書状　草津市立街道文化情報センター

京よりも、くすし（薬師）のろあん（半井驢庵）・せいはうゐん（盛方院）（吉田浄勝）両人ニ一人、日野（近江国）とをりニ、北伊勢へ可被下之由申上候へ共、日野へハまわりニ候間、くさつ（近江国草津）よりあんらくこ（安楽越）へニこされ候へと申遣候間、右之旨其方にて申候て、道とをり（通）やうたい（様躰）懇ニ可申候、恐々謹言、

（天正十一年）二月十二日　　筑前守

秀吉（花押）

くさ津
　そうさ所

五二二　浅野弥兵衛他宛書状　「古文書纂」東大史影写

態申遣候、
一雪山ニ取出候事申出候つれ共、不入候間無用候、
一ゆきやまのすこし下ニ千石権兵衛(秀久)置候間、申あわせけいこ(警固)之儀毎日可出候、権兵へハ人数かさ候間、ミちののりさけすミて、三分一兵介(谷)けいこを可出候、
一明日くわな(伊勢国桑名)表へ相動候之間、其方之ふしん出来候者、弥兵衛(浅野長吉)・市介(一柳直末)ハ此方へ可被相越候、尚追々可申候、謹言、
(天正十一年)二月十三日　筑前守
　　秀吉(花押)
浅野弥兵衛殿
一柳市介殿
谷兵介殿

五二三　某宛書状写　「古案」徳川林政史研究所

此表之儀、去十二日峯城(伊勢国)取巻、為陣取置候間、桑名(伊勢国)表へ相働、外構迄不残令放火、十六日ニ直ニかめ山(伊勢国亀山)の城へ押詰、惣町之事者不及申、西東之端城乗崩、かめ山両城共取巻候之条、落去不可有程候、猶期後音候、恐々謹言、
(天正十一年)二月十七日　羽柴
　　秀吉御書判
(宛所欠)

五二四　奥村長右衛門宛書状写　「金沢文書」東大史写真

急度申上候、仍亀山(伊勢国)・峯両城仕寄之儀、堅申付候条、御心易可被思食候、随而我等大鉄炮取寄可申候へ共、遠路可有遅御座候条、清須(尾張国)ニ大つゝ御座候由候条、従熱田(尾張国)舟ニて早々致着津候様ニ可被被(衍カ)仰出尤奉存候、急待申候、猶追々可致言上旨可預御披露候、恐々謹言、
(天正十一年)二月十八日　羽柴筑前守
　　秀吉(花押影)
奥村長右衛門殿

五五　田中小十郎他宛書状　「猪熊信男氏旧蔵文書」東大史影写

急度申候、仍敵地を三日斗、山中へ相越由候条、其元番之儀
無由断可申付候、兵介(谷)番を置候処、相談弐百斗つゝ二三ケ度
ニ人数自早天罷出、暮候まて警固可申付事専一候、山々谷々
無誤見渡候様ニ山を焼払、番之儀可被作候、若何かたへも彼
奴原罷出候者、追詰討果候様ニ可覚悟事肝要候、令由断越度
於在之者可為曲事候、恐々謹言、

筑前守

(天正十一年カ)二月廿一日　秀吉(花押)

田中小十郎(吉次)殿
高田小五郎殿
石川小七郎(貞通)殿
上原右兵衛殿

五六　某宛書状　『弘文荘敬愛書図録』一八一

為在陣見廻、一升并漬物贈給候、祝着之至候、此表之儀、可
達存分事不可有程候、猶帰陣之節可申演候、恐々謹言、

羽筑

(天正十一年)二月廿三日　秀吉(花押)

(宛所欠)

五七　やまさきあい宛書状　大阪城天守閣

文ミまいらせ候、このおもての事、いつれも〳〵そうふん(存分)の
まゝにて候まゝ、心やすかるへく候、なを〳〵のこるところ
なく申つけ、やかてかいちん(開陣)申へく候、かさねて申候ハん
まゝ、くハし(詳)からす候、かしく

(天正十一年)二月廿五日　ひて吉(花押)

「(ウワ書)(墨引)
やま□(さ)き　より
あい　ちくせん」

五八　岡本次兵衛宛書状　個人蔵

急度令申候、其城義御覚悟以、今迄堅固事御辛労共候、然者
氏家左京亮(直通)人数請取ニ進之候之間、慥可有御渡候、猶岡本
太郎右衛門尉(良勝)可被申候、恐々謹言、

羽筑

（天正十一年）
二月廿五日　　秀吉（花押）

岡本次兵衛殿
御宿所

## 五九九　寺家御中宛書状　「富田仙助氏所蔵文書」東大史影写

従　御門跡様御書拝領忝存候、殊更一折并　御巻数重々難申尽候て、此表早速可致落居候、向後相応之儀、聊不可存疎意候、此等之趣宜預御披露候、恐々謹言、

羽柴筑前守

（天正十一年カ）
二月廿七日　　秀吉（花押）

寺家御中

## 六〇〇　藤井主計宛書状　「近藤文書」東大史影写

為在陣見廻示越、殊鞦三口到来候、令祝着候、

一此表峯（伊勢国、以下同国）・亀山・国苻（府）三城一度ニ取巻候、然上国苻種々令佗言候間助命、去廿日ニ城此方へ請取候事、

一亀山惣町之事ハ勿論、端城まて悉令放火、塀一重ニ責詰、かね（金）ほり（掘）を入、東西之矢倉数多掘崩、塀をも日夜ニ五間十間宛、是又ほりくつし候事、

一峯城、小一郎（羽柴秀長）始、筒井（順慶）・長谷藤五（長谷川秀一）・蒲忠三（蒲生氏郷）、其外江州衆数万騎にて、しより（仕寄）丈夫ニさせ、塀をもうめさせ候、是以落居不可有程候事、

一今日廿八日殿様（織田信雄）此表へ被成御出張事、

一去十六日ニ桑名（伊勢国）拘、其外谷山（伊勢国）・峯不残令放火候処ニ、桑名ニ瀧川（一益）雖在之、誠一人も不出事、

一此表可遂本意事案之中候、頓可令帰陣候間、此方見廻候事無用候事、

一其方境目者共ニ、右之趣慥可申聞候、其城番等以下堅可申付候、

筑前守

（天正十一年）
二月廿八日　　秀吉（花押）

□（藤）井主□（計）□

## 六〇一　一柳市介宛書状　「一柳文書」

示越本望候、御城之御番等、無由断申付候由尤ニ候、弥以可入精事肝要候、此表之儀、何之道ニも二三日中可為落着候、尚追々可申聞候、恐々謹言、

筑前守

（天正十一年）二月廿九日　　　　　秀吉（花押）
一柳市介（直末）殿

## 六〇二　伊勢国大窪郷宛禁制

「黒田家所蔵文書」『四日市市史』

禁制　　伊勢国大窪郷

一当手軍勢甲乙人乱妨狼籍（藉）之事、

一放火之事、

一対地下人、不謂族申懸事、

右条々堅令停止訖、若於違犯輩者、速可処厳科者也、仍下知如件、

天正十一年二月日　　　　筑前守（花押）

## 六〇三　勢州日永宛禁制

「伊勢興正寺文書」東大史影写

禁制　　勢州　日永

一当手軍勢甲乙人乱妨狼藉事、

一放火事、付剪採竹木事、

一対地下人、不謂族申懸事、

右条々堅令停止畢、若違犯輩在之者、忽可処厳科者也、仍下知如件、

天正拾一年二月日　　　　筑前守（花押）

## 六〇四　遠山佐渡守宛書状

長浜城歴史博物館

御状殊包丁刀十送給候、遠路之御懇音祝着之至候、仍勢州表儀、峯（伊勢国、以下同国）・亀山・国苻（府）同時ニ取巻、亀山・国苻両城儀即時攻果候、峯城殿様（織田信雄）被寄御人数、丈夫ニ被仰付候、城中及難儀躰候間、急度可為落居候、随而北表儀柴田（勝家）取出候条、則至佐和山（近江国）、我等相越候付而、柳瀬（近江国）と申所へ引籠、山々へ上、然々と相動儀も無之候間、明日至彼表押詰可及行候条可任存分事、案中候、於時宜ハ不可有御気遣候、将亦御身上儀、森勝（長可）と御入魂之由尤候、自然似相之御用等候者□（承カ）、聊不可有踈意候、尚委曲生市左可□申候間、令□（省略）候、恐々謹言、

（天正十一年）三月五日　　羽筑
　　　　　　　　　　　　秀吉（花押）

遠山佐渡守殿　□

## 六〇五　村上次郎左衛門宛書状写　「秋田藩家蔵文書」東大史影写

為御音信御折紙、殊干鱈廿贈給候、寔遠路御懇志、別而怡悦至候、仍北伊勢表儀、峯(伊勢国、以下同国)・亀山・国苻(府)城一度取巻、塀一重責詰、可被果(討)覚悟候処、種々令懇望条、国苻・亀山両城助命令赦免、去二日城受取、峯之儀者　殿様(織田信雄)御人数被仰付、于今被成御在陣条、是又五三日内可為落居候、依之彼表悉明隙候之条、昨日至安堵(土)打入候、北表従向少々敵取出候由候間、見合可被果(討)候、併一向不事立之由候間、不覃是非候、其表之儀、定損(指)義者有間敷候、此中御普請無油断候者御苦労至候、猶追々可申述候、恐々謹言、

羽筑

(天正十一年)三月十日　秀吉(花押影)

村上次郎(勝頼)左衛門殿

御報

## 六〇六　しん他宛書状　「水野家文書」

御ふミかたしけなくミまいらせ候、まつ〳〵きたいせ(北伊勢)の御事、そうふん(存分)にニ申つけ、一昨日あつち(安土)まてうちいれ申候、しは田(柴田勝家)いて候よし候へとも、われ〳〵あつちへこし候をきゝつけ、せう〳〵ひきとるよし候、いよ〳〵かたく申つけ、やかてかいちん(開陣)申候ハんまゝ、御心やすくおほしめし候へく候、此よし御ひろう(披露)かんよう(肝要)にて候、めてたくかしく、

(天正十一年三月)十一日　ひて吉(花押)

「(ウワ書)
(墨引)　ちくせん
しん　ひて吉
こほ
申給へ」

## 六〇七　関地蔵普請事写　「浅野文書」東大史影写

(伊勢国)関地蔵普請事

浅野弥兵衛(長吉)　千

朽木十兵衛　弐百

団金右衛門尉　百五十

新庄新三郎　百廿

多羅尾四郎兵衛　百廿

都合千五百九十人

(天正十一年)三月十一日　秀吉「(押紙)(花押影)」

六〇八　賀茂惣中宛書状　「賀茂別雷神社文書」東大史影写

為御音信、祈祷巻数并青銅百疋、菓子一折贈賜候、御懇意之段令祝着候、勢州表之儀任存分、至安土納馬候、猶追而可申述候、恐々謹言、

（天正十一年）三月十二日　筑前守
秀吉（花押）

（山城国）賀茂
惣中

六〇九　上部越中守宛書状　「可睡斎文書」東大史影写

如書中、金子四十九枚分請取申候、亀山（伊勢国）ニ候もミ（籾）、ふちかた（扶持方）ニ相渡、其上ニ不足分、津（伊勢国）ニ在之米を宮木（豊盛）為両人可被相渡候、其元肝煎候通、具聞届候、猶兵吉（森重政）可申候、恐々謹言、

（天正十一年）三月十五日　筑前守
秀吉（花押）

上部越中守（貞永）殿
御返報

六一〇　称名寺宛判物　「称名寺文書」東大史影写

已上、
至敵陣取急度出馬おしつむ（押詰）へく候、寔北国者はいくん（敗軍）たるへし、然時ハ余呉（近江国）・丹生（近江国）其外在々所々の山々にかくれいる土民百姓以下、こと／＼くまかりいて（罷出）、あとをしたひ、ちうせつ（忠節）をはけまし、くひ（首）をとるともから（輩）にをきてハ、あるひハ知行をつかハし、あるひハたうさ（当座）のいん（隠）物を可出、もしのそミ（望）の儀あらハ、しよやく（諸役）めんちよ（免除）すへく候、此むね相心得申ふれらるへき者也、仍如件、

天正十一
三月十五日　筑前守
秀吉（花押）

（近江国）称名寺

六一一　木下勘解由他宛書状

「津田文書」金沢市立玉川図書館

急度令申候、桑名（伊勢国）表ニ調儀子細候間、瀧左（瀧川一益）次第ニ被相働、残之人数ハ別紙ニ以書付令申候間、乍苦労其御心得候て、それゟ直ニ濃州（美濃国）へハときたらこゑ（土岐多良越）尤候、恐々謹言、

亥刻　筑前守

三月十七日(天正十一年)　　　　　秀吉(花押)

木下勘解由(利匡)殿
山内伊右衛門尉(一豊)殿
古田彦三郎殿
早川喜八郎(長政)殿
津田小八郎殿
か(加)須屋助右衛門尉(真雄)殿

## 六二　須田相模守宛書状　「須田文書」東大史写真

「(端裏ウワ書)
(墨引)
須田相□(模)守殿(満親)　　　　羽柴筑前守
御宿所　　　　　　　　秀吉」

先日西雲寺下国以後無音候条、企飛脚候、仍瀧川左近(一益)対信雄(織田)不相届覚悟依在之、為成敗去月十日至勢州表秀吉令出張、瀧川居城長島(伊勢国)近辺五町六町へ押詰、悉令放火、亀山(伊勢国、以下同国)・峯・国苻(府)三ケ城同時ニ取巻候処ニ、国苻(府)城令懇望候条、助命城を請取候、亀山城乗崩悉切首、相残峯城等、夫々取巻候、然処ニ至江北(近江国)表柴田(勝家)取出候条、勢州表ニ者信雄在陣候て被申付、秀吉北郡(近江国)長浜城迄令出馬候処、柴田案ニ相違、二三里引退、越北境目柳瀬(近江国)近所之山ニ上、陣取候条、今日十七日しつか嶽(近江国賤ケ岳)と申山を取押寄候、敵間弐里斗候、此間ニ自此方拵要害候、敵陣取三十町斗在之事候、段々ニ人数差遣、不取退様ニ可令調儀候、可及一戦躰無之条、可敗北事眼前候、此時付入ニ賀越まて成共追詰可討果候、於様子者可御心安候、此節候之条、越中表被出御馬候へハ、能越可被達御存分候、両国御動候儀者、其方可為御勝手次第候、併此方へ之御手筈ニ卒爾御動雖不及申候、御無用候、此等之趣、委細被顕書中候条、尚以相心得可被申入候、旁追々可申承候、恐々謹言、

三月十七日(天正十一年)　　　　　秀吉(花押)

須田相模守殿
御宿所

## 六三　本法寺中宛書状　「本法寺文書」東大史影写

柴伊(柴田勝豊)煩付て在京候間、当寺宿儀、諸事馳走尤候、為其如此候、恐々謹言、

三月廿一日(天正十一年)　　　羽筑
　　　　　　　　　　　　秀吉(花押)
本法寺中(山城国)

六四　真瀬法眼宛書状　慶應義塾図書館

尚以伊賀守(柴田勝豊)煩之間ハ、国ならひへ呼申儀候共、此方へ無届御越候者、曲有間敷候、已上、

柴田伊賀守煩付て上洛候、其方同道尤候、然者諸医有相談可被療治旨、書状遣候、別而被入精候之様、可被相達候、道三(曲直瀬正盛)へも同意候大病候間、自然之儀候共、不可成越度候、恐々謹言、

(天正十一年)三月廿一日　羽筑　秀吉(花押)

真瀬法眼(曲直瀬正紹)

床下

六五　玉井小兵衛宛判物写　「玉井文書」東大史写真

従江州牧田(美濃国)通、伊勢口へ越候上下并鉄座諸荷物宿路次事、可為如先々候、若新儀候者堅可申付候也、

天正十一　羽柴筑前守

三月廿二日　秀吉(花押影)

玉井小兵衛殿

進之候

六六　安富又三郎宛書状写　「士林証文」東大史謄写

急度申候、仍去廿三日調略之以子細、柴田(勝家)打果候、近日其国ハ(ヘカ)可令出馬候条、右之趣、味方中江可被申遣候、猶千石孫兵衛尉(秀久)可申候、恐々謹言、

戌刻　羽筑

(天正十一年)三月廿四日　秀吉(花押影)

安富又三郎殿

御宿所

六七　石川伯耆守宛書状写　「長尾文書」東大史影写

去廿二日之御書、今日廿七日申ノ下刻、於江州長浜謹而致拝見候、然者先書委細申入候、鳴瀬藤八(成瀬国次)被見及候条、有様之通御返事ニ如申上候、柴田(勝家)、信雄(織田)御留主を認、企謀叛、北郡木本(近江国)辺ニ煙を上申候、如御存知、北伊勢為御成敗、雖居陣仕候、自然国中へも罷出、在々ニ放火仕候へハ、自国佗国之御外聞如何ニ被存候付而、筑前守一騎懸ニ仕、佐和山(近江国)江相移、横山(近江国)・姉川(近江国)辺ニ先手者陣捕せ、翌日ニ長浜へ相移、佐和山・長浜城中留主居丈夫ニ申付、及一戦可申与存、木本へ立寄候へハ、夜中余呉庄(近江国)柳瀬与申所へ引入申候間、則追詰拾町拾五

町之間及備申候へハ、柳瀬之在所ニも不相堪、右柳瀬之後之高山へ取上申候間、右之備ニ陣を捕せ、十日計居陣候、彼山を見及取懸成次第ニ可申付与存候へハ、鳴瀬如被存、高山其上嶮之山ニ芝手を築、塀柵仕候間、不及是非候、即惟住五郎左衛門(丹羽長秀)従若狭口敦賀(越前国)表へ切入放火仕候、彼陣取ニ在之も、御敵を可攻様無御座候間、則彼山ニ押付、取出ニ申付、人数弐万斗城之麓陣取せ、今日長浜へ□者斗にて打入、此表ニ令逗留、長浜越州(越前国)境目之仕置等申付、明隙候ハヽ、安土迄打入、其ゟ直ニ北伊勢へ御見廻可申候、誠遠路切々御使者御飛脚可申様も無御座候、此等之趣宜預御披露候、恐々謹言、

羽柴筑前守

(天正十一年)三月廿七日

石川伯耆守(数正)殿

## 六一八　森本大夫中宛判物　「森本村共有文書」東大史影写

森本(近江国)舞々大夫并陰陽之大夫共之事、人夫等之義令免許候、若此一在所之内、或侍衆或百性等、雖為一人相拘ニをひてハ、任請状之旨可加成敗者也、

(天正十一年)三月廿七日　秀吉(花押)

もりもと
大夫中

## 六一九　石作八幡宛禁制　『近江伊香郡志』

禁制　石作八幡(近江国)

一乱妨狼籍(藉)事、
一陣取事、
一放火事、

右条々令停止訖、若於違反之輩者、可処厳科者也、

天正十一年
三月廿八日　筑前守(花押)

## 六二〇　羽柴美濃守宛判物　長浜城歴史博物館

今日中ニ取出之堀のそとの小屋可壊取書置之事、
□(一)柴伊(柴田勝豊)衆小屋儀、美濃守(羽柴秀長)てつたい有へき□(事)、
□□(一久)太(堀秀政)小屋儀ハ将右衛門(前野長康)くミの衆・官兵衛(黒田孝高)くミ之衆・隼人(木村重茲)くミ之衆、為此衆てつたい候て、今日中ニ可被壊取事、
一筒順(筒井順慶)も久太小屋儀、こほちとり(毀取)之てつたい候て、今日中ニ隙を可被明事、明日朔日人数、右ニ申所まて可被打入事、
陣はらい有間敷候、小屋〳〵の火をけさせ、念を可被入候、

自然火をたきのこし、小屋より火出候ハヽ、其くミの衆可
為越度事、

以上

（天正十一年）三月晦日　秀吉（花押）

（羽柴秀長）美濃守殿

六二一　某宛判物　大阪市『豊公特別展観図録』

文給、とゝき申候、まつ〳〵北おもての事そうふん（存分）のまゝに
申つけ候まゝ、きのふ廿九日にあつち（安土）にあつちまてうち入候、やかて
〳〵又のほり候ハんまゝ、そのおりふし申候へく候、

（天正十一年三月）卅日　ひて吉（花押）

返し申給へ

六二二　江州浅井郡内早崎宛禁制　「竹生島文書」東大史写真

江州
浅井郡内
早崎

禁制

一当手軍勢甲乙人乱妨狼籍（藉）事、
一小屋壊取事、付放火、麦以下苅取事、
一対地下人、不謂族申懸事、
右条々堅令停止訖、若於違犯輩者、速可処罪科者也、仍下知
如件、

天正拾一年三月日　筑前守（花押）

六二三　江州河瀬村宛禁制　「法蔵寺文書」

江州
河瀬村

禁制

一当手軍勢甲乙人乱妨狼藉事、
一放火之事、付陣取之事、
一対地下人、不謂族申懸事、
右条々堅令停止訖、若違犯之輩於在之者、速可処厳科者也、
仍下知如件、

天正十一年三月日　筑前守（花押）

六二四　江州北郡木本郷同小屋宛禁制　「西村哲尾氏所蔵文書」東大史影写

江州北郡

禁制　木本郷同小屋

一当手軍勢甲乙人乱妨狼籍（藉）之事、

一放火之事、

一対地下人、不謂族申懸事、

右条々堅令停止畢、若違犯之輩在之者、速可処罪科者也、仍

下知如件、

天正十一年三月日　筑前守（花押）

六六五　飯福寺宛禁制　「飯福寺文書」東大史影写

禁制　（近江国）飯福寺

一当手軍勢甲乙人乱妨狼籍（藉）事、

一寺家壊取事、付境内草木以下苅取事、

一対坊主衆、不謂族申懸事、

右条々堅令停止訖、若違犯之輩在之者、速可処厳科者也、仍

下知如件、

天正拾一年三月日　筑前守（花押）

六六六　所付欠禁制　「平野神社文書」『大日本史料』

禁制　□

一当手軍勢甲乙人乱妨狼藉事、

一陣取放火事、

一剪山林竹木事、

右条々堅令停止畢、若違犯之輩在之者、速可処厳科者也、仍

下知如件、

天正拾一年二（三カ）月日　筑前守（花押）

六六七　所付欠禁制写　「伊予古文」東大史写真

禁制

一当手軍勢甲乙人乱妨狼籍（藉）事、

一在々家壊取事、付麦苅取事、

一対地下人、不謂族申懸事、

右条々堅令停止訖、若於違背輩者速可処厳科者也、仍下知如

件、

天正十一年三月日　筑前守（花押影）

六六八　三好孫七郎宛書状　『思文閣古書資料目録』一九七

態令申候、我ら山崎へ打入候と心得、敵最前将監（木下昌利）・毛介（堀尾吉晴）陣取

候山へ相上由候、幸儀候間、よき所へ引出、不逃様ニ仕可討

果候、此方ゟ一左右可申候間、得其意可被相待候、恐々謹言、

筑前守

(天正十一年)卯月二日　　秀吉(花押)

三好孫七郎(秀次)殿

御宿所

六二九　斎藤刑部丞宛書状　「瑞泉寺文書」東大史影写

越中国瑞泉寺・安養寺儀、近年牢籠由候、然者此砌一揆等被相催、於忠節者、如先々本知以下無異儀可申付候条、此旨無由断様可被申越候、尚以随忠義、重而知行可申付候、恐々謹言、

筑前守

(天正十一年)卯月三日　　秀吉(花押)

斎藤刑部丞殿

六三〇　羽柴美濃守宛書状　長浜城歴史博物館

昨日二日未刻、久大郎(堀秀政)注進、即返事遣候、書中為心得申送候、

昨日未刻書状、今日辰刻到来、令披見候、如書中敵陣取床おかしき仕立無申計候、定本之陣取へ柴田(勝家)引退可申候、

一右ニ其方陣取、又者先手之者陣取候所へ敵陣取候て、偏々と在之躰見付候者、其注進次第ニ、五畿内へ返候衆へ令陣触、諸勢相揃、其二ツの取出を先ニいたし、木本(近江国)まて段々ニ陣取せ、従此方も野あいの一戦手つかまへにいたし候様、加下知可申付儀、案之内ニ候、下々の者迄被申触、はもの(刃物)ゝふるいをときミかゝせ(研磨)、可被相待儀尤候事、

一第一火之用心専にて候、其方それに在之而、伊州(柴田勝豊)取出ニ何事成共出来候者、よそへの聞、其方外聞如何敷候間、其念尤候事、

一惣構の堀ゟ外へ鉄炮放候事ハ不及申、草かりふせいに至まて、一人も出され間敷候事、

一敵ハ今度たゝきつめられ、失面目候て、国もとへ人数可入やう無之付而、ふりニつまり、よそへの外聞と存、陣取をよせ候敵にて候条、一人も足軽を出し不申候者、弥ふりニつまり可申事、

一敵を五日十日間陣取せ、それゟも敵之もやうさけすミ候て、於彼国ゆふ〳〵と可及行候、我等播州へ人数を打入候て、其方ゟ注進聞届、姫路(播磨国)を可罷立日数と可被存候、殊安土ニ秀吉逗留内、罷出候儀ハ不慮にて候、惣人数相そろう儀、播州より俄ニかけ(駆)候よりもはやく人数揃可申候間、満足此

事候、
一少々事も注進細々可在之候、其を以致分別、人数を段々ニ
押出可申候事、
一塩津(近江国)其外在々所々へ申付、人を留、敵方へ此方之儀不告知
様ニ、堅可被申付事専一候、尚追々可申承候、恐々、

(天正十一年)卯月三日　　秀吉（花押）

美濃守(羽柴秀長)殿

## 六三一　杉原七郎左衛門尉宛書状　「信松院文書」東大史影写

態申遣候、敵我等のき候と存、人数有のまゝうつけたる躰に
て、将監(木下昌利)・隼人(木村重茲)・毛介(堀尾吉晴)陣取候山へ取上候由ニ候、然者不退様
ニと存、先勢遣候、其方ハ其城留守居申付、追而左右可申候
之間、何時も一左右次第、人数召連可相越候、将又此書状何
も見分、早々可相届候、恐々謹言、

(天正十一年)卯月四日　　筑前守
秀吉（花押）

杉原七郎左衛門尉(家次)殿

## 六三二　某宛書状　長浜城歴史博物館

態申入候、敵我等のき候と存、人数有のまゝ打出候、然者不
退様ニ可仕と存、先勢遣候、其方ハ長浜(近江国)城留守可申付候之間、
人数召連、早々可被相越候、於槇島(山城国)廿日分兵粮［　　］可被請
取候、恐々謹言、

(天正十一年)卯月四日　　筑前守
秀吉（花押）

（宛所欠）

## 六三三　原彦次郎宛書状写　「古簡雑纂」西尾市岩瀬文庫

尚以何様にも是已後者、御身躰秀吉請取申候間、可御
心安候、しまりのき少も御急尤候、以上、
今度其方於被成　御忠節者、越州(越前国)大野郡其外四郡、合五郡分
馳走申進之候、其上御身躰之儀、見放申間敷候、有其御心得
御忠義尤候、其方次第ニ人数等出可申候、賀州儀、於切随上
候、其方へ一国可進候、然ハ右越州五郡知行之儀者、可有御
返候、為其一筆如此候、恐々謹言、

(天正十一年)卯月五日　　秀吉在判

原彦次郎(長頼)殿

御宿所

## 六二四 高田長左衛門尉宛書状 「富田仙助氏所蔵文書」東大史影写

辛川之城請取、掃地以下申付之由尤候、たゝみ(畳)なとの事、蜂須賀(正勝)所へ申遣候間、其方ニ無之候者、取寄可申候、仍而境目敵方之様子無正躰之由申越候、定而可為其分候、猶追々可申越候、恐々謹言、

筑前守

(天正十一年)卯月七日　秀吉(花押)

高田長左衛門尉(秀政)殿

## 六二五 下間刑部卿法眼宛書状 「本願寺文書」

(包紙ウワ書)

「羽柴筑前守

下間形部卿法眼(頼廉)御房　秀吉」

今度柴田(勝家)江北(近江国)境目江罷出付而、賀州被相催一揆、可有御忠節旨被仰越候、一廉被及行、賀越令錯乱、於被抽忠儀者、賀州之儀任　御朱印旨、如先々無相違致馳走進上可申候、恐々謹言、

(天正十一年)卯月八日　秀吉(花押)

下間形部卿法眼御房

## 六二六 多賀新左衛門宛書状 「下郷共済会所蔵文書」東大史写真

昨日七日御状至長浜(近江国)到来、令拝見候、此表事、取出二ツ相拵、人数丈夫ニ残置、安土へ打入候之処、留守ならハ可参と、柴田(勝家)罷出、此方取出之惣構へ働候処、鉄炮をそろへはなしにて候へハ、手負数多出かし失手、元之高山へ北上、于今在之事ニ候、然ニ秀吉重而出馬申付候条、於時宜者可御心安候、将亦峯城(伊勢国)儀、殿様(織田信雄)被寄　御馬付而、弥無御由断之旨尤候、猶追々可申承候、恐々謹言、

羽筑

(天正十一年)四月八日　秀吉(花押)

多新様(多賀新左衛門常則)

御返報

## 六三七　城主目録写　「碩田叢史」東大史謄写

目録　天正十一年諸侯大夫城主相定之事

一南伊勢五郡・伊賀・尾張兼領　北畠中将信雄卿、在城清州
一伊勢松坂之城　津川玄蕃
一尾張星崎之城　岡田長門守
一尾張犬山城　中川勘右衛門
一同国苅安賀城　浅井田宮
一勢州津之城　織田上野介 信長弟
一播磨之国　羽柴美濃守 秀吉弟
一丹波之国　羽柴御次丸 信長公御子秀吉養子
一越前・若狭・加賀半国　松任越中守 丹羽五郎左衛門長（ママ）
一越中之国　利家子 前田肥前守
一能登・加賀半国　前田又左衛門利家
一濃州大垣之城　稲葉伊予守
一同岐阜之城　池田勝九郎
一同国曽根之城　池田紀伊守
一同国亀山城　森武蔵守
一同国多芸之城　丸茂兵庫守
一同国郡山之城　遠藤左馬助
一江州日野之城　蒲生忠三郎
一同国勢田之城　浅野弾正少弼
一同国坂本之城　杉原七郎左衛門尉
一同国比田之城　長谷川藤五郎
一同国高島之城　加藤遠江守
一同国佐和山城　羽柴久太郎
一丹後之国　長岡越中守
一若州佐柿之城　木村常陸介
一若州高浜之城　堀尾茂助
一播州三木之城　前野但馬守
一播州龍野之城　蜂須賀小六郎
一同国広瀬之城　神子田左衛門尉
一同国立石之城　青木紀伊守
一同国木崎之城　木下勘兵衛
一因幡鳥取之城　宮崎善祥坊
一同国鹿野之城　亀井新十郎 後号武蔵守
一伯州羽衣石之城　南条勘兵衛
一淡路洲本之城　間島右兵衛
一同国岩谷之城　仙石権兵衛
一備前・美作　浮田八郎 後号羽柴中納言秀家

以上

天正十一年四月八日　秀吉

○この文書は検討を要する。

六三八　不破源六宛書状　「不破文書」『羽島市史』

御折紙令拝覧候、仍北表之儀、我々打入候留守□数々候、柴田(勝家)取出候へ共、節所無之、此方付城近辺まて人数□寄て、所々鉄炮放還手負数多依有之先手、又山々へ引上令居陣候条、幸の儀候者、及一戦可討果覚悟候へ共、一向面出もせす、城柵相付立候様候条、此方之儀も取出二三ケ所拵、人数丈夫ニ入置、可納馬覚悟候、右之如く候へハ、明隙候条、何時迄も相待候様ニ可申付候、尚後音期候、恐々謹言、

羽筑

(天正十一年)卯月九日　秀吉(花押)

不破源六(広綱)殿

御返報

六三九　岐阜へ越候各中宛書状　個人蔵

尚々いせ(伊勢)よりの人数越可申候間、追々人を遣候て、先其地ニとめをき(留置)候へく候、

急度申候、其表へ敵動候て、少々放火候共、町中さへ不焼候者、はし〳〵の事ハ不苦候間、聊爾に人数なと出候て、のせことにあい候へハ如何候間、見合候て無越度様ニ可仕候、不可有由断候、恐々謹言、

筑前守

(天正十一年)卯月十一日　秀吉(花押)

岐阜へ越候

各中

六四〇　小早川左衛門佐宛書状写　『萩藩閥閲録』

尚以自播州西之事者不存、於東者津軽(以下陸奥国)・合浦・外浜迄茂我等鑓先ニ可相堪様依無之、悉羽柴応鞭、先明隙候間、可御心安候、

就此表儀、従輝元(毛利)御一札、貴所御状、今日十二日越州(江)柳瀬与申所ニて令拝閲候、仍瀧川左近(一益)・柴田修理亮(勝家)与申談、対信雄(織田)企謀叛候、即瀧川為御成敗、北伊勢表へ罷立、城廻悉令放火、瀧川息八郎(一時)居城峯(伊勢国)并亀山(伊勢国)両城取巻、亀山手堅攻候ニ付而致落城候、峯城弥不逃散様ニ信雄被取巻処、柴田江北(近江国)与越州(越前国)至境目罷出御座候、御国ニ上煙候条、曲者与存、即時秀吉懸付可討果与存候得者、連々筑前守鑓先を存付而、山奥へ逃入候、押詰可攻殺相究候之処、高山へ取上、城を拵及難儀居申候付

而、可攻上様も無之候条、付城四五ケ所申付、秀吉者明隙、二三日中可令上洛候条、於時々(宜カ)者可御心安候、委細此御飛脚見及候間、懇可有御尋候、前々せかれの時さへ、信長(織田)於家中、秀吉真似をも可仕者無之候間、只今儀者中々於坂東ニ筑前ニ少も可立合者無之付而、人数之儀者八幡大菩薩我等恣ニ余程在是事候、可御心安候、先度預御使札候間、御返事可申入之処、事繁付而延引申候、乍去我等備人数、城攻野相合戦をも見せ候ハヽ、輝元(毛利)并貴所江懸御目候と存、于今御返事遅々候、右如申候二三日中ニ罷立候ハヽ、於京都御返事可申入候、尚期後音候、恐々謹言、

(天正十一年)卯月十二日　秀吉御判

小早川左衛門佐(隆景)殿

御返報

六四一　毛利右馬頭宛書状　毛利博物館

猶以従播州西事者不存、於東者津軽(陸奥国、以下同国)・合浦・外浜迄、我等鑓先ニ可相堪様依無之、悉羽柴応鞭先隙明候間、可御心安候、以上、

去朔日御札、於越州柳瀬(江)、今日十二日致拝見候、随而瀧川左近(一益)・柴田修理亮(勝家)与令一味、対信雄(織田)企謀叛候、茲因瀧川為御成敗、北伊勢表江罷立、城廻悉令放火、瀧川息八郎(一時)居城峯(伊勢国)并亀山(伊勢国)両城取巻、亀山手堅攻詰付而致落城候、嶺(峯)城弥不逃散様信雄被取巻処ニ、柴田江州北郡与越州(越前国)至境目罷出御座(ママ)候、御国ニ上煙候条、曲者と存、即時秀吉懸付可刎首与存候ヘ者、連々筑前鑓先を存付而、山奥江逃入候、押詰可攻殺ニ相究候処ニ、高山江取上、城を拵及難儀雖居申候、山中為節所間、可責上様無之付、付城四五ケ所申付、秀吉者明隙、長浜(近江国)之城于今在之事候、二三日中ニ可令上洛之条、於時宜者可御心安候、委細此御飛脚見及候間、懇可有御尋候、前々せかれの時さへ、信長(織田)於家中者、秀吉真似をも可仕者無之候つる、只今之儀者、中々従坂東ニ筑前守少も可立合者無之付而、人数之儀者、八幡大菩薩我等恣御座候間、可御心易候、先度預御使札候之処ニ、事繁候而御返事不申入候、乍去我等備人数、城攻其外野相可致合戦躰をも見せ候者、輝元(毛利)ヘ懸御目と存、於于今抑留候、右如申候近日罷上之条、於京都御返事可申入候、猶追々可得貴意候、恐惶謹言、

(天正十一年)卯月十二日　秀吉(花押)

毛利右馬頭(輝元)殿

御報

六四二　某宛書状　「吉村文書」東大史影写

（前欠）
至大柿（美濃国）披見候、然者其元瀧川（一益）相働候処、其城惣構にて被請留、手負死人数多被討出由尤候、何とそ候て拘留被置候儀者成間敷候哉、左候者、不寄夜中人数差遣、瀧川可討果候、為其我々早速懸付、人数かへたて在之事候、自然其辺へ我々越候儀聞之候てハ、勝事何も無由断調儀専用候、恐々謹言、

（天正十一年）卯月十六日　　筑前守
　　　　秀吉（花押）

（宛所欠）

六四三　中河瀬兵衛尉他宛判物　『当市（和歌山）玉井氏所蔵品売立目録』

覚
一山路（正国）将監構謀叛、火を付退去候、然者伊州（柴田勝豊）家中儀、各何を被申候ても不明成儀共候条、別儀無之衆ハ伊州女房衆ニ在之□□（候者カ）今少之間、各足弱共彼女房衆そはに置候て尤候事、
一重而人数を遣候条、伊州者只今陣取候所へ、此方者入替候て、伊州衆ハ我々もとの陣取可遣候、此中雑説在之付而、城中ニ彼者共依不慮無越度候、端城ニ居候とも今まてハ不存候事、
一彼山路か謀叛を以、伊州之家中者共悉被疑候条、一書之趣由断候てハ沙汰限候也、
以上

（天正十一年）卯月十八日　　羽筑
　　　　秀吉（花押）

中河瀬兵衛尉殿（清秀）
美濃守殿（羽柴秀長）
高山右近殿（重友）
羽柴久大郎殿（堀秀政）

六四四　瀧川八宛書状　『真田家文書』

御状令披見候、従路次御帰之由尤候、至勢州面敵少々可相動かのよし申来候条、其面儀不可有由断由、瀧左（瀧川一益）父子へも申度候、峯城（伊勢国）へも為加勢木下平大夫（荒木重堅）遣候間、其旨可被申候、恐々謹言、

（天正十一年）卯月十九日　　筑前守
　　　　秀吉（花押）

瀧川八（一時）殿

御返報

## 六四五　亀井琉球守宛書状　「亀井文書」国立歴史民俗博物館

十一日御状今日濃州於大柿到来、令披見候、先日北伊勢へ被
相越候て見及候亀山(伊勢国)儀、乗崩悉刎首候、峯城(伊勢国)取巻儀、信雄(織田)様
堅被仰付候刻、柴田越前(勝家)与江北(近江国)境目柳瀬(近江国)へ取出候条、則秀吉
令出馬押寄、段々ニ備人数、高山へ追上候処、芝手を上、塀
柵を相付、籠城之躰候、併山中依為節所無是非、弥押詰、数
ケ所取出申付、丈夫ニ人数入置候而隙を明、尾濃手置等為可
申付、去十六日濃州至大柿相越候処ニ、北伊勢峯城并神戸(伊勢国)両
城落居候、何も彼表一篇ニ被仰付候之条、至安土被納御馬候、
我らも頓姫路(播磨国)可令帰城候条、於時宜者可御心安候、其方境目
儀候条、猶以不可有油断候、恐々謹言、

筑前守

(天正十一年)卯月廿日　秀吉(花押)

亀井流(琉球守殿)□□□(茲矩)

## 六四六　高木権右衛門尉宛書状　「高木文書」東大史影写

今日巳刻、及一戦切崩、柴修(柴田勝家)始玄番(佐久間盛政)其外一人も不漏、悉討果
候、則越州(越前国)府中まて、先手者早相越候、明日我らも至彼国相
越候、尚追而可申候、恐々謹言、

羽筑

(天正十一年)卯月廿一日　秀吉(花押)

高木権右衛門尉(貞利)殿

御返報

## 六四七　羽柴久太郎宛書状　「上林三入文書」東大史写真

今夜夜詰ニ至府中(越前国)可被相越候、我等者くたひれ候ハすハ、可
相越存候、諸卒打続草臥候、其方者ハ草臥申間敷候、か様之
砌ハすきまなく押付所にて候、不可有由断候、恐々謹言、

筑前守

(天正十一年)卯月廿一日　秀吉(花押)

羽久太(羽柴久太郎)(堀秀政)

御陣所

六四八　さばや船頭中宛判物　「舟津町五丁目区有文書」

当渡船之事申付上者、近年如有来諸役□（令）免除者也、

天正十一　　筑前守

卯月廿二日　　秀吉（花押）

さばや（越前国）

船頭中

六四九　安居大渡船頭中宛判物　「藤島神社文書」東大史写真

当渡舟之事、如有来申付上者、諸役以下令免除者也、

天正十一　　筑前守

四月廿四日　　秀吉（花押）

あこ大渡（越前国安居）

船頭中

六五〇　安居小渡舟頭中宛判物写　「石倉家文書」福井県立図書館

当渡舟之事、如先々申付上者、諸役令免除者也、

天正十一　　筑前守様

四月廿四日　　在判

あこ小渡（越前国安居）

舟頭中

六五一　吉村又吉郎宛書状　「赤木文明堂文書」

御状令披閲候、仍去廿一日、於余呉表（近江国）及一戦切崩、佐久間玄蕃（盛政）始、其外悉討果、去廿二日越州（越前国）至府中城令着陣候之処ニ、柴田（勝家）馬四五騎にて北庄（越前国）へ逃入由候間、昨日廿三日、我ら押詰、天主之土居まて攻寄候、今明中ニ柴修（柴田勝家）可切首候、当国之儀者不及申、賀州・能州まて悉平均申付候、尚追々可申候、恐々謹言、

卯月廿四日（天正十一年）　　羽筑

秀吉（花押）

吉村又吉郎殿

□報

六五二　兵粮等定　「森田正治氏所蔵文書」東大史写真

覚

一兵粮并あつけ物の事、
一あしよわ(足弱)奉公人のきハ、下人にいたるまで、一人ものこらす帳面に可付事、
一下々ことを左右によせ、ミたり(猥)かわしき儀於在之者、無用捨直そせう(訴訟)可仕候、并秀吉以条数申いたし候こと、ミかくし(見隠)候にをいてハ、不残其一町、妻子以下ともに成敗可申付候条、為其心得只今書付相定者也、仍如件、

天正十一年四月廿四日　筑前守(花押)

## 六五三　宇喜多八郎宛書状　「小早川文書」東大史写真

一筆令啓候、仍去廿一日、江北(近江国)至柳瀬表、両三ケ度及合戦切崩、五千余討捕候、柴田修理亮(勝家)馬乗四五騎にて、越州(越前国)北庄居城へ北入候之処を、即追詰、天主土井際迄責込候之処、柴修天主へ火をかけ相果候、将亦賀州・能登・越中手置并越後長尾(上杉景勝)人質等為可相卜、明日廿六越中際かなか崎ニ至て相越候、彼表早速隙明、可令帰陣候間、万々期其節候、恐々謹言、

(天正十一年)
卯月廿五日　筑前守
秀吉(花押)

(宇喜多秀家)
八郎殿
御宿所

## 六五四　越前国鯖江誠照寺宛判物　「誠照寺文書」東大史影写

当寺并諸末寺以下、如有来不可有異儀、還住候而執行専要候也、仍状如件、

天正十一　筑前守
四月廿六日　秀吉(花押)
越前国鯖江
誠照寺

## 六五五　小早川左衛門佐宛書状　「小早川文書」東大史写真

今月十三日御状、昨日廿五日、於越州(越前国)北庄令拝閲候、殊毛氈廿枚送賜候、遠路之御懇志、祝着之至候、抑去廿一日、於柳瀬(近江国)表及一戦切崩、佐久間始玄蕃(盛政)一類、其外五千余討捕、同廿二日、越州至府中(越前国)追詰候、然而柴田(勝家)北庄へ逃入候之間、則取巻候、数年雖相拵用害候、即時本城へ乗入候之処ニ、天守へ取上、妻子以下刺殺、切腹、廿四日辰下剋相果候、越州儀者不及申、賀州・能州・越中迄、悉任存分候条、彼表手置等為可申付、越州境目至金沢(加賀国)相越候、来十日比可令上洛候間、追々可申入候、随而先度御返事、手前故延引、所存外候、

恐々謹言、

(天正十一年)卯月廿六日　秀吉(花押)

小早川(隆景)左衛門佐殿

御返報

## 六六六　溝江大炊亮宛判物　大阪城天守閣

当屋敷之内陣取事、堅令停止訖、若違犯輩在之者、可加成敗者也、仍如件、

(天正十一年)卯月廿七日　筑前守

秀吉(花押)

溝江(長澄)大炊亮殿

御宿所

## 六六七　溝口金右衛門尉宛判物　「溝口文書」東大史影写

越前国并賀州内余禰郡・能美郡両郡、惟五郎左(丹羽長秀)へ一職申談候之処、余禰郡之儀、其方へ惟五被進之候、於秀吉尤候条、彼郡一職召置、百姓等召返、政道以下専要候、在々江雖可申触候、其方堅可被申付候、為其如此候、仍如件、

天正十一

四月廿七日　筑前守(花押)

溝口(秀勝)金右衛門尉殿

## 六六八　毛利右馬頭宛書状　「毛利文書」東大史影写

(ウワ書)

「　羽柴筑前守

毛利(輝元)右馬頭殿　御報　秀吉

参　」

先度御使札、殊御太刀一腰・馬一疋・銀子拾枚令拝受候、誠御御(衍)懇之至、畏存候、則御返事可申入候之処ニ、勢州表并北国之模様御使者へ見可申与存延引段、併背本意候、抑去廿一日於柳瀬(近江国)表及一戦切崩、佐久間始玄番(盛政)、其外柴田(勝家)一類五千余討捕、同廿二日至越州府中(越前国)相越候処ニ、柴田居城北庄(越前国)へ逃入候之条、追詰、本城取巻候、数年雖拵置要害候、即時乗崩候之付而、天守へ取上、妻子以下刺殺、切腹、廿四日辰下剋相果候、依之越前之儀者不及申、賀州・能州・越中迄、一時ニ任存分候、然間右国々手置等為可申付、越中境目至金沢(加賀国)令出馬候、来十日比可令上洛候之間、旁其砌可得貴意候、恐惶謹言、

(天正十一年)卯月廿七日　秀吉(花押)

毛利右馬頭殿
　参御報

六五九　国司右京亮宛書状　「西村文書」東大史影写

尚々右之趣、輝元(毛利)江茂一々可被申候、委事ハ跡ゟ追々
可申候、此趣存分可然頼入候、已上、
書状令披見候、廿一日及合戦悉討果候、柴田(勝家)北庄(越前国)へ逃入間、
追詰本城乗崩候之処ニ、天主へ取上女房衆以下刺殺、切腹相
果候、佐久間玄蕃(盛政)搦取之条、載車洛中可被渡旨申付候、越州(越前国)
之儀ハ不及申、賀州・能州・越中まて任存分候、長尾(上杉景勝)人質為
可相卜、今日越中境目至金沢(加賀国)城相越候、来十日より内ニ可帰
陣候、尚其刻可申聞候、恐々謹言、
　　　　　　筑前守
卯月廿八日(天正十一年)　　　秀吉(花押)
　国司右京亮(元武)殿

六六〇　佐々内蔵助宛書状　「佐々木信綱氏所蔵文書」東大史影写

越後儀弥遂相談、国切ニ於相澄者、執次之儀貴所へ可相定候、
越後存分相滞儀も在之者、秀吉出人数、急度申付、彼国之事
者其方可被任覚悟候、為其如此候、恐々謹言、
　　　　　　羽柴筑前守
卯月廿八日(天正十一年)　　　秀吉(花押)
　佐々内蔵助(成政)殿

六六一　直江山城守他宛書状　「伊佐早謙採集文書」東大史影写

寺内織部方下国候之条、令啓候、仍去廿一日於柳瀬(近江国)表合戦様
子并柴田(勝家)切腹相果趣、委細景勝(上杉)へ申入候之間、委不及申、然
者賀州・能州・越中属一篇候之条、国之置目等為可申付、至
金沢(加賀国)城令逗留候、就中柴田謀叛之刻、秀吉至越前表於令乱入
者、可有御手合之由、深重雖承候、其御手筈相違候条、最前
互誓紙取替申談儀、反古ニ罷成候、前後之固候間、其方御存
分通、急度承可随其候、聊不可存疎意候、尚巨細織部方口上
ニ申達候条、懇被聞召届、景勝へ可被申入事専用候、恐々謹
言、
卯月廿九日(天正十一年)　　　秀吉(花押)
　直江山城守(兼続)殿
　狩野讃岐守(秀治)殿

御宿所

## 六六二　越州荒居郷内川端村宛禁制　「春日神社文書」

越州（越前国）

禁制　　荒居郷内川端村

一当手軍勢甲乙人乱妨狼籍（藉）事、
一放火之事、
一還住百姓成煩事、付小屋壊取事、
右条々堅令停止訖、若違犯輩在之者、速可処厳科者也、仍下知如件、

天正十一年四月日　　筑前守（花押）

## 六六三　越州今宿駅宛禁制写　「福田五郎左衛門家文書」

越州（越前国）
今宿駅

禁制

一当手軍勢甲乙人乱妨狼藉事、
一放火之事、
一還住百姓成煩事、
右之条々堅令停止訖、若違犯輩在之者、速可処罪科者也、仍而下知如件、

天正十一年四月日　　筑前守御書判

## 六六四　越前国岩本村宛禁制　「岩本区有文書」

越前国

禁制　　岩本村

一当手軍勢甲乙人乱妨狼籍（藉）事、
一放火之事、
一還住百姓成煩事、付小屋壊取事、
右条々堅令停止訖、若於違犯之輩在之者、速可処厳科者也、仍下知如件、

天正十一年四月日　　筑前守（花押）

## 六六五　越前国永平寺同門前宛禁制　「永平寺文書」東大史影写

越前国

禁制　　永平寺同門前

一当手軍勢甲乙人乱妨狼籍（藉）事、
一放火之事、

一還住百姓成煩事、付小屋壊取事、
右条々堅令停止畢、若於違犯輩在之者、速可処罪科者也、仍
下知如件、
天正十一年四月日　　筑前守（花押）

## 六六六　越州大井村宛禁制　「木村孫右衛門家文書」東大史写真

越州（越前国）大井村

禁制

一当手軍勢甲乙人乱妨狼籍（藉）事、
一放火之事、
一還住百姓成煩事、付小屋壊取事、
右条々堅令停止訖、若違犯輩在之者、速可処厳科者也、仍下
知如件、
天正十一年四月日　　筑前守（花押）

## 六六七　越州大虫大明神社家宛禁制写　「大虫神社文書」東大史写真

越州（越前国）大虫大明神
社家

禁制

一甲乙人乱妨狼籍（藉）事、
一放火之事、
一伐採山林竹木事、
右条々堅令停止畢、若違犯輩在之者、速可処厳科者也、仍下
知如件、
天正十一年四月日　　筑前守（花押影）

## 六六八　越州大良浦宛禁制写　「中野貞雄家文書」

越州（越前国）大□□（良浦）

禁制

一当手軍勢甲乙人乱妨狼籍（藉）事、
一放火之事、
一還住百姓成煩事、付小屋壊取事、
右条々堅令停止訖、若違犯輩在之者、速可処罪科者也、仍下
知如件、
天正十一年四月　日　　筑前守（花押影）

六六九　大瀧寺同門前宛禁制　「大瀧神社所蔵文書」

禁制　（越前国）大瀧寺　同門前

一当手軍勢甲乙人乱妨狼籍（藉）事、
一放火之事、
一還住百姓成煩事、付小屋壊取事、
右条々堅令停止畢、若於違犯輩者、速可処厳科者也、仍下知如件、

天正十一年四月　日　　筑前守（花押）

六七〇　方上庄八村宛禁制　『中川地区史』

禁制　（越前国方上）かたかミ庄八村

一当手軍勢甲乙人乱妨狼籍（藉）事、
一放火之事、
一還住百姓成煩事、付小屋壊取事、
右条々堅令停止訖、若違犯輩在之者、速可処罪科者也、仍下知如件、

天正十一年四月日　　筑前守（花押）

六七一　越前国鍛冶屋村大工六人宛禁制　「宇野文書」東大史写真

禁制　越前国　（鍛冶）かち屋村　大工六人

一当手軍勢甲乙人乱妨狼藉事、
一放火事、
一還住百姓成煩事、付小屋壊取事、
右条々堅令停止畢、若違犯輩在之者、速可処厳科者也、仍下知如件、

天正拾一年四月　日　　筑前守（花押）

六七二　越前国加戸東寺宛禁制写　「本流院文書」東大史写真

禁制　越前国　（加戸）かと東寺

一当手軍勢甲乙人乱妨狼藉之事、
一放火之事、
一還住百姓成敗之事、附小屋壊取事、

右条々堅令停止畢、若於違犯輩者、速可処厳科也、仍下知如件、

天正十一年四月日　　筑前守御判

## 六七三　越前国河島宛禁制　「竹内文書」東大史写真

越前国
禁制　　河島

一当手軍勢甲乙人乱妨狼藉事、
一放火事、
一還住百姓成煩事、付小屋壊取事、
右条々堅令停止畢、若違犯輩在之者、速可処厳科者也、仍下知如件、

天正拾一癸未年卯月日　　筑前守(花押)

## 六七四　越前国川田庄宛禁制　「土田新助家文書」『鯖江市史』

越前国
禁制　　かわ(川)田庄

一当手軍勢甲乙人乱妨□□(狼藉)事、
一放火之事、
一還住百姓成煩事、付小□□(屋壊)取事、
右条々堅令停止訖、若違犯輩在之者、速可処厳科者也、仍下知如件、

天正十一年四月日　　筑前(花押)

## 六七五　越州木田の橘家宛禁制　福井県立歴史博物館

越州(越前国)
禁制　　きたの(木田)橘家

一当手軍勢甲乙人乱妨狼籍(藉)事、
一放火之事、
一還住百姓成煩事、付小屋壊取事、
右条々堅令停止訖、若於違犯輩者、速可処厳科者也、仍下知如件、

天正十一年四月日　　筑前守(花押)

## 六七六　越州木部三方宛禁制写　「金沢文書」東大史写真

越州(越前国)
禁制　　木部三方

一当手軍勢甲乙人乱妨狼藉事、
一放火之事、
一還住百姓成敗(煩)事、付小屋壊取事、
右条々堅令停止訖、若違犯輩在之者、速可処罪科者也、仍而
下知如件、
天正十一年四月日　筑前守(花押影)

## 六七七　越州七庄内末村他宛禁制写　「賀茂神社文書」東大史写真

禁制　越州(越前国)七庄内
すへ(末)村　しミつはた(清水畑)村
大もり(森)　たきなミ(滝波)
さゝ(笹)谷　やまうち(山内)
てか(天下)

一当手軍勢甲乙人等乱妨狼藉事、
一放火之事、
一還住百性成煩事、付小屋壊取事、
右条々堅令停止訖、若違背犯輩在之者、速可処厳科者也、仍
下知如件、
天正拾一年卯月日　筑前守在判

## 六七八　称念寺同門前宛禁制　「称念寺文書」東大史写真

禁制　(越前国)称念寺同門前
一当手軍勢甲乙人乱妨狼籍(藉)事、
一放火之事、
一非分族申懸事、
右条々堅令停止訖、若違犯輩在之者、速可処罪科者也、仍下
知如件、
天正十一年四月日　筑前守(花押)

## 六七九　越前国宗匠院宛禁制　「永林寺文書」東大史写真

禁制　越前国　宗匠院
一当手軍勢甲乙人乱妨狼藉事、
一放火事、
一境内竹木伐採事、付り殺生之事、
右条々堅令停止畢、若違犯輩在之者、速可処厳科者也、仍下
知如件、
天正拾一年卯月日　筑前守(花押)

六〇　越州田中郷京方宛禁制　「明厳寺文書」東大史写真

越州(越前国)田中郷京方

禁制

一当手軍勢甲乙人乱妨狼籍(藉)事、

一放火之事、

一還住百姓成煩事、付小屋壊取事、

右条々堅令停止訖、若違犯輩在之者、忽可処厳科者也、仍下知如件、

天正拾一年四月日　　筑前守(花押)

六一　越前国月尾郷谷中宛禁制　『東京古典会東西展観古典籍大入札会目録』一九七四年

越前国つきの(月)尾郷谷中

禁制

一当手軍勢甲乙人乱妨狼籍(藉)之事、

一放火之事、

一還住百姓成煩事、付小屋壊取事、

右条々堅令停止訖、若違犯輩在之者、速可処罪科者也、仍下知如件、

天正十一年四月日　　筑前守(花押)

六二　越前国平泉寺同門前并四寺内十ケ所宛禁制　「白山神社文書」東大史影写

越前国平泉寺同門前并四寺内十ケ所

禁制

一当手軍勢甲乙人乱妨狼籍(藉)事、

一放火之事、

一還住百姓成煩事、付小屋壊取事、

右条々堅令停止畢、若於違犯輩者、速可処厳科者也、仍下知如件、

天正十一年四月日　　筑前守(花押)

六三　越州本庄郷宛禁制　「大連文書」東大史影写

越州(越前国)本庄郷

禁制

一当手軍勢甲乙人乱妨狼籍(藉)事、

一放火之事、

一還住百姓成煩事、付小屋壊取事、

右条々堅令停止訖、若違犯輩在之者、速可処厳科者也、仍下
知如件、

天正十一年四月日　筑前守（花押）

## 六四　賀州石川郡大根布他宛禁制写

「加能越古文叢」金沢市立玉川図書館

禁制　賀州石川郡

大ねふ（根布）　おまへさか（御前坂）
もとねふ（本根布）　あら屋（荒）

一当手軍勢甲乙人乱妨狼藉事、
一放火之事、
一還住百姓成煩事、付小屋壊取事、
右条々堅令停止訖、若違犯輩有之者、速可処罪科者也、仍下
知如件、

天正十一年四月日　筑前守御判

## 六五　賀州石川郡道法寺村他宛禁制写

「加能越古文叢」金沢市立玉川図書館

賀州石川郡

禁制　道法寺村　井口村
新や村　小柳村
ちけん（知気カ）寺村

一当手軍勢甲乙人乱妨狼藉事、
一放火之事、
一還住百姓成煩事、付小屋壊取事、
右条々堅令停止訖、若違犯輩在之者、速可処罪科者也、仍下
知如件、

天正十一年四月日　筑前守（花押影）

## 六六　賀州石川郡松任他宛禁制写

「加能越古文叢」金沢市立玉川図書館

禁制　賀州石川郡

まつとう（松任）
くらミつ（倉光）
長島
うちかたしん（内方新）保

一当手軍勢甲乙人乱妨狼籍（藉）事、
一放火之事、
一還住百姓成煩事、付小屋壊取事、

右条々堅令停止畢、若違犯之輩在之者、忽可処厳科者也、仍
下知如件、
天正十一年四月日　　筑前守（花押影）

## 六六七　賀州石川郡味智郷七村宛禁制写　「加越能古文叢」金沢市立玉川図書館

賀州石川郡
ミち（味智）の郷七村
禁制
一当手軍勢甲乙人濫妨狼藉事、
一放火事、
一還住百姓成煩事、
右条々堅令停止畢、若違犯輩在之者、速可処厳科者也、仍下
知如件、
天正十一年四月日　　筑前守（花押影）

## 六六八　賀州江沼郡宇谷郷宛禁制　「高山寺文書」

賀州江沼郡
うたに（宇谷）の郷
禁制
一当手軍勢甲乙人乱妨狼籍（藉）事
一放火事
一還住百姓成煩事、付小屋壊取事、
右条々、堅令停止訖、若違犯輩在之者、速可処厳科者也、仍
下知如件、
天正十一年四月日　　筑前守（花押）

## 六六九　賀州野田村小塩辻宛禁制　「尊経閣古文書纂」東大史写真

賀州
野田村
おしほ（小塩）辻
禁制
一当手軍勢甲乙人乱妨狼籍（藉）事、
一放火之事、
一還住百姓成煩事、付小屋壊取事、
右条々堅令停止訖、若違犯之輩在之者、忽可処厳科者也、仍
下知如件、
天正拾一年四月日　　筑前守（花押）

## 六九〇　所付欠禁制　「佐々牟志神社文書」東大史写真

禁制

一当手軍勢甲乙人乱妨狼籍(藉)事、
一放火之事、
一還住百姓成煩事、付小屋壊取事、
右条々堅令停止訖、若於違犯輩者、速可処厳科者也、仍下知
如件、

天正十一年四月日　　筑前守(花押)

## 六九一　所付欠禁制　「昌蔵寺文書」

禁制　□

一当手軍勢甲乙人乱妨狼籍(藉)事、
一放火之事、
一還住百姓成煩事、付小屋壊取事、
右条々堅令停止畢、若違犯輩在之者、速可処厳科者也、仍下
知如件、

天正十一年四月　日　　筑前守(花押)

## 六九二　賀茂惣御中宛書状　「賀茂別雷神社文書」東大史影写

為御見廻預使札、祈祷之巻数并鳥目二百疋送給候、遠路之懇
志祝着候、北国之儀、悉属存分帰陣候間、期後音候、恐々謹
言、

(天正十一年)五月朔日　　筑前守
秀吉(花押)

(山城国)賀茂
惣御中

## 六九三　安井清右衛門尉宛書状写　「安井家文書」大阪歴史博物館

為在陣見舞示預、殊帷并菓子一折、糒三袋到来候、遠路色々
被取揃、心入段令祝着候、此表之儀、柴修(柴田勝家)其外一類不残討果、
越前・賀州之儀ハ不及申、能登・越中・越後迄一篇申付、隙
明候付而、越前至北庄打入候、頓可令上洛候之間、期其節候、
恐々謹言、

(天正十一年)五月二日　　筑前守
秀吉御花(ママ)

安井清（秀依カ）右衛門尉殿

六九四　園城寺惣代御中宛書状　「小川文書」東大史写真

為御音信、祈祷之御巻数并青銅弐百疋送賜候、誠遠路之御懇
慮怡悦之至候、随而北国之儀、悉平均申付候条、今日越州（越前国）北
庄迄納馬申候、尚御使僧可被申候、恐々謹言、

羽柴筑前守

（天正十一年）五月三日　秀吉（花押）

（近江国）園城寺

惣代御中

六九五　宗甫宛書状　「小川文書」東大史写真

遠路示預、殊一折到来怡悦候、仍北国之儀、柴田（勝家）一類不残討
果、越前・賀州之儀者不及申、能州・越中・越後迄一篇申付
候、隙明候付而、今日越前至北庄打入候、頓可令上洛候之条、
万々之儀可申述候、恐々謹言、

筑前守

（天正十一年）五月三日　秀吉（花押）

宗甫

六九六　遠山佐渡守宛書状　「讃岐遠山文書」東大史影写

将亦にくの皮五枚到来候、祝着之至候、已上、

御状令披閲候、仍至岐阜（美濃国）表御在陣候つる由、御苦労令察候、
随而北国表之儀、無残所申付、今日至越州（越前国）北庄打入申候、猶
期来信候間、令省略候、恐々謹言、

羽筑

（天正十一年）五月三日　秀吉（花押）

遠山佐渡守殿

御返報

六九七　宮部善浄坊宛書状写　『萩藩閥閲録』

書状披見候、仍北国表之儀、平均ニ申付、長尾（上杉景勝）人質以下迄相
ト隙明候間、今日至長浜（近江国）打入候、近日姫路（播磨国）江可令帰城候間、
旁期来音候、恐々謹言、

筑前守

（天正十一年）五月五日　秀吉御判

宮部善浄坊（継潤）

六九八　本徳寺御坊中宛書状写　「黄微古簡集」東大史謄写

（包紙ウワ書）
「　　　　　　　羽柴筑前守
　(播磨国)本徳寺　　　　秀吉
　　　御坊中　　　　　　　　」

為御音信帷五贈賜候、御懇之儀、怡悦之至候、仍北国表儀、
属平均、明隙付而、昨日至江州長浜納馬候、猶御使可被申候、
恐々謹言、
(天正十一年)五月六日　　　秀吉(花押影)
　　本徳寺
　　　御坊中

六九九　勧修寺宛書状　安土城考古博物館

従　禁裏様為　御勅使吉田左衛門督(兼見)殿御下向、誠面目之至、
忝奉存候、随而御茶子一折被懸御意候、御懇之至難申謝候、
将亦北国表儀平均申付、一昨日至江州長浜打入申候、近日可
致上洛候之条、其節可得御意候、恐惶謹言、
(天正十一年)五月七日　　　秀吉(花押)
勧修寺(晴豊)殿
　　人々御中　御報

七〇〇　高木権右衛門尉宛書状　「高木文書」岐阜県歴史資料館

御状并生鶴一贈賜候、此比者稀成儀候処ニ、御志別而祝着之
至候、随而北国表之儀属平均、一昨日至長浜(近江国)打入候、猶期来
信候、恐々謹言、
(天正十一年)五月七日　　　羽筑
　　　　　　　　　　　　　秀吉(花押)
高木権右衛門尉(貞利)殿
　　御返報

七〇一　高木彦左衛門宛書状　『尾張国遺存豊臣秀吉史料写真集』

御状令披閲候、仍北国表之儀無残所申付、一昨日至長浜(近江国)納馬
候、随而其表之様子得其意候、来月初比ニ者長島(伊勢国)可取詰候、
其以前ニ相果程之調略於在之者尤候、差事ニ而無之候ニ、知
行なとあれ(荒)ニ成候へハ不入事候間、其御心得専用候、返々可
然調儀も候て、随其御才覚肝要候、猶期後音候間令省略候、

恐々謹言、

(天正十一年)五月七日　　羽筑

秀吉(花押)

高彦(高木彦左衛門貞久)□

□□

## 七〇二　加藤虎之助宛判物写　『加藤清正公伝』

今度信孝(織田)対秀吉及鉾楯、雖為信長(織田)公御連枝、可誅果事在手裏、殊柴田修理亮(勝家)、瀧川左近将監(一益)と被仰合儀必定也、依之濃州大柿之城令在陣、可攻崩岐阜(美濃国)之城之処、柴田先勢柳瀬(近江国)表致出張候旨告来候条、不移時日走帰柳瀬、決勝負刻、秀吉於眼前一番鑓を合、戸波隼人を討取、北国勢及敗軍候事、無比類働感被思召候、仍為加増三千石遣候、猶可尽忠戦之条如件、

天正十一年五月十一日　　秀吉御判

加藤虎之助(清正)殿

○この文書は検討を要する。

## 七〇三　岡本大郎右衛門他宛書状　『思文閣墨蹟資料目録』九三

敵至桑名(伊勢国)表、人数四五千も相越由候、自然調儀も在之歟、何ニ可相働候条、得其意、家中者共ニ心を付、不可有由断候、為其両人差越候、尚口上ニ相含候、恐々謹言、

(天正十一年)五月十三日　　筑前守

秀吉(花押)

岡本大郎右衛門(良勝)殿

木下平太夫(荒木重堅)殿

## 七〇四　千石権兵衛尉宛書状写　「古文叢」東大史写本

書中令披見候、北国之儀、悉任存分隙明申候、一昨日江州坂本城まで打入候、将亦其表之儀、諸事心遣之由尤候、備前浦々、播州灘目諸警固之義申付候、長曽我部(元親)よき所ニ出候ハヽ、於先々之幸之儀候条、可討果候、其間事無聊爾様専用候、尚追々可申述候、恐々謹言、

(天正十一年)五月十三日　　筑前守

秀吉(花押影)

千石権兵衛尉(秀久)殿

## 七〇五　小早川左衛門佐宛書状　「毛利文書」東大史影写

去五日御状、於江州坂本令拝見候、

一如仰、去月廿一日、柴田修理亮(勝家)四ケ国之人数有偲召連、三七殿(織田信孝)引入、瀧川(一益)令一味、武篇を仕懸候事、

一各懸合戦候を、筑前守面白存、先手之備を八弐万斗、濃州岐阜口(美濃国)へ相向、瀧川をも二万斗にて取巻候事、

一柴田修理亮罷出候処へハ、秀吉馬廻斗にて、敵三万余御座候処へ、三手ニ分切懸候、柴田儀ハ、於当方せかれの時よりも度々武篇を仕候者付而、三度まて鑓を合、度々戦驚目候、自卯剋未剋迄切合依在之、互下ニ居敷、休息候て、勝負不相着候事、

一秀吉見合候而、小性共斗にて柴田旗本へ切懸、即時衝崩、五千余討殺候之処ニ、惣人数ハ木目(越前国)之弓手馬手栄中へ逃入候事、

一廿二日、越州(越前国)府中へ取懸、諸城雖相拘候、乗崩、刎首候へ者、相残城悉退散仕候事、

一柴田越州北庄居城事、数年相拵、三千斗留守者居申候処へ、修理亮馬百騎斗にて逃入候事、

一廿三日、不息継追懸、惣構乗破、則城中之廻拾間拾五間ニ陣捕申候事、

一柴田息をつかせてハ、手間も入可申候かと秀吉存、日本之治此時候之条、兵共を討死させ候ても、筑前不覚にて有間敷と、ふつつと思切、廿四日の寅剋ニ本城へ取懸、午剋ニ本城へ乗入、悉刎首候事、

一城中ニ石蔵を高築、天主を九重ニ上候之処へ、柴田弐百斗にて相拘候、城中挟候之条、惣人数入こミ候へハ、互共道具ニ手負死人依在之、惣人数之中にて兵を撰出、天主内へ、うち物斗にて切入せ候へハ、修理も日比武篇を仕付たる武士ニて候条、七度まて切而出候といへとも、相禦事不叶、天守之九重目の上へ罷上、惣人数ニ懸詞、修理か腹の切様見申て後学ニ仕候へと申付而、心もある侍ハ涙をこほし、鎧の袖をひたし候ニ依て、東西ひつそと静候へハ、修理妻子共、其外一類刺殺、八十余不身替者切腹、申下剋ニ相果候事、

一廿五日賀州へ出馬、諸城雖相踏候、筑前守太刀風ニ驚、草木まても相靡躰にて候に付而、越中境目金沢(加賀国)と申城ニ立馬、国々置目等申付候内ニ、越後長尾(上杉景勝)出人質、筑前次第令覚悟候之条、令赦免、去七日ニ安土まて打入申候事、

一三七殿(織田信孝)儀者、信雄(織田)被出御馬、是又岐阜城(美濃国)被攻崩、三七殿儀者不及申、悉被刎首候事、

一瀧川儀者、勢州内長島と申所ニ数年有付候、足軽共ニ取巻

候之間、是又可被刎首儀、日数不可有幾程事、
一明隙候間、筑前守ハ江州坂本ニ在之、此中忠節仕候者ニ者国郡を遣、安堵之思を作候事、
一此日比どうだまりぶしやう（不精）者ハ成敗可仕儀ニ候へ共、秀吉人を切ぬき申候事きらい申候付而助命、先々国にて替地を遣、何之御国をも念をやり申付候事、
一来月中旬ニ者、国分知行分も相済可申候間、此中諸侍骨を折候之間、七月卅日間ハ相休可申候事、
一惣人数徒ニ可置儀も不入事候間、其御国端へ罷越、境目之儀をも相立、連々無御等閑験を相見可申候条、能々有御分別、秀吉腹を不立様ニ御覚悟尤候事、
一東国者氏政（北条）、北国ハ景勝まて、筑前任覚悟候、毛利右馬頭（輝元）殿秀吉存分次第ニ被成御覚悟候へハ、日本治、頼朝（源）以来これニハ争か可増候哉、能々御異見専用候、七月前ニ御存分於在之者、不被置御心、可被仰越候、八幡大菩薩、秀吉存分候者、弥互可申承候事、
一右之趣、一々輝元へ被仰入尤存候、尚御両使口上ニ申渡候、
恐々謹言、

（天正十一年）五月十五日　秀吉（花押）

小早川左衛門佐（隆景）殿

御返報

## 七〇六　吉川駿河守宛書状　「吉川正統叙目」東大史写真

就北国表属平均納馬、従輝元（毛利）早々御使札、本望之至候、并貴所為御音信、太刀一腰、馬一疋被懸御意候、祝着之至候、委曲御使者相達口上候、可然様可被申入事肝要候、恐々謹言、

（天正十一年）五月十九日　秀吉（花押）

吉川駿河守（元春）殿

御返報

## 七〇七　毛利右馬頭宛書状　毛利博物館

（包紙ウワ書）「羽柴筑前守
秀吉
毛利右馬頭（輝元）殿
御報」

就北国表属存分令帰陣、早々御使札、殊御太刀一腰・銀子弐拾枚致拝受候、寔御懇之段怡悦之至候、委細御使者任口上候、猶重而可得御意候、恐惶謹言、

（天正十一年）五月十九日　秀吉（花押）

毛利右馬頭殿

御報

## 七〇八　石井与次兵衛尉宛判物　「石井文書」東大史影写

猶々此折紙千石権兵衛(秀久)方へ早々持せ可遣候、以上、

来廿五六日比、到大坂相越候条、其元之船不残相催、来月朔日ニ至難波浦(摂津国)可着岸候、然者鉄炮其外武具等可持越、逗留候者、兵粮米可遣者也、

(天正十一年)五月廿日　筑前守　秀吉(花押)

石井与次兵衛尉殿

## 七〇九　賀茂惣御中宛書状　『賀茂別雷神社文書』

為音信、祈祷巻数并鰍二懸到来候、毎々御心入令祝着候、尚期後音候、恐々謹言、

(天正十一年カ)五月廿日　筑前守　秀吉(花押)

賀茂(山城国)

惣御中

## 七一〇　和泉国貝塚寺内宛禁制　「願泉寺文書」東大史写真

禁制　和泉国貝塚寺内

一当手軍勢甲乙人乱妨狼籍(藉)事、
一陣取之事、
一対地下人不謂族申懸事、

右条々堅令停止訖、若於違犯輩者、速可処厳科者也、仍下知如件、

天正十一年五月日　筑前守(花押)

## 七一一　摂州兵庫津宛禁制写　「難波創業録」東大史謄写

禁制　摂州兵庫津

一軍勢甲乙人乱妨狼籍(藉)事、
一放火事、付奉公人戸立具売買事、
一対地下人不謂族申懸事、

右条々堅令停止訖、若於違犯之輩者、忽可処厳科者也、仍下知如件、

天正拾一年五月日　筑前守在判

七二二　江州高島郡今津浦中宛判物　「川原林文書」東大史影写

従若州往官(還)之高荷船等事、如先々当浦へ可相着、若違犯輩於
在之者、可加成敗者也、

天正十一
六月朔日　秀吉(花押)
江州高島郡
今津浦中

七二三　依田小太郎宛判物写　「依田家文書」『新編甲州古文書』

今度三七殿(織田信孝)依謀叛、濃州大柿令着陣候処、柴田修理亮(勝家)到柳瀬(近江国)
表、可及一戦馳向候処、早速懸着於某眼前、合一番鑓候之条、
無比類働右為褒美、於河州二千五百石之所宛行訖、猶可為戦
功状、仍如件、

天正十一年
六月三日　秀吉御書判
依田小太郎殿

○この文書は検討を要する。

七二四　大山崎惣中宛定　「離宮八幡宮文書」東大史影写

定

一陣取事、任　御朱印旨令免除事、
一洛中油座事、上様(織田信長)御時雖被棄破、可為先規筋目事、
一当所諸職可為如先々事、
右条々聊不可有相違者也、仍如件、

天正十一年六月四日　筑前守(花押)
(山城国)大山崎
惣中

七二五　石川長松宛判物写　「古案」徳川林政史研究所

今度三七殿(織田信孝)依謀反、濃州大柿ニ令在陣之処、柴田修理亮(勝家)至
柳瀬(近江国)表罷出候条、為可及一戦一騎懸ニ馳向之処、依心懸深早
掛付、秀吉於眼前合一番鑓、兄兵助(石川一光)令討死之段、無比類働之
条、為其褒美としてせかれの儀候へ共召出、千石宛行畢、弥
向後奉公可抽忠勤者也、仍如件、

天正十一
六月五日　秀吉御書判
石川長松(光政)殿

## 七六　賀須屋助右衛門尉宛判物写

「新編会津風土記」東大史謄写

今度三七殿(織田信孝)依謀叛、濃州大柿令居陳候之処、柴田修理亮(勝家)至
柳瀬(近江国)表罷出之条、為可及一戦一騎懸馳向之処ニ、心懸深付而
早懸着、秀吉於眼前合一番鑓、其動無比類候、為其褒美三千
石宛行訖、弥向後奉公之依忠勤、可遣領知者也、仍如件、

天正十一

六月五日　秀吉(花押影)

賀須屋(真雄)助右衛門尉殿

## 七七　片桐助作宛判物写

「片桐家御内書朱印等写」東大史写本

今度三七殿(織田信孝)依謀叛、濃州大柿令居陣処ニ、柴田修理亮(勝家)至柳瀬(近江国)
表罷出候条、為可及一戦一騎懸馳向候之処ニ、心懸深付而早
懸着候而、秀吉於眼前合一番鑓、其動無比類候条、為褒美
三千石宛行訖、弥向後奉公之依忠勤、可遣領知者也、仍如件、

天正十一

六月五日　御諱御書判

片桐助作(且元)殿

## 七八　加藤孫六宛判物

「近江水口加藤文書」東大史影写

今度三七殿(織田信孝)依謀叛、濃州大柿令居陣処、柴田修理亮(勝家)至柳瀬(近江国)面
罷出候条、為可及一戦一騎懸馳向候之処、心懸深付而早懸着、
秀吉於眼前合一番鑓、其動無比類候、為其褒美三千石宛行訖、
弥向後奉公之依忠勤、可遣領知者也、仍如件、

天正十一

六月五日　秀吉(花押)

加藤孫六(嘉明)殿

## 七九　桜井佐吉宛判物　個人蔵

今度三七殿(織田信孝)依謀叛、濃州大柿ニ令着陣候処ニ、柴田修理亮(勝家)至
柳瀬(近江国)表罷出之条、為可及一戦一騎懸ニ馳向候之処ニ、心懸深
ニ付而早懸着、於秀吉眼前合一番鑓、其動無比類候条、為褒
美以丹波内三千石宛行訖、弥向後依忠勤、可遣領知者也、仍
如件、

天正十一

六月五日　秀吉(花押)

桜井佐吉殿

七二〇　平野権平宛判物　大阪城天守閣『秀吉家臣団』

今度三七殿(織田信孝)依謀叛、濃州大柿令居陣之処ニ、柴田修理亮(勝家)至柳瀬(近江国)表罷出候条、為可及一戦一騎懸馳向候之処ニ、心懸深付而早懸着候而、秀吉於眼前合一番鑓、其動無比類候条、為褒美三千石宛行訖、弥向後奉公之依忠勤、可遣領知者也、仍如件、

天正十一
六月五日　秀吉(花押)
平野権平(長泰)殿

七二一　福島市松宛判物　「大坪文書」東大史影写

今度三七殿(織田信孝)依謀叛、濃州大柿令居陣処ニ、柴田修理亮(勝家)至柳瀬(近江国)表罷出之条、為可及一戦□(一)騎懸馳向候之処ニ、心懸深付而早懸着候而、秀吉於眼前合一番鑓、其動無比類候条、為褒美五千石宛行訖、弥向後奉公之依忠勤、可遣領知者也、仍如件、

天正十一
六月五日　秀吉(花押)
福島市松(正則)殿

七二二　脇坂甚内宛判物　大阪城天守閣『秀吉家臣団』

今度三七殿(織田信孝)依謀叛、濃州大柿令居陣候処、柴田修理亮(勝家)至柳瀬(近江国)表罷出候条、為可及一戦一騎懸馳向候之処、心懸深付而早懸付、秀吉於眼前合一番鑓、其動無比類候、為其褒美三千石宛行訖、弥向後奉公之依忠勤、可遣領知者也、仍如件、

天正十一
六月五日　秀吉(花押)
脇坂甚内(安治)殿

七二三　大友左兵衛督宛書状写　「大友家文書録」東大史影写

去月十八日之尊書、同廿八日至江州坂本到来、致拝見候、就其北国表之儀、取沙汰相聞旨、蒙仰候条、先度大形御返事申入候得共、猶以一書申入候事、

一去月廿一日、柴田修理亮(勝家)四ケ国之人数ありの侭召連、信孝(織田)を引入、瀧川(一益)令一味、直仕懸候事、

一各合戦仕懸候儀、筑前守満足存、先手之備弐万計濃州岐阜へ差向、瀧川をも弐万計ニ而取巻候事、

一柴田取出候所へハ、秀吉近所之者計三万余有之所、三手分

突懸候、柴田儀於当方せかれの時より、及度々武扁仕付たる者にて、三度迄鑓を合、々戦之体驚目候、卯刻より未刻迄切合依有之、互折敷休息、勝負不相着候事、
一秀吉見合候間小姓之者計にて、柴田か旗本へ切懸、即時突崩、五千余討殺候処、総人数も木目(越前国)之弓手妻手草中へ遁入、府中(越前国)へ取懸候、諸城雖相抱、乗崩、頭を刎候へは、相残者も令退散候事、
一越州北荘(越前国)柴田居城之数年相拵、三千計留守置候処へ、勝家百騎計にて遁入候事、
一廿三日、息をもつかせす追懸、総構乗崩、則城廻十間・十五間ノ陣取仕候事、
一柴田ニ息をつかせは、手間も可入かと存、日本之治此時候間、是非共討死させ候共、筑前不覚にて有間敷と存切、廿四日寅刻、本城ニ取入刎首候事、
一城中石蔵を高築、天守を五重(ママ)に上候所、弐百計にて相踏、城中狭候条、諸勢入込候者、友道具にて手負死人依可有之、総人数之中にて能者撰出、殿主之内へ打物計にて切入せ候へは、勝家年来武扁仕付候武士にて候条、七度迄雖切出、依不叶、殿主五重目の上へ取上、諸卒に詞を懸、修理亮か腹切様見置而、後覚に仕候へと申ニ付、心有侍ハ泪をこほし、鎧の袖をひたし候、依之東西ひつそとしつまり候へは、勝家妻子を刺殺、其外一類不替身者八十余腹を切、廿四日申刻相果候事、
一廿五日、賀州致出馬、諸城雖相抱候、筑前太刀風に驚、草木迄も□随体付、賀州・能州・越州(越前国)平均相果候、因茲越中境目金沢(加賀国)と申□□(城ニ)、馬を立、国々置目申付、越後長尾(上杉景勝)人質を出、筑前次第令覚悟□□、令赦免、去月廿七日納馬候事、
□□□儀者、信雄(織田)被出馬、是又岐阜城(美濃国)被責崩、信孝(織田)計ハ不及□ハ、景勝(上杉)迄筑前任覚悟候へハ、東西可□可得御意候事、
□候者、筑前守摂州大坂罷在、此間忠節之者共、□の思をさせ可申候事、
信長(織田)御時被仰談以筋目、弥御入魂之旨尤候、度々如申入□之御用等、聊不可存疎略候、猶可得御意候、恐惶謹言、

六月六日(天正十一年)　羽柴筑前守秀吉在判

大友左兵衛督(宗麟)殿

七四　某宛書状　「永泉寺文書」

去月廿一日御状、同廿八日至江州坂本到来、并御使者口上之趣承届候、殊御太刀一腰・馬一疋、被懸御意候、遠路之御懇志、別而怡悦之至候、随而北国表儀、先度委細申旧候間、只

今不及申候、就中最前御朱印筋目被相立、弥御入魂可在之旨
尤候、左様候者、家康《徳川》儀も我等次第儀候間、秀吉馳走可申候
間、無御等閑被仰談可然存候、尚御使者口上申渡候、恐惶謹
言、

六月《天正十一年》六日　　秀吉（花押）

□□殿

御報

## 七二五　高木彦左衛門尉宛書状　「鉄屋水野文書」東大史写真

瀧川《一益》身上之儀、御理申入、被成御赦免候、然者来廿日比長島《伊勢国》
退城候条、其刻罷出候て、警固尤候、人足等之事、蜂須賀《正勝》・
富田両人申次第可被申付候、若下々於猥者、重而可加成□□《敗候カ》、
恐々謹言、

六月《天正十一年》十二日　　筑前守

秀吉（花押）

高木《貞久》彦左衛門尉殿

御宿所

## 七二六　杉原七郎左衛門尉宛書状　「古文書纂」東大史写真

態申遣候、仍江州知行方糺明、浅野弥兵衛《長吉》□所へ差越伊藤
太郎《秀盛》左衛門尉之条、様躰申聞可遣候、恐々謹言、

六月《天正十一年》十三日　　筑前守

秀吉（花押）

杉原七郎《家次》左衛門尉殿

## 七二七　伊藤与左衛門尉宛書状　「山上重兵衛氏所蔵文書」東大史影写

安国寺《恵瓊》帰国候、其方にてよくふるまひ、万々馳走候て肝煎専
一候、たかつき《摂津国高槻》まて馬三ツ申付、可相送候、高槻よりさき
〳〵の儀も肝煎候て可送届候、恐々謹言、

六月《天正十一年》廿一日　　筑前守

秀吉（花押）

伊藤与《吉次》左衛門尉殿

七二八　上杉弾正少弼宛書状　「上杉家文書」米沢市上杉博物館

遠路被差上御使者、殊為祝儀、御太刀一腰・馬一疋鴾毛被懸
御意候、御懇之至畏存候、然者今度柴田(勝家)討果、彼国々依申付、
寺内織部へ存分申含進置候処、御返事之趣承届候、改可有御
入魂之由、得其意存候、即以墨付申入候、於様子者大石播摩(磨)(元綱)
守可被申入候、可得貴意候、恐惶謹言、
(天正十一年)六月廿八日　秀吉(花押)
上杉弾正少弼(景勝)殿
御報

七二九　船役請取状　「北風文書」東大史影写

兵庫(摂津国)船役之事、六月十六日ゟ晦日まて半月分鐚銭、
合百六十貫文
右請取如件、
天正十一年六月晦日　秀吉(花押)

七三〇　前田玄以宛判物写　「本圀寺宝蔵目録」東大史謄写

一於洛中洛外、諸奉公人非分狼籍(藉)之族申懸者、雖為誰々、其
主不及届、糺明次第可有成敗、若知音縁類難去なとゝて、
用捨之儀於有之者、其方可為越度事、
一諸事無用捨有様之旨被申付者、諸人我非分不弁令偏執、如
何様之族秀吉申聞儀候共、其者を引合糺明をとけ、可随其
事、
一京中在々諸奉公輩、被官、家来、或者無等閑とて、公事懸
候儀ニ令方人事、甚以可為曲事、若左様之者於在之者、無
用捨可被申聞事、
右条々堅可被得其意者也、仍如件、
天正十一年六月日　筑前守判
(前田)玄以

七三一　洛中洛外宛掟　「今村具雄氏所蔵文書」東大史影写

掟　洛中洛外
一新儀諸役等一切不可在之事、
一喧嘩口論輩双方可為成敗、但仕懸者雖在之、令堪忍対奉行
於相理者、則可為存分事、

一火事儀、至自火者其身可処罪科、若付火為分明者、遂糺明可随其事、
一諸奉公人対町人非分狼藉族於在之□(者)、不寄仁不肖、無用捨奉行可申事、
一諸勝負停止事、
一洛中洛外諸牢人、秀吉不相知輩、不可居住事、
一諸事閣奉行人、以別人令訴訟者可為曲事、
　但、奉行若於相紛子細慥者、依事可直訴事、
右条々堅定置上者、聊不可有相違者也、仍如件、
　天正拾一年六月　日　　筑前守（花押）

七三二　加藤虎助他宛判物写　「古案」徳川林政史研究所

今度信孝(織田)対某及鉾盾、有可亡于秀吉企、雖為前将軍信長(織田)公御連枝、今也不去両葉、可用斧柯事在手裏、殊柴田修理亮(勝家)、瀧川左近将監(一益)与被仰合之儀決然也、依之至濃州大柿之城令在滞、可攻伏岐阜(美濃国)之城之処、柴田之先勢柳瀬(近江国)表ニ致出張之旨告来之条、不移時刻走帰于柳瀬、決勝負之刻、竭粉骨合於一番鑓、突退群雄、北国勢及敗走事、偏在企之武功矣、即加増領五千石令宛行者也、仍感状如件、
　天正十一年七月朔日　　秀吉

加藤虎助(清正)殿
加藤孫六郎(嘉明)(ママ)殿
福島市松(正則)殿
脇坂甚内(安治)殿
糟屋助右衛門(真雄)尉殿
平野権平(長泰)殿
片桐助作(且元)殿

○この文書は検討を要する。

七三三　某宛判物写　「松雲公採集遺編類纂」

依今度三七殿(織田信孝)御謀反、令濃州大垣陣替刻、柴田修理亮(勝家)於柳瀬(近江国)表出張候条、為可及一戦秀吉一騎馳向処、心懸不浅故、早速懸着於眼前一番鑓合、無比類働候条、為褒美五千石或三千石宛行訖、弥向後於抽軍忠、猶計勲功賞者也、仍如件、
　天正十一年七月一日　　秀吉判
　（宛所欠）

○この文書は検討を要する。

七三四　下間刑部卿法眼御房宛書状写　「武家雲箋」東大史謄写

就至貝塚（和泉国）御移越、早々尊書、殊大樽十、令拝領候、毎篇御懇
切之至、難申謝存候、先以其元御不如意之由奉察候、向後相
応之御用等不可存疎略候、此等之趣宜預御執成候、恐々、
　　七月六日（天正十一年）　　　　　秀吉
　　　下間刑部卿（頼廉）法眼御房

七三五　伏見内船津村他宛判物　「三雲文書」

伏見（山城国）三郷者与山村（山城国）郷馬借方儀付而申分事、遂糺明之処、山村
申分新儀非分之旨聞届候条、雖可成敗儀候、所詮如先々、彼
三郷并山村与相談、馬借儀可執沙汰者也、仍如件、
　天正十一
　　七月七日　　　　　秀吉（花押）
　　　伏見内
　　　　船津村
　　　　久米村
　　　　石井村
　　　　山　村

七三六　平野惣中宛判物　「東末吉文書」東大史影写

　尚以一柳市介（直末）を代官ニ申付候、可成其意候、
当所之儀、此方台所入ニ申付候間、諸事如先々不可有相違候、
各心得可存者也、
　　　　　　　　　　筑前守
　　七月十日（天正十一年）　　　　秀吉（花押）
　　　平野（摂津国）
　　　　　惣中

七三七　宮内卿法印宛判物写　「秋野房文書」東大史影写

天王寺（摂津国）太子堂為奉加、並銭五百貫文遣候間、其津地子銭御納
候を、彼寺へ可被相渡者也、仍如件、
　天正十一
　　七月十一日　　　　秀吉判
　　宮内卿法印（松井友閑）

七三八　三郎四郎宛切手　「津田文書」金沢市立玉川図書館

八木拾石、野呂孫左衛門尉ニ遣候間、可相渡者也、

天正拾壱
七月廿四日　　秀吉（花押）
三郎四郎

七三九　中川藤兵衛尉宛書状　『石川留吉松本政治追悼古典籍大入札目録』

態申候、十日比ニ可被罷立由申候つれ共、来月五日ニ必々其地可被罷立候、不可有由断候、為其如此候、恐々謹言、

（天正十一年）
七月廿四日　　筑前守
　　　　　　　秀吉（花押）
中川藤兵衛尉殿（秀政）
□□□

七四〇　木下和泉入道宛領知宛行状　「岡本栄之氏所蔵文書」東大史写真

若州遠敷郡虫生村弐百六拾石余令扶助畢、全可領知状如件、
天正十一　　筑前守
七月廿六日　　秀吉（花押）
木下和泉入道殿

七四一　建部寿徳軒宛領知宛行状　『源喜堂古文書目録』七

若州遠敷郡内若狭浦弐百拾六石余令扶助畢、全可領知状如件、
天正十一　　筑前守
七月廿六日　　秀吉（花押）
建部寿徳軒（高光）

七四二　水一郎宛切手写　「中村不能斎採集文書」東大史写本

石はし彦三郎殿ふちかた廿人分、可相渡者也、
天正十壱
七月廿六日　　秀吉花押
水一郎殿

七四三　石川杢兵衛尉他宛書状　「西川文書」東大史影写

尚々其元之人夫ニ申付候て、大津（近江国）まて可相届候、将亦蒲生飛騨（氏郷）かたより指出帳遣候、三万余之分相改候て、様子可申越候、即指出此者遣候て、尚々勘左衛門尉（一柳直次）遣候、以上、

淀（山城国）城用にて塀覆百間分、よく候ハんを可相越候、ぬきも同前候、委細一柳勘左衛門尉可申候間、入念可被相越候、恐々謹言、

七月廿九日（天正十一年）　　筑前守
　　　　　　　　　　　　　　秀吉（花押）

石川杢（光政）兵衛尉殿
小出勘（甚）（秀政）左衛門尉殿
伊藤太郎（秀盛）左衛門尉殿
戸田三郎（勝隆）四郎殿
田中小十（吉次）殿
山田又右（吉延）衛門尉殿

## 七四　太田三楽斎宛書状写

「福島於菟吉氏所蔵文書」東大史影写

去六月廿六日之御札披閲、本望之至候、如来書未申通候之処、遠路預示、御懇意之段不浅候、

一去年六月二日、明智（光秀）企謀叛、夜討同前、於京都信長（織田）御父子（信忠）御腹召候、不慮之次第、無是非題目候、其刻我等西国江相働、於備中国城々攻崩、并高松（備中国）与申城取巻候処、三方ニ沼抱、力攻ニ不成之段、筑前守（秀吉）見及、水責ニ可仕与存、堤を築、其国之川之事者不及申、備前国之川迄切懸、城内及難儀ニ付而、為後巻毛利（輝元）・小早川（隆景）・吉川（元春）五万斗ニ而罷出、六七町ニ令対陣、可後巻ニ雖相定候、不能承引付而、弥城中令迷惑候刻、同四日巳刻、於京都信長御腹召候由注進之間、右之高松六日攻崩、城主事者不申及、悉刎首候、則七日毛利・小早川陣所江切懸、可討果覚悟候之処、色々令懇望、毛利相抱候国五箇国、其上人質両人出候条、請取令赦免、即九日播州姫路迄納馬候事、

一十日ニ人馬之息をも不継切上、十三日ニ於山城国山崎表及一戦、明智日向守事者不及申、其外五千余討捕、御国之不相届者共悉成敗申付、御分国相治候事、

一去年六月中ニ国之知行分仕、信長御子達事者不申及、宿老共迄令支配、筑前守者有播州姫路、五畿内異見申候処、三七殿（織田信孝）・柴田修理亮（勝家）・瀧川左近（一益）両三人申合、企謀叛雖令調儀、筑前守不能許容、則江州与越前之境目ニ有之柳瀬（近江国）表江、去三月馳向致居陣候事、

一去四月廿一日、及一戦候之処、柴田修理亮も当方ニ而者悴之時より数度之武篇を仕付たる者ニ候ニ付、鑓を合雖突崩候、修理旗本ニ而相休、息切申候事、

一秀吉見合小性共斗ニ而柴田旗本江切懸、即時ニ衝崩、七千余討殺候、惣人数者木目（越前国）之弓手妻手栄之中江北入候事、

一廿二日、越州(越前国)府中江取懸、諸城雖相抱候乗崩刎首候得者、
相残城々悉令退散候事、
一越州北庄柴田居城之儀、数年相拵、三千斗留主之者入置申
候之処、修理亮馬百騎斗ニ而懸入候事、
一廿三日、息をも不継逐懸、惣構乗破、則城中之廻十間十五
間ニ陣取候事、
一柴田ニ息をつかせ候而ハ、手間も可入与存、日本之治此節
候間、兵共を討死させ候而も筑前守不覚有間敷与、ふつゝ
と思切、廿四日寅刻ニ本城江取懸、午之剋ニ本城江乗入刎
首候事、
一城中ニ石蔵を高築、天守を九重ニ揚、柴田弐百斗ニ而取籠
候、城中狭候条、諸勢入込候得者、互之友道具ニ而手負死
人依有之、惣人数之中ニ而兵を剱出、天守之中江打物斗ニ
而切入せ候得ハ、七度迄雖切出候依不叶、天守九重目江取
上、諸卒ニ詞を懸、修理か腹之切様見候而手本ニ可致由申
ニ付而、東西ひつそと静候得者、妻子を刺殺、同名之者
七八十人腹を切、其外一類身ニ不相替者八十余腹を切、廿
四日ニ相果候事、
一廿五日、加州江出馬候之処、諸城雖相抱候、筑前守太刀風
ニ驚、草木迄靡随躰ニ而、加州・能州・越州迄、平均ニ相
果候、依之越中境目金沢(加賀国)与申城ニ馬を立、国之置目等申付
候内、越後長尾(上杉景勝)人質を被出、筑前守次第与被申候之条、令
赦免候事、
就中従信長御時、別而被仰談之旨、淵底令存知候条、是以
後何ニ而茂御用之儀可被仰越候、聊不可存如在候、恐々謹
言、

羽柴筑前守
(天正十一年)七月廿九日　秀吉
太田三楽斎(資正)
御返報

七四五　多賀谷修理亮宛書状写　「常総遺文」東大史謄写

去六月廿九日芳墨披閲、快然之至候、寔未申通之処ニ、被
寄思召遠路預示候之段、畏悦不浅候、
一去年六月二日、明知(光秀)令謀叛、夜討同前、於京都信長(織田)御父子(信忠)
御腹召候、不慮之次第、無是非題目候、其刻我等西国江相
働、於備中国城々攻崩、并高松(備中国)与申城被責(取巻カ)候之処ニ、三方
ニ沼を抱、力攻ニ不成候段、筑前守(秀吉)及見、水攻に可仕与存、
堤をつき、其国川の事は不及申、備前国の川迄きりかけ、
城内及難儀ニ付、後巻として毛利(輝元)・小早川(隆景)・吉川(元春)五万斗に
て罷出、六七町に令対陣、可後巻相定といへとも、不能承

引付而、いよ〳〵城中令迷惑候刻、同四日巳刻に、於京都
信長御腹召候由注進候之間、右之高松六日にせめ崩、城主
事ハ不及申、悉刎首候、則七日、毛利・小早川陣所江きり
懸、討果へき覚悟候之処ニ、色々令懇望、毛利相抱候国
五ヶ国、其上人質両人出候条、請取、則令赦免、九日、播
州姫路まで納馬候事、
一十日、人馬の息をも不継切上、十三日に於山城国山崎表及
一戦切崩、明智日向守(光秀)事ハ不及申、其外五千余討捕、御国
に不相届者共悉成敗と申付、御分国相渡候事、
其年六月中旬に国々知行分をいたし、信長御子達の事ハ不
及申、宿老ともまて令支配、筑前守ハ播州姫路に在之、五
畿内異見申候之処ニ、三七殿(織田信孝)・柴田修理(勝家)・瀧川左近(一益)両三人
申合、企謀叛令調儀候といへとも、筑前守不能許容、則江
州と越前之堺目に在之柳瀬表江、去三月馳向致居陣候事、
一去四月廿一日、及一戦候処ニ、柴田も当方にてハ悴之時よ
り武篇の数度仕付たるものにて候に付而、三度まて鑓を合
つき崩候といへとも、柴田はた本にて相こたへ、互いき切
申候事、
一秀吉見合候て、小性とも計にて柴田はた本へきり懸、則時
につき崩、七千余討捕候、惣人数ハ木目(越前国)の弓手馬手営の中
へ逃入候事、
一廿二日、越州府中(越前国)へとり懸、諸城相抱候といへとも乗崩首
を刎候へ者、相残城々悉令退散候事、
一越州北庄柴田居城之儀、数年相拵、三千計留守居の者入置
申候所江、柴田馬百騎計ニ而懸入申候事、
一廿三日、息をもつかす追懸、相(惣)構乗崩、則城中のまわり十
間十五間陣取候事、
一柴田に息をつかせ候てハ、手間も入へきと存、日本の治此
節に候間、兵とも討死させ候ても筑前守不覚有間敷と、ふ
つと思切、廿四日寅刻に本城へ取懸、午之刻に本城へ乗入
刎首候事、
一城中に石倉を高築、天守を九重に揚、柴田弐百計にて取籠
候、城中せはく候条、諸勢入込候へハ、たかひ(互)の友道具ニ
而手負死人依在之、惣人数之中(三脱)て兵をゑり出し、天守の内
へうちもの(打物)はかりにて切入せ候へハ、七度まて切出候とい
へとも全休(依)不叶、天守九重目へとり上、諸卒に詞を懸、柴
田か腹の切様見て手本にいたすへき由申付而、東西ひつそ
と静候へハ、さい子(妻)をさし殺、同名のもの七八十人腹をき
り、其外一類身に不替もの八十余腹をきり、廿四日に相果
申候事、
一廿五日、加州江出馬候処、諸城相抱候といへとも、筑前守
太刀風にをとろき、草木まても靡き随ふ躰にて、加州・越

州まで平均に相果候、依之越中の境目金沢(加賀国)と申城に立馬、
国之置目等申付候中、越後長尾(上杉景勝)人質被出、筑前次第と被申
候之条、令赦免候事、
就中信長公之御時、別而被仰談之旨淵底と存候条、此以後
何にても御用之儀可被仰越候、疎意に不可存候、恐々謹言、
(天正十一年)七月廿九日　　秀吉(花押影)
多賀谷修理亮(重経)殿
御返報

七四六　兵庫正直屋宗与宛請取状　「榁井文書」

(摂津国)兵庫船やく七月分の事
合参百貫文、
右請取如件、
天正拾壱年七月晦日　　秀吉(花押)
兵庫正直や
宗与

七四七　所付欠禁制　「誠願寺文書」『武生市史』

禁制
一当手軍勢乱妨狼籍(藉)事、
一山林竹木伐取事、
一野荒之事、付放火之事、
右条条令停止訖、若於違犯輩者、速可処重科者也、仍下知如
件、
天正十一年七月　日　　筑前守(花押)

七四八　浅野弥兵衛尉宛領知宛行状　「浅野文書」東大史影写

江州下甲賀九千七拾石、同栗本郡内壱万千弐百五拾六石、都
合弐万三百石事、目録別紙相副、令扶助畢、永代全可領知之
状如件、
天正拾壱
八月一日　　秀吉(花押)
浅野弥兵衛尉(長吉)殿

七四九　浅野弥兵衛尉宛知行目録　「浅野文書」東大史影写

江州下甲賀所々知行目録事
一九百弐拾六石六斗　　菩提寺

一弐千五拾八石　いしべ《石部》
一千六百石　かうし《柑子》袋
一千三百石　なつミ《夏見》
一六百三拾八石　はりむら《針村》
一三百石　正福寺
一八百五拾石　三雲村
一千百拾弐石　いわね《岩根》

合八千七百九拾石

同国栗本郡内所々知行目録

田上郷之内

一六百五拾石五斗　里村
一六百五拾六石弐斗三升　もり《森》村
一弐百三拾七石七斗八升　へた村
一百参拾九石五斗　はご村
一弐百六拾壱石弐斗三升　田村
一七拾四石弐斗　きりう《桐生》
一七百拾八石弐斗　中野村
一五百七石六斗　まき《牧》村
一三百四拾壱石七斗六升　せき村
一七百四拾四石弐斗　たいし《太支》
一弐百四拾壱石弐斗　とひ《富》川

合四千三百三拾壱石五斗

勢田郷
一千五百九拾壱石四斗
一五百六拾七石　南かさ《笠》
一九百拾七石　野路
上かさ《笠》の内
一千五百七石　野むら　かはら《河原》
一八百七拾石　やはし《矢橋》
一八百弐十九石　中村
一四百参拾四石　せた《瀬田》橋つめ《詰》
一弐百九石　大とりゐ《鳥居》

合六千九百弐十四石四斗

一弐百八拾石　下甲賀正福寺　与力　青木左京進

都合弐万三百石

天正拾壱年八月朔日　秀吉（花押）

浅野弥兵衛尉《長吉》殿

七五〇　浅野弥兵衛尉宛書状　「浅野文書」東大史影写

多羅尾四郎兵衛尉《光俊》分、和束《山城国》内千石、并しからき《近江国信楽》事、為与力申付候条、遂糺明、軍役已下有様可沙汰候也、恐々謹言、

天正十一
八月朔日　秀吉（花押）
浅野(長吉)弥兵衛尉殿

七五一　磯村忠右衛門宛領知宛行状　「磯村文書」『広島県史』

江州浅井郡阿閉分西物部百弐拾石、同神崎郡武部内百石、都合弐百弐拾石事、永代令扶助畢、全可領知状如件、

天正十一
八月朔日　秀吉（花押）
磯村忠右衛門殿

七五二　伊東民部大輔宛領知宛行状写　「伊東系譜」東大史謄写

河州丹南郡内半田村五百石事、進置畢、全可有領知之状如件、

天正十一
八月朔日　秀吉御直判
伊東民部(祐兵)大輔殿

七五三　今枝勘右衛門尉宛領知宛行状写　「蠹簡集残編」東大史謄写

河州古市郡内臼(碓)井村参百四拾石之事、宛行畢、全可有領知状如件、

天正十一
八月朔日　秀吉（花押影）
今枝勘右衛門尉殿

七五四　上部大夫宛領知宛行状　「可睡斎文書」東大史影写

丹州船井郡山内庄内弐百五拾石事、永代宛行畢、可全領知之状如件、

天正十一
八月朔日　秀吉（花押）
上部(貞永)大夫殿

七五五　小椋鍋宛知行宛行状　「小倉文書」東大史影写

江州愛智郡小椋岸本之内以百石殿村、八拾弐石青山、合百八十弐石之事、全可有御知行状如件、

天正十一
八月朔日　　　羽柴筑前守
小椋鍋殿　　　　秀吉（花押）

## 七五六　賀須屋助右衛門宛領知宛行状写　「新編会津風土記」東大史謄写

播州賀（加）古郡内弐千石、河州河内郡内千石、都合三千石事、目録別紙相副令扶助畢、永代全可領知候状如件、
天正十一
八月朔日　　　秀吉（花押影）
賀須屋助右衛門（真雄）殿

## 七五七　片桐加兵衛宛領知宛行状　「成簣堂古文書　片桐文書」

播州揖東郡越部弐百石、上山城相楽内平尾村三百石、河州交野郡戸村五百三十三石六斗、合千三十三石六斗令扶助訖、全可領知状如件、
天正十一
八月朔日　　　秀吉（花押）
片桐（貞隆）加兵衛殿

## 七五八　加藤虎介宛領知宛行状　「紀伊徳川文書」東大史影写

（包紙ウワ書）「かハち（河内）の分　一柳市助（直末）渡候、
加藤虎介（清正）殿
あふミ（近江）の分　小出甚左衛門（秀政）・森三右衛門　渡候、」
江州・城州・河州於三ケ国之内所々、都合参千石事、目録別紙相添、令扶助訖、永代全可領知之状如件、
天正十一
八月朔日　　　秀吉（花押）
加藤虎介殿

## 七五九　加藤虎介宛知行目録　「紀伊徳川文書」東大史影写

知行分所々目録事
江州
一千八百石　栗太郡内てば（出庭）
上山城内
一五拾石
河州

一三百弐石　讃良郡内中がいと(垣内)
同
一七百九拾五石　同郡内北野村
都合参千石
天正拾一年八月朔日　秀吉(花押)
加藤虎介(清正)殿

七六〇　加藤孫六宛領知宛行状　大阪城天守閣

江州・城州・河州・播州於四ケ国之内所々、都合三千石事、
目録別紙相副、令扶助畢、永代全可領知之状如件、
天正十一
八月朔日　秀吉(花押)
か(加)藤孫六(嘉明)殿

七六一　加藤孫六宛知行目録　「近江水口加藤文書」東大史影写

知行分所々目録事
播州
一参百石　明石内
一弐百石　上山城内
江州栗太(ママ)内
一弐千四拾石　矢島
河州八上郡内
一五百五拾四石　中村郷
合参千石
天正拾壱年八月朔日　秀吉(花押)
加藤孫六(嘉明)殿

七六二　萱生左大夫宛判物　「守屋文書」

石田弥三(正澄)代官内以三千石、令扶助訖、物成三分一引以算用、
十一月中可請取者也、
天正十一
八月朔日　秀吉(花押)
萱生左大夫殿

七六三　河副式部宛領知宛行状写　「古文書」東大史写真

江州神崎郡内長生寺を以百六拾石之事、令扶助畢、永代全可
領知之状如件、

天正十一

八月朔日　　秀吉書判

河副式部(正俊)殿

七六四　観音寺宛領知宛行状写　「観音寺文書」東大史写真

江州栗本郡内蘆浦四百拾八石事、任当知行旨、全可有領知之状如件、

天正十一

八月朔日　　御書判

(近江国)観音寺

七六五　久徳左近兵衛尉宛領知宛行状写　「集古文書」東大史謄写

江州犬上郡多賀庄之内以参千石事、目録別紙相副、宛行畢、永代全可有領知之状如件、

天正十一

八月朔日　　秀吉(花押影)

久徳左近兵衛尉殿

七六六　久徳左近兵衛尉宛知行目録写　「集古文書」東大史謄写

江州犬上郡内所々知行目録事

多賀庄内

一千四百九拾九石三斗　　多賀庄

一三百五拾三石五斗　　一円庄

一弐百三拾三石　　野田村

一弐百石七斗　　大か(岡)

一弐百五拾石　　四日のはた(大君ヶ畑)

一五百拾九石

合参千石

天正十一年

八月朔日　　秀吉花押

久徳左近兵衛尉殿

七六七　黒田吉兵衛宛領知宛行状　『黒田家文書』

河州丹北郡内住道村四百五拾石事、宛行畢、全可領知之状如件、

天正十一

八月朔日　秀吉（花押）
黒田吉兵衛殿（長政）

## 七六八　小出小才次宛領知宛行状　八尾市立歴史民俗資料館

河州高安郡万願寺五百八拾石、同五条四百三拾五石、都合千石之事、永代宛行訖、全可領知状如件、
天正十一
八月朔日　秀吉（花押）
小出小才次殿（吉政）

## 七六九　三休宛領知宛行状　「真田家文書」

江州浅井郡阿閉分柳野之内以五拾石事、令扶助訖、全可領知状如件、
天正十一
八月朔日　秀吉（花押）
三休

## 七七〇　杉原七郎左衛門尉宛台所入目録　「浅野文書」東大史影写

江州志賀郡内台所入所々目録事
一八百石八升　志賀村
志賀内
一百五拾石　山門領
一参百拾九石　穴太
一千九拾壱石六斗　上坂本
一百弐拾五石七斗　穴太共ひかへ
一六百石　雄琴
一四百八拾八石　千野
一百拾五石　佐川
一五百石　龍花途中
一参百石　普門村
一参百石　大野村
一千百五拾四石　真野
一千五百石　伊賀立
一弐百八拾七石　苗鹿村
一弐百九拾六石五斗　家田谷口
一百弐拾石　葛川

一八百参拾七石五斗　南庄
一千九百九拾四石　仰木
一千弐百六拾石　比良
一千六百六拾石　小松
定請
一百五拾石　鵜川
一千参百石　木戸
合壱万五千三百五拾石
和邇
一六百六拾五石六斗　川原村
一九百六拾石弐升　小野村
一弐百五拾八石壱斗五升　高城村
一六百七拾七石三斗壱升　栗原村
一七百八拾石参斗三升　北浜村
一弐百八拾石六斗　和邇崎
一弐百六拾五石七升　中浜村
一四百五拾七石壱斗　中村
一弐百六拾四石五斗五升　船路村
合四千六百九石弐斗
犬上郡内
一六百六拾石　南畑

都合弐万六百六拾石
天正拾壱年八月朔日　秀吉（花押）
杉原七郎（家次）左衛門尉殿

## 七一　杉原七郎左衛門尉宛知行目録

「浅野文書」東大史影写

江州志賀郡内知行分事
一弐千弐百七拾八石　比叡辻 戸津
同国高島郡内所々知行目録
川上庄内
一八百六拾八石七斗　地頭領
一五百九拾壱石四斗一升　北仰
一四百弐石九升　桂村
一千拾五石八斗　深清水
一三百八拾六石壱升　大沼
一四百五拾石六斗八升　平崎かまへ（構）
一百四拾弐石七斗六升　同村
一三百七拾八石壱斗三升　中町
一弐百弐拾六石弐斗　井口
一五百弐拾弐石三斗　梅原

一三百五拾弐石三斗四升　岸脇
一五百六拾九石　三谷
一五百拾七石六斗七升　伊井
一弐百五拾五石壱斗六升　酒波
一百拾八石弐斗四升　北生見
合六千五百九十石七斗二升
饗庭庄内
一千百八拾九石弐斗六升　日爪 はり(針)江
一五百六拾五石九斗五升　霜ふり(降)
一七百石七斗三升　五十川
一六百四拾六石七斗一升　深溝
一百七拾石七斗七升　辻沢
一百九拾七石七斗二升　木津
一三百弐石壱斗　岡村
一百四拾七石六斗三升　米内
一弐百五拾七石三斗九升　田井小池 伊小物
一五百弐石六斗一升　山かけ もり(森) たい(田井)
一四百弐十壱石　吉武 五十川 白雲
合五千九拾七石七斗二升
一四百拾五石五斗七升　三尾里

一六百拾三石　藤江今在家
一三百七拾四石　よこ(横)江
一千百五十石　下小川
一千三百弐拾三石三斗　かも(鴨)の庄
一弐百七拾石　拝戸
一五百弐十石　宮之郷
一千百弐十五石　武曽横山
一五百五拾石五斗　野田
一九百七拾九石　永田郷
一三百五拾四石　下古賀
一千弐百拾壱石壱斗　川しま(島)
一千弐百五拾八石六斗　船木 三浜
合壱万百四拾四石七升
新庄十郷
一七百八拾八石四斗　井口(安養) あんやう寺 平井
一九百拾石七斗　北はた(畑) 河原市
一六百九拾壱石三斗七升　新庄堀川
一千六百四拾五石壱斗　太田
一千四百八拾壱石六斗六升　藁薗
一百三拾八石四斗七升　同新庄分

合五千六百五拾五石四斗四升
同国神崎郡内所々知行目録
山上庄内
一五百四拾壱石八斗八升　中井村
一弐百四拾三石六斗　中村
一三百四石六斗七升　かちや村
一三百三拾五石八斗　あい《相》谷
一百四拾壱石八斗六升　まいの村
一弐百弐拾三石　わなみ《和南》村
一三百拾石七斗八升　山田
一百九拾八石三斗二升　高木
合弐千三百三拾六石
惣都合参万弐千百石
天正拾壱年八月朔日　秀吉（花押）
杉原七郎左衛門尉殿（家次）

## 七七二　今井宗久宛知行目録　「今井文書」

摂州欠郡内五ケ庄所々知行目録事
一参百四石三斗壱升　我孫子村
一参百九石一斗五升　杉本村
一参百三拾石九斗壱升　苅田村
一五拾三石六斗六升　赤堀村
一百五拾七石弐斗八升　大豆墳《塚》村
一九百弐拾弐石五斗四升　北花田村
一百弐拾八石壱升　庭井村
合弐千弐百石
天正拾壱年八月朔日　秀吉（花押）
宗久（今井）

## 七七三　竹田法印宛領知宛行状写

「東京国立博物館所蔵文書」東大史影写

城州生田村四拾弐石壱斗、郡村百五拾石五斗、合弐百石事、全可有領知状如件、
天正十一
八月朔日　秀吉
竹田法印（定加）

### 七七四　津田小八郎宛知行目録　「津田文書」金沢市立玉川図書館

播州揖東郡内所々知行目録事

一九拾石　堂本

一七百弐拾七石　かた(片)山村　ひかい(日飼)村

一弐百石　大谷紀介分　こしへ(越部)下庄

合千石

摂州矢田部郡内所々知行事

一百七拾七石　荒田村

一参百四拾壱石　西須磨村

一弐百七拾石　多井畑

一四拾八石　中村

一百六拾六石五斗　池田村

合千石

都合弐千石

天正拾壱年八月朔日　秀吉(花押)

津田小八郎殿

### 七七五　津田与三郎宛領知宛行状　個人蔵

江州野洲郡内西河原六百石、同国大方郡内宝前寺(河内国大県郡法善寺カ)六百石、合千弐百石事、宛行訖、永代全可有領知状如件、

天正十一

八月朔日　秀吉(花押)

津田与三郎(重久)殿

### 七七六　伝宝長介宛領知宛行状写　『淡路草』

河(讃)州更良郡内灰塚村八拾石事、令扶助畢、全可領知之状如件、

天正十一

八月朔日　秀吉(花押影)

伝宝長介殿

### 七七七　東玉入道宛領知宛行状　早稲田大学図書館

江州浅井郡阿閉分柳野之内以弐百石、宛行畢、永可領知状如件、

天正十一

八月朔日　秀吉(花押)

東玉入道《（新庄直忠）》

七七八　中屋左近兵衛尉宛領知宛行状

「保阪潤治氏所蔵文書」東大史影写

江州浅井郡阿閉分内を以百石、神崎郡内百石、合弐百石事、
令扶助訖、永代全可有領知之状如件、

天正十一
八月朔日　秀吉（花押）
中屋左近兵衛尉殿

七七九　野瀬右衛門尉宛領知宛行状

『古典籍下見展観入札会目録』一九九七年

河州高安郡内かくおんし《（楽音寺）》弐百八拾五石事、永代宛行畢、全可
領知状如件、

天正十一
八月朔日　秀吉（花押）
野瀬右衛門尉殿

七八〇　野村内匠宛領知宛行状

「中村孫次郎氏所蔵文書」東大史写真

河州丹北郡内富田郷四百六石七斗、宛行畢、全可有領知状如
件、

天正十一
八月朔日　秀吉（花押）
野村内匠殿

七八一　橋本公文宛判物　「津野神社文書」東大史影写

以石田弥三《（正澄）》代官内弐拾石、令扶助畢、物成三分一引、以算用
十一月中ニ可被請取者也、

天正十一
八月朔日　秀吉（花押）
橋本公文殿

七八二　一柳市助宛領知宛行状　「一柳文書」

山城国内参千五百石、丹波国何鹿郡内弐千七百石、都合六千
弐百石事、目録別紙相添、令扶助畢、全可領知状如件、

天正十一
八月朔日　　秀吉（花押）
一柳市助（直末）殿

## 六三　一柳市助宛知行目録　「一柳文書」

山城国内所々知行目録事
一千五百石　　山科
一四百石　　五ケ庄
一六百石　　十一ケ郷内
一五百石　　田辺村之内
一五百石　　真木（槇）島
合参千五百石
丹波国何鹿郡内所々知行分
一七百五拾石　　志万（方）村上下
一六百七拾石　　報恩寺村
一四百三拾石　　高津村
一百七拾石　　安国寺
一五拾石　　野瀬黒谷
一六百弐拾石　　位田村
合弐千七百石
都合六千弐百石
天正十壱年八月朔日　　秀吉（花押）
一柳市助（直末）殿

## 六四　一柳市助宛台所入目録　「一柳文書」

上山城台所入目録事
一五百石　　相楽　奈良枡
一四百三拾石　　当尾　奈良枡
一四百石　　和束　奈良枡
一百三拾弐石七斗　　戸津
一四百三拾三石五斗　　八幡与介分
一弐百石　　寺田郷
一百石　　岩田
一百三拾石　　富野
一弐百六拾壱石七斗　　南稲八妻
一百拾石　　下津屋
一百三拾石　　祝薗
一六百八拾石　　興福寺領 東大寺領
一弐百石　　田中門跡領
一弐百石　　堺宗無分

一参百三拾三石　栢榴谷
一四百五拾四石　市田郷
一五百三拾五石　霧山 田山 大河原 野殿 高尾 阿地 銭連 飛鳥路
一四百三拾七石七斗　普賢寺内 上村 下村
一七拾石　越津村内
一五拾石　薪内
一八百八拾七石五斗　いで（井手）
一百七拾石　なしま（奈島）
合六千八百四拾五石
河州若江郡内所々
一参千六百弐拾石　若江村
一七百七拾石　かやふり（萱振）村
一弐百石　穴太村
一四百九石七斗　大御堂村
一八拾石六斗　稲田村
合五千八拾石
都合壱万千九百弐拾五石
天正拾壱年八月朔日　秀吉（花押）
一柳市助（直末）殿

## 六五　福島市松宛領知宛行状　「大坪文書」東大史影写

江州□□（河州）両国之内所々、都合五千石事、目録別紙相添、令扶助畢、永代全可領知之状如件、
天正十一
八月朔日　秀吉（花押）
福島市松（正則）殿

## 六六　福島市松宛知行目録　「福島文書」東大史影写

江州栗太郡内所々知行目録之事
多加野
一七百三拾石六斗七升　西河原
多加野内
一千石　林西口
一七百九拾壱石弐斗　塚のこし
一三百八拾六石六斗　宮上 谷口
合弐千九百八石四斗
河州八上郡内
一三百拾七石八斗七升　河合郷
同郡

一千七百拾八石三斗　　金田郷

都合五千石

天正拾壱年八月朔日　秀吉居判

福島市松(正則)殿

七六七　福谷藤介宛領知宛行状　「永原五艤氏所蔵文書」『野洲郡史』

江州神崎郡内新村四百石、令扶助畢、全可領知之状如件、

天正十一

八月朔日　秀吉(花押)

福谷藤介殿

七六八　船越左衛門尉宛領知宛行状写　「古文書」国立公文書館

河州丹南郡内千五百拾石、天野内三百石、淡路本知六百石、都合弐千四百石之事、永代全可有領知候状如件、

天正十一

八月朔日　秀吉判

船越左衛門尉(景直)殿

七六九　船越左衛門尉宛知行目録写　「古文書」国立公文書館

河州丹南郡内所々知行目録事

一弐百拾八石壱斗　島泉

一三百九拾壱石三斗　北村

一弐百四拾七石　向野村

河州錦郡内

一六百弐拾弐石五斗　上原庄

一三百石　天野

合千八百拾石、

一六百石　方々ゟの出作分　日野村

都合弐千四百石、

天正十一年八月朔日　秀吉判

船越左衛門尉(景直)殿

七七〇　夫間勝兵衛宛領知宛行状　「武間文書」東大史影写

河州丹北郡大塚村百三拾三石、令扶助訖、全可有領知状如件、

天正十一

八月朔日　秀吉(花押)

夫間勝兵衛殿

七九一　水野久右衛門尉宛領知宛行状　「久留島家文書」

摂州菟原郡内田辺村七拾四石五斗、同郡本庄内打出村参百三拾五石五斗、都合四百拾石事、永代宛行畢、全可領知之状如件、

天正十一

八月朔日　秀吉（花押）

水野久右衛門尉殿

七九二　森村左衛門尉宛領知宛行状　中央大学図書館

丹州桑田郡内法貴・中村弐百四拾石、令扶助畢、全可領知之状如件、

天正十一

八月朔日　秀吉（花押）

森村左衛門尉殿

七九三　山内伊右衛門尉宛領知宛行状写　『山内家史料　第一代一豊公紀』

河州交野郡きんや（禁野）三百六拾壱石弐斗事、宛行訖、全可有領地（知）之状如件、

天正十一八月朔日　秀吉花押

山内（一豊）伊右衛門尉殿

七九四　山崎源太左衛門尉宛領知宛行状　「備中山崎家文書」

江州愛智郡内八千七百九拾弐石、野洲郡内千七拾四石、犬上郡内四千百五拾四石、都合壱万四千石事、目録別紙相副進置訖、永代全可有領知之状如件、

天正十一

八月朔日　秀吉（花押）

山崎（方家）源太左衛門尉殿

七九五　某宛領知宛行状写　「古文書纂　御上神社文書」東大史影写

江州蒲生郡今在家七拾壱石事、永代宛行畢、全可領知状如件、
天正十一
八月朔日
（宛所欠）

七九六　本庄八郎大夫宛判物写　「紀伊国古文書」国立国会図書館

今度於越之前及一戦、頸并旗数多到来、前代未聞之高名、甚神妙之至、感悦候、因茲太刀一腰贈候、猶追付可指図者也、
（天正十一年）
八月二日　　羽柴筑前守
秀吉判
本庄八郎大夫

○この文書は検討を要する。

七九七　近江国諸職人中宛条々写　「河路佐満太氏所蔵文書」東大史影写

条々
一鍛冶番匠大鋸引事、
一屋葺、付畳指事、
一銀屋并塗師事、
一桶結事、
一鍛冶炭国中諸畑より可出事、
右諸役令免除訖、然上如先々可相勤者也、
天正拾壱年八月五日　　筑前守在判
近江国諸職人中

七九八　末吉勘兵衛宛領知宛行状写　『大阪府全志』

摂州闕郡平野内以百五拾石、令扶助訖、永代可領知状如件、
天正十一年八月十一日　　秀吉花押
末吉勘兵衛殿（利方）

七九九　烏丸宛領知宛行状　「日野烏丸文書」中京大学文学部

摂州上牧之事、天正十年五月以前迄任御朱印旨、被召置分事、如先々全可有御領知候、恐惶謹言、

天正十一　　羽柴筑前守
八月十二日　　秀吉（花押）
烏丸殿（光宣）
人々御中

八〇〇　道明寺宛寺領宛行状　「道明寺天満宮文書」

河州志紀郡内当寺領百石事、寺納不可有相違状如件、

天正十一
八月十二日　　秀吉（花押）
道明寺（河内国）

八〇一　水無瀬宛領知宛行状　大阪城天守閣

摂州広瀬事、天正十年五月以前迄任　御朱印旨、可被召置候、但右兵衛督（水無瀬親具）殿分相除之、如先々可有御領知候、恐惶謹言、

天正十一　　羽柴筑前守
八月十二日　　秀吉（花押）
水無瀬殿（兼成）
人々御中

八〇二　織田熊介宛領知宛行状　『思文閣古書資料目録』一八七

城州木津庄内を以五百石、進置候、全可有御領知候、恐々謹言、

天正十一　　羽柴筑前守
八月十七日　　秀吉（花押）
織田熊介殿
御宿所

八〇三　杉原七郎左衛門宛書状　「村上大憲氏所蔵文書」東大史影写

今日、我ら令湯治、其許留守以下事能々申付、来廿八九日比皆々召連候て、至大坂可相越候、将亦姫路（播磨国）よりも女房共湯に入候、然者きりもゆに入度由申候つるまゝ、馬にのせ、下女

一人そへ、これも馬にのせ候て、其許ゟ直に相越候様ニ可申
付候、なかい留守にもよく〳〵申付候へと可申聞候、尚以其
元儀留守以下かたく申付候て、廿八九日比可相越候、尚重而
可申越候、恐々謹言、

筑前守

(天正十一年)八月十七日　秀吉(花押)

□(杉)原□(七郎左衛門家次)殿

八〇四　小野木清次他宛書状　大阪城天守閣『城下町大阪』

此書状羽柴三郎兵衛(瀧川雄利)かたへ市介(一柳直末)者ニもたせ候て可遣候、
態申候、千塚(河内国)之石一段能候間、可持候条、従彼地若江(河内国)之本道
まて道事、早々可造候、不可有由断候、為其申候、恐々謹言、

筑前守

(天正十一年)八月十九日　秀吉(花押)

小野木清次(重次)殿

一柳市介殿

八〇五　正直屋宗与宛知行宛行状　「棰井文書」

当津(摂津国兵庫)内其方拘分弐拾弐石五斗事、令扶助畢、可全知行者也、
仍如件、

天正十一

八月廿一日　秀吉(花押)

正直宗与(正直屋)

八〇六　一柳某宛書状　「富田仙助氏所蔵文書」東大史影写

書状拝見候、仍堺(和泉国)宗久(今井)令逐電由候、如何様之子細候哉、沙汰
外候、誰哉之者おとし候て其分候哉、宗久事者早々可罷帰由
可申遣候、宮法(松井友閑)へも書状遣し候、其分可申付由候、将亦石持
道事、無由断申付由尤候、随而普請者共宿事、播州衆なとも
見計方切々仕候て、宿儀可相渡候、恐々謹言、

筑前守

(天正十一年)八月廿二日　秀吉(花押)

一柳□殿

八〇七　賀茂社隼人正他宛書状

「賀茂別雷神社文書」東大史影写

就令湯治、為音信縮羅二端到来、寔遠路之懇志、祝着之至候、
尚岡本宮内少輔(正親)可申候、恐々謹言、

筑前守
秀吉（花押）

八月廿六日（天正十一年）
賀茂社（山城国）
隼人正殿
出雲守殿

## 八〇八　石川加介他宛書状　「稲木文書」東大史影写

書中披見候、先度申付候道儀、水つきニ付而、天王寺（摂津国）之古道相拵之由、得其意候、然者千塚（河内国）之石可然候ハヽ、それゟ之道をも同事ニ見計可造候、何も不可有由断、尚期後音候、恐々謹言、

筑前守
秀吉（花押）

八月廿八日（天正十一年）
石川加介（光茂）殿
一柳市介（直末）殿
小野木清次（重次）殿

## 八〇九　赤松弥三郎宛普請石持掟　『思文閣古書資料目録』二一四

普請石持付而掟

一石もち之事、書付雖在之、とり次第たるへし、但よせ候て奉行付置候石ハ取間敷事、

一宿事、在々を取候ハヽ、石のとり場遠候条、其石場に野陣をはり候歟、又ハ大坂ニ宿在之衆ハ、面々宿より被出候共、其身覚悟次第たるへき事、

一石もち候て帰候ものハ、かたより（片寄）候て可通、大石おもき石ニハ、かろき石かたよるへき事、

一けんくわ（喧嘩）口論於在之者、曲事たるへし、但一方有堪忍、筑前守於被言上者、雑言仕懸候者くせ事たるへき事、

一下々者百姓にたいし不謂族申懸候ハヽ、其者可為曲事候条、右くせ者可有成敗処、あはれミ（憐）をいたし用捨於在之者、科人事ハ不及申、其主人迄可為越度事、

右条々定置所如件、

天正十一年八月廿八日　筑前守（花押）
赤松弥三郎（斎村政広）殿

## 八〇　黒田官兵衛尉宛普請石持掟　「光源寺文書」

普請石持付而掟

一石持事、書付雖在之、とり次第たるへし、但よせ候て奉行を付置候石ハ取間敷事、

一宿事、在々を取候ハヽ、石のとり場遠候条、其石場に野陣をはり候歟、又ハ大坂ニ宿在之衆ハ、面々宿より被出候共、其身可為覚悟次第事、

一いしもち候て帰候者ハ、かたより《(片寄)》候て可通、おもき石ニハ、かろき石かたよるへき事、

一けんくわ《(喧嘩)》口論於在之者、曲事たるへし、但一方有堪忍、筑前守ニ於被言上者、雑言仕懸候者くせ事たるへき事、

一下々者百姓にたいし不謂族申懸候ハヽ、其者可為曲事候条、右くせ者可有成敗処、あはれ《(憐)》ミをいたし用捨於在之者、科人之事ハ不及申、其主人まて可為越度事、

右条々所定置如件、

天正十一年八月廿八日　筑前守（花押）

黒田官兵《(孝高)》衛尉殿

## 八一　前野将右衛門尉宛普請石持掟　大阪城天守閣

普請石持付而掟

一石持事、書付雖在之、とり次第たるへし、但よせ候て奉行を付置候石ハ取間敷事、

一宿事、在々を取候ハヽ、石のとり場遠候条、其石場に野陣をはり候歟、又ハ大坂ニ宿在之衆ハ、面々宿より被出候共、其身覚悟次第たるへき事、

一いしもち候て帰候者ハ、かたより《(片寄)》候て可通、大石おもき石ニハ、かろき石かたよるへき事、

一けんくわ《(喧嘩)》口論於在之者、曲事たるへし、但一方有堪忍、筑前守ニ於被言上者、雑言仕候者くせことたるへき事、

一下々者百姓にたいし不謂族申懸候ハヽ、其者可為曲事候条、右悴者可有成敗処、あはれ《(憐)》ミをいたし用捨於在之者、科人之事ハ不及申、其主人まて可為越度事、

右条々定置所如件、

天正十一年八月廿八日　筑前守（花押）

前野将《(長康)》右衛門尉殿

八二　普請石持掟写　「初瀬廊坊大典文書」

普請石持付而掟

一□□□(石持事)、書付雖在之、執次第たるへし、但よせ候て奉行を付置候石ハ取間敷事、

一宿事、在々を取候者、石の取場遠候間、其石場に野陣をはり候歟、又ハ大坂ニ宿有之衆ハ面々宿より被出候共、其身可為覚悟次第之事、

一石持候て帰候者ハ、片寄て一通(可カ)、大石をも□(き)石にハかろき石かたよるへき事、

一喧嘩口論於有之ハ、可為曲言、但一方有堪忍、筑前守ニ於被謂上者、雑言仕懸候者可為曲言事、

一下々者百姓にたいし不謂族申懸候ハヽ、其者可為曲事候条、右曲者可有成敗処、憐をいたし用捨於有之ハ、科人事ハ不及申、其主人まて可為越度事、

右条々所定置如件、

天正十一年八月廿八日　　筑前守

八三　石持等ニ付定　「北風文書」東大史影写

定

一対百姓不謂儀申懸族一銭切たるへき事、

一田畠作毛あらすへからさる事、

一石持者共不可宿借事、

右条々違背之輩在之者、速可加成敗者也、仍下知如件、

天正十一年八月廿八日　　筑前守（花押）

八四　一柳市介宛普請石持掟　「一柳文書」

普請石持付而掟

一石持候事、書付雖在之、取次第たるへし、但よせ候て奉行を付置候石ハ取間敷事、

一宿事、在々を捕候者、石のとりは遠候間、其石場に野陣をはり候歟、又ハ大坂ニ宿在之衆ハ、面々宿より被出候共、其身可為覚悟次第事、

一石もち候て帰候者、かたより(片寄)候て可通、大石重石にはかろき石かたより可通事、

一喧嘩口論於在之者、曲事たるへし、但一方有堪忍、筑前守ニ於被言上者、雑言仕掛候者くせ事たるへき事、

一下々者百姓にたいし不謂族申懸候者、可為曲事条、右曲者可有成敗処、致憐用捨於在之者、科人事ハ不及申、其主人まて可為越度事、

右条々所定置如件、

天正十一年八月廿九日　筑前守（花押）

一柳市介《直末》殿

## 八二五　摂州本庄他宛石持定　「西宮神社文書」

摂州

本庄

芦屋郷

山路庄

定

一対百姓不謂儀申懸族一銭切たるへき事、

一田畠作毛あらすへからさる事、

一石持者共不可宿借事、

右条々違背輩在之者、速可加成敗者也、仍下知如件、

天正十一年八月廿九日　筑前守（花押）

## 八二六　某宛船役請取状　「北風文書」東大史影写

兵庫《摂津国》船やく八月分の事、

合弐百八拾貫文、

右所請取如件、

天正十一年八月晦日　秀吉（朱印）

（宛所欠）

## 八二七　某宛自筆書状　『豊大閤真蹟集』

ゆ《湯》へはお、く候て、二七日、我らハ一七日ほといり候へく候、ふしん《普請》を申つけ候ハんま、、いそか《忙》わしく候へとも、それさまをゆへいり候ハんためにとて、ふしん又ハさいか《雑賀》のちん《陣》ものへ申候、ちくせん《筑前》はち《罰》あたり申候ハん、よく〳〵ちくせんき《気》にあい候ように、なかにつけてきにあい候ように可然候、以上、

又申候、るすの物一日のことくによく候へく候、又大たにの五もしへおきやしないをよくおき、ふへ《不便》ニなきようにめされ候へく候、又は、にて候物ハ、いまたたちま《但馬》にい申候や、かしく、

「（ウワ書）

又□　（墨引）　より ちくせん」

○天正十一年八月。

## 八八　金剛寺三綱宛寺領宛行状　『大日本古文書　金剛寺文書』

当寺領参百七石事、申付上者、全寺納不可有相違状如件、

天正十一

九月朔日　秀吉（花押）

（河内国）金剛寺

三綱

## 八九　結城宛書状写　「佐竹文書」東大史影写

去六月廿四日之御状拝閲、本望之至候、寔遠路之御音問難謝候、

一去年六月二日明智（光秀）全（企）謀叛、夜討同前ニ、於京都信長（織田）御父子（信忠）即作御腹候、不慮成次第無是非題目候、其刻我等西国江相働、於備中国城々責崩、并高松与申城取巻候処ニ、三方ニ沼を抱、力責ニ不成段筑前見及、水責ニ可仕与存、堤を築、其国之河之事ハ不及申、備前国の川迄切懸、覃難儀付而、為後巻毛利（輝元）・小早川（隆景）・吉川（元春）五万計ニ而罷出、六七町之間令対陣、可後巻雖相定候、不能承引付而、弥城中令迷惑候刻、同四日巳刻、於京都信長被召御腹之由注進之間、右之高松六日ニ責崩、城主之事ハ不及申悉刎首、即七日ニ毛利・小早川陣所江切懸、可討果覚悟候所、色々令悃望、毛利相拘候国五ケ国、其上人質両人出候条請取、令赦免、則九日播州姫路迄馬を納候事、

一同十日人馬之息をも不続切上、同十三日ニ於山城国山崎表及一戦切崩、明智日向守事ハ不及申、其外五千余討捕、御国ニ不相届者共悉成敗申付、御分国相治候事、

一去年六月中、国々致知行分、信長御子達ハ不逮申、宿老共迄令支配、筑前守者播州姫路ニ在之、五畿内異見候処ニ、三七殿（織田信孝）・柴田修理亮（勝家）・瀧川左近（一益）両三人申合、企謀叛雖令調儀候、筑前守不能許容、即江州与越前之境目在之柳瀬（近江国）表江、去三月ニ馳向、致居陣候事、

一去四月廿一日覃一戦候所、柴田修理亮も当方ニてハせかれより数度之武篇を仕付候者ニ而候付而、三度迄鑓を合雖衝崩候、旗本ニ而相こたへ、互人数いききれ候事、

一秀吉見合候て小姓共斗ニ而柴田旗本江切懸、即時ニ衝崩、七千余討殺候、惣人数ハ木目（越前国）之弓手馬手之営之中江北入候事、

一廿二日越州府中（越前国）江取懸、諸城雖相抱候、乗崩刎首候得者、相残城々悉令退散候事、

一越州北庄柴田居城之儀、数年相拵三千斗留守之者置申所江、

修理亮馬百騎斗ニて懸入候事、
一廿三日息をもつかせす惣構乗破、即城中之廻り十間十五間ニ陣取せ申候事、
一柴田に息をつかせてハ手間も可入と存、日本之治此時ニ候条、兵共を討死させても筑前不覚ニハ有間敷候とふつつと思切、廿四日寅刻ニ本城江取懸、午刻ニ乗入刎首候事、
一城中ニ石蔵を高築、天主を九重ニ揚、柴田弐百斗ニて取籠候、城中せばく候条、諸勢入込候得者、互之友道具ニて手負死人依有之、惣人数之中ニて兵をゑ(撰)り出、天主之内江うち物斗ニて切入せ候へハ、七度迄雖切出候、禦儀依不相叶、天主九重目江取上、諸卒ニ詞を懸候て、修理亮か腹の切様見申候て手本ニ可致候由申候て、東西ひつそ(静)としつまり候へハ、妻子共指殺、同名之者共七八十腹を切、廿四日ニ相果候事、
一それより直加州へ出馬候所、諸城雖相抱候、筑前太刀風ニ驚、草木迄なひきしたかふ躰ニて、加州・能州・越中迄平均ニ相果候、依之越中境目金沢(加賀国)と申城ニ立馬、国之置手申付候内ニ、越後長尾(上杉景勝)人質を被出、筑前次第と被申候条、令赦免候事、就中自前々被仰談儀候条、向後何ニても御用之義蒙仰、不可存疎略候、尚御使僧任口上候条、令省略候、
恐々謹言、

(天正十一年)九月四日　秀吉(花押影)

結城殿
御返報

## 八二〇　馬場紹福宛秀吉袖朱印前田玄以判物　『杉本要翁追悼古典籍入札会目録』

秀吉(朱印)

岩崎与三郎与其方借銭之儀ニ付而、今度令裁許候処、与三郎申様非分ニ落着候条、遂算用、借銭之通可召置者也、

天正拾壱
九月五日　玄以(前田)(花押)

馬場紹福

## 八二一　誉田八幡社僧中宛社領寄進状　「誉田神社文書」東大史影写

河州志紀郡沢田内以弐百石、令寄進訖、全可有社納状如件、

天正十一
九月十九日　秀吉(花押)

誉田八幡(河内国)

社僧中

八二二　湯山惣中宛判物　「余田文書」

本願寺(顕如)御門跡御湯治之条、別而入精可馳走事肝要候、為其態
申遣候也、

(天正十一年)九月十九日　　秀吉(花押)

湯山(摂津国)
惣中

八二三　上部大夫宛書状　「可睡斎文書」東大史影写

就山田(伊勢国)三方徳政儀、倉方申分儀得其意候、信雄(織田)江御理申上
可相済候、自然其間ニ誰々何角申儀候者、急度可申付候間、
可心安候、恐々謹言、

(天正十一年)九月廿六日　　筑前守
秀吉(花押)

上部大夫(貞永)殿
進之候

八二四　安井清右衛門宛判物　「安井文書」『大阪府史』

河内国渋河郡久宝寺村高千五拾石者、為定請金子弐拾六枚究
候、并詰夫壱人可出者也、

天正十一
九月廿七日　　秀吉(花押)

安井清右衛門殿

八二五　黒田官兵衛尉宛領知宛行状　『黒田家文書』

播州揖東郡内あそふ(阿曽)村六百石、并篠村内浅野弥兵衛(長吉)分三百石、
久野権右衛門尉分百石、都合千石事、申付上者、永代可被全
領知之状如件、

天正十一
拾月二日　　秀吉(花押)

黒田官兵衛尉(孝高)殿

八二六　道祐宛領知宛行状　「相馬藩士生駒家文書」

播州印南郡内志方千五百石、河州丹北郡矢田部村弐百四十石、
合千七百四拾石令扶助畢、全可有領知状如件、

天正十一
十月二日　　　秀吉（花押）
道祐

八二七　本願寺光佐宛書状　「本願寺文書」

（包紙ウワ書）
「　　　　　　羽柴筑前守
本願寺　　　　　秀吉
　御報　　　　　　　　」

御湯治付而預御使札、殊栗二籠被懸御意候、祝着之至候、猶以町中可令馳走旨申付候、御用之儀承、不可存疎意候、恐惶謹言、

（天正十一年）
十月五日　　　秀吉（花押）
（顕如）
光佐
　参　御報

八二八　河毛次郎左衛門尉宛領知宛行状
「河毛文書」東大史影写

江州犬上郡我孫子村内を以弐百石、永代令扶助畢、可被全領知之状如件、

天正十一
拾月六日　　　秀吉（花押）
河毛次郎左衛門尉殿

八二九　松下賀兵衛尉宛知行目録　「赤木文明堂文書」

丹波国船井郡所々知行目録事

一八拾参石弐斗六升　佐々江村
一百九石七升　大藪村
一百六拾八石　越方村
一百弐拾壱石壱斗　石田村 新堂村
一百拾弐石　下山之内
一百九拾石七斗　片山村 寺谷村
一弐拾四石五斗　国府村
一七拾五石九升　木崎村
一六拾五石　観音村
一四拾壱石弐斗五升　横田村内
一八拾四石弐斗　千妻村
一百拾弐石弐斗弐升　大戸村之内
一七石八斗　高田村

一参拾六石　　夜賀村
一五拾参石　　薗部村
一参拾五石七斗　　青戸村
一四百石　　志和賀村
一弐百五拾石　　河内国さらゝ（讃良）の郡内
　　　　　　　　うつまさ（太秦）村
都合弐千石

天正拾壱年拾月六日　　筑前守
　　　　　　　　　　　　秀吉（花押）
松下（之綱）賀兵衛尉殿

## 八三〇　正直屋宗与宛船役請取状　「榁井文書」

請取（摂津国）兵庫津船役事
合弐百廿貫文者、但九月分也、
右所請取如件、
天正十一年拾月八日　　秀吉（朱印）
　　　　正直屋宗与

## 八三一　千石権兵衛尉宛書状　大阪城天守閣

尚以讃州引田表、其外敵地、無昼夜境かせき申付由尤
候、弥無由断可被申付候、以上、
書状之旨一々得心候、其元諸事無由断申付由尤候、就其別紙
申越趣、能々遂糺明成敗可仕候、委細寺木口上ニ相含候、
恐々謹言、
（天正十一年）拾月十日　　筑前守
　　　　　　　　　　　　秀吉（花押）
千石（秀久）権兵衛尉殿

## 八三二　穂田治部太輔宛書状写　「朝鮮征伐備制」東大史謄写

雖未申通候令啓候、抑今度貴国此方入魂申付而、各御上国候、
就其御太刀一腰・馬一疋并銀子百枚贈給候、祝悦之至候、随
而来島（通昌）帰国之儀、委細対安国寺（恵瓊）申渡候条、領知者如先々無異
儀様御馳走専要候、殊貴所御間柄之由候条、別而可被入御精
事尤候、猶蜂須賀（正勝）・黒田（孝高）可申候、恐々謹言、
（天正十一年）十月十八日　　秀吉
穂田（元清）治部太輔殿

御宿所

八三三　徳川参河守宛書状写　『武徳編年集成』

従甲州御帰城候間、以一翰申入候、仍信州御手置候、丈夫被
仰付候由、肝要存候、兼而又関東ハ無事之儀被仰調候よし、
被仰越候、乍去于今御遅延に候、如何之義に御座候哉、最前
上様(織田信長)御在世之御時、何茂無御疎略方々に候間、早速無事も
被仰調尤候、自然何角延引有之仁御座候ハヽ、其趣被仰越候
ハヽ、御談合申、急度其行可有之候、随而日向巣鷹弟鷹、爰元
ニハ珍敷候間進上候、従九州近日鷹可上由候間、重而可進之
候、委細之段西尾小左衛門(義次)に申含候、恐々謹言、
羽柴筑前守
秀吉
十月廿五日(天正十一年)
参河守殿(徳川家康)
人々御中

八三四　宇民宛書状　上智大学キリシタン文庫

態令申候、大原表之儀付、談合為可申、至坂本(近江国)伊藤与三右衛
門尉差越候、早々御出尤候、為其生熊(左介)口上ニ申含進之候、
恐々謹言、
羽筑
十一月四日(天正十一年ヵ)　□□(花押)
宇民
人々御中

八三五　某宛書状　「常順寺文書」東大史影写

九月三日御札、具令拝見候、
一去夏先書ニ委曲如申入候、北国西国不残申付候故、小早(秀包)
川・吉川(経言)両人事、去朔日ニ致出仕、在大坂仕候事、
一大坂事、五畿内之廉目能所ニ候之間、居城相定、念を入普
請申付、悉出来候之事、
一御国之儀、悉承届候、家康(徳川)我等別而無等閑候之条、其表無
事之儀モ可為秀吉次第候、相州之儀者不及事候、何モ不日
慥之御使者可被差上之由候、旁其節可申承候、尚御使へ申
渡候、恐々謹言、
十一月五日(天正十一年)
秀吉(花押)
(宛所欠)

## 八三六　稲葉本知・新知目録　「豊後臼杵稲葉文書」東大史影写

稲葉(一鉄)本知・新知目録

一六千三拾六貫百四拾九文　赤坂川より西
　此内
　弐千五百五拾三貫文　まき(牧)田川の北
　三千四百八十三貫百四十五文　まき田川の南
一壱万五百八拾六貫四百四十三文　赤坂川と六川の間
　九千弐百九十九貫九百六十二文　道北
　此内
　千弐百八拾六貫四百八十文　道南
一九千八百七拾五貫弐拾九文　六川と見ゑ(美江)寺川ノ間
　八千拾六貫七百卅六文　やぶ(藪)川とくせ(久瀬)川ノ間
　此内
　千八百五十八貫弐百九十三文見ゑ寺川と六河ノ間
　此内九百十壱貫弐百四十文　道南
一弐千九百三貫六百八拾文　見ゑ寺川といづぬき(糸貫)川の間
　千六百四拾九貫四百九十文　道北
　此内
　千弐百五十四貫百九十文　道南
一五千九貫七百七拾七文　いつぬき川と江戸河之間
　四千八百八十壱貫九百廿三文　道北
　此内
　百弐拾七貫八百五十四文　道南
一弐千八百卅三貫五百卅文　たん(旦)川といじら(伊自良)川間
一弐千百八拾弐貫文　だん川より東
一七百八拾貫三百拾文　段銭小成物
　都合四万百六拾七貫弐百廿三文　大垣(美濃国)帳面より此方へ可参分
右之内
　夫銭・反銭在之、
　三千七十壱貫三百八十五文　不破分
　三百九拾八貫九百十八文　勘右衛門(稲葉重通)分
　十一月(天正十一年)十日

## 八三七　広瀬兵庫助宛書状　『古裂会』七二

其方在所広瀬(美濃国)弐ケ村事、従上様(織田信長)御時当知行旨、聊不可有相違候、池田(恒興)・稲葉(一鉄)両人江も其通申候間、不可有別儀候、若何角申族於在之者、右趣可申届候、恐々謹言、
　天正十一　　筑前守

十一月十二日　秀吉(花押)

広瀬兵庫助殿

八二八　稲葉伊与入道宛定　「豊後臼杵稲葉文書」東大史影写

定

一今度池田(恒興)方・其方申事付而、互物成押領分於在之者、可被持返事、

一池田方之百姓年貢をはらミ、稲葉知行へ立隠候歟、又稲葉方之百姓年貢をはらミ、池田知行へ立隠族在之者、第一申事基候条、互急度相届候上、無沙汰之輩堅可為成敗事、

一諸奉公人、或緩怠・盗人・喧嘩・口論、或主・寄親へ号不足、暇不乞ニ権家へ立入候事可為停止、若拘置輩在之者、其者者可為成敗事、

一公事篇ニ不限、喧嘩・口論・盗人以下於難決者、片切・伊木・那波・古江双方罷出可相決、其上ニも不道行ハ、訴人論人召連大坂へ罷登、可請批判事、

一双方如此相定上、村質郷質一切停止事、

右条々無相違様、堅可被制止者也、仍如件、

羽柴筑前守

天正拾一年十一月十三日　秀吉(花押)

稲葉伊与(一鉄)入道殿

○紙継目裏に秀吉の花押あり。

八二九　稲葉伊与入道宛知行目録

「豊後臼杵稲葉文書」東大史影写

濃州内所々知行目録事

東ハ六川ヲ切、西ハ赤坂山ヲ切、北ハいび(揖斐)川□(をカ)切、南ハ岐阜(美濃国)海道大道を切る、

一壱万参千六拾七貫九百文

此内参千七百六拾七貫八百九十文　池勝(池田恒興)分

東ハやぶ川を切、西ハ六川ノ上くんぜ川を切、北ハ山中まて、

一壱万参千弐百廿八貫九百文

此内五千弐百拾弐貫弐百五拾文　池勝分

一弐百八拾八貫文　但そね(曽根)より大柿へ出段銭分也、

東ハ赤坂川を切、西ハ山中・玉村まて、南は牧田川を切、北ハ山中まて、

一六千五百参拾六貫九百文

此内参千九百八拾三貫八百八拾文　池勝分

東ハ野口川を切、西ハ山中まて、南ハゆい羽を切、北

八牧田新川を切る、

一六千九百六拾五貫文

此内参千四百八拾弐貫百四拾文　　池勝分

都合四万八拾六貫七百文

右、知行割儀、双方上使相対算用之上、我等見及、上中下を引合、無甲乙様分候而進候上者、互任此目録旨、御領知尤候、仍如件、

天正拾壱年十一月十三日　　羽柴筑前守

秀吉（花押）

稲葉伊与（一鉄）入道殿

○紙継目裏に秀吉の花押あり。

## 八四〇　中川藤兵衛尉宛書状　「中川家文書」神戸大学文学部

為音信、被越朽木調右衛門尉、殊両種三荷到来候、寔遙々御心入、怡悦候、随而中島（摂津国）普請儀、無由断被申付由尤候、早々出来由候、被入精候験喜悦候、軈而可下向之条、面時可申述候、恐々謹言、

（天正十一年）十一月十五日　　羽筑

秀吉（花押）

中川藤兵衛（秀政）尉殿

御返報

## 八四一　賀茂社中宛書状　「賀茂別雷神社文書」東大史影写

貴布祢山（山城国）之儀、先年従市原野（山城国）雖申懸、被遂糺明理運無紛之上者、此方へ誰〳〵申来候共、不可能承引候、如有来可被仰付段肝要候、恐々謹言、

（天正十一年）十一月十七日　　羽柴筑前守

秀吉（花押）

賀茂（山城国）

社中

## 八四二　山田倉方中宛書状　「可睡斎文書」東大史影写

為音信、白鳥一・海老百・蚫百到来候、早々遠路之懇志怡悦候、猶上部大夫（貞永）可申候、恐々謹言、

（天正十一年）十一月十九日　　筑前守

秀吉（花押）

山田（伊勢国）

倉方中

八四三　賀茂社惣中宛判物　「賀茂別雷神社文書」東大史影写

国々当社領事、年来任当知行旨、弥不可有相違之状如件、

天正十壱
十一月廿二日　秀吉（花押）
（山城国）賀茂社
惣中

八四四　賀茂社惣中宛判物　「賀茂別雷神社文書」東大史影写

（山城国）賀茂社領境内六郷并所々散在等事、従先規三社領内為守護使不入、度々任　御下知御朱印旨、山林竹木人足非分課役以下、如先々弥令停止者也、仍如件、

羽柴筑前守
天正十一年十一月廿二日　秀吉（花押）
賀茂社
惣中

八四五　立入立佐宛領知宛行状　「立入家文書」

江州志賀郡之内、山中在之其方買得分六石弐斗事、任当知行旨、弥全可被領知状如件、

天正十一
十一月廿二日　秀吉（花押）
（宗継）立入立佐

八四六　当寺雑掌宛判物　「妙心寺文書」東大史影写

（山城国、以下同国）妙心寺・龍安寺・大心院諸塔頭領寄進、買得、所々散在祠堂銭徳政、并剪採竹木、臨時課役等事、任数通之　御下知御朱印旨、令免除上者、弥全可有寺納之状如件、

羽柴筑前守
天正拾壱年十一月廿二日　秀吉（花押）
当寺
雑掌

## 八四七　前田又左衛門尉宛書状　「賀茂別雷神社文書」東大史影写

賀茂社領能州羽咋郡内五ケ村在之分、并賀州金津庄拾ケ村事、如先々可被相渡候、分国中何も無相違申付候条、如此候、恐々謹言、

(天正十一年)十一月廿二日　羽筑　秀吉(花押)

前田又左衛門尉(利家)殿

御宿所

## 八四八　龍安寺宛寺領宛行状　「龍安寺文書」東大史影写

当寺領摂州太田郡内溝杭村弐拾八石八斗四升、同国能勢郡内倉垣村五拾八石参斗事、任当知行旨、弥寺納不可有相違候状如件、

天正十一

十一月廿二日　秀吉(花押)

(山城国)龍安寺

## 八四九　某宛寺領宛行状　「久能木文書」東大史影写

当御寺領摂州四ケ庄内弐拾石事、被任御当知行旨、弥御寺納不可有相違状如件、

天正十一

十一月廿二日　秀吉(花押)

□□寺殿

雑掌

## 八五〇　蜂須賀彦右衛門尉他宛書状　『黒田家文書』

両度之書状并安国寺(恵瓊)返札旨、委細令披見候、境目城之儀、早々請取候かと存処ニ、于今無其儀旨、沙汰限次第候、併両人由断曲事候、急度於不相済者、時分柄事候間、両人可罷帰候、安国かたへも其通申下候、将亦祝言儀も、年内難相調旨被申由候、輿まて差下候て、互心安つゝと申候之上者、更々手間も不入事候、近比不相届仕立候、不及是非候、急度相究可申候、恐々謹言、

(天正十一年)十一月廿四日　筑前守　秀吉(花押)

蜂須賀彦右衛門尉(正勝)殿

黒田官兵衛尉(孝高)殿

八五一　浅野弥兵衛宛切手写　「太祖公済美録」東大史写真

米拾石、するかかた(駿河)へ可相渡者也、

天正十一年十一月廿七日　秀吉(花押影)

やひやうへ(浅野弥兵衛長吉)

八五二　加納村宛判物写　「棚橋文書」

其村山境のしひら東角限、北ハ峰限、西ハ大堀限入可申候、如前々山年貢令免許者也、

天正十□(一カ)年　筑前守

十一月日　御在判

加納村

○この文書は検討を要する。

八五三　妙心寺宛禁制写　「集古文書」東大史謄写

禁制　妙心寺(山城国)

一伐採竹木事、

一殺生事、

一当寺領違乱事、

右条々不可有相違之状如件、

天正十一

十一月日

八五四　蜂須賀彦右衛門尉他宛書状　『黒田家文書』

去月廿九日書状、昨日二日到来、令披見候、安国寺(恵瓊)・林杢(就長)并毛利家老之者共、猿懸(備中国)迄相越由得心候、先手寄之城四五ケ所相渡へき由尤候、早々可請取候、おも口成方候間、悉同時ニ相渡候様ニ者在之間敷候間、高山(美作国)なとのやうなる肝要之城々より渡次第ニ可請取候、不可有由断候、尚追々可被申越候、恐々謹言、

(天正十一年)十二月三日　秀吉(花押)

蜂須賀彦右衛門尉(正勝)殿

黒田官兵衛尉(孝高)殿

八五五　正直屋宗与宛船役請取状　「榁井文書」

請取　ひやうこ(摂津国兵庫)ふなやく(船役)銭事

合百五拾貫文 但十月廿六日まで分、
右如件、

天正十一年十二月九日　秀吉(朱印)

正直や宗与

## 八五六　誉田八幡宛判物　「誉田神社文書」東大史影写

於当宮社僧拾五間、社人拾三間、神子五人之事、諸役并陣取以下令免除状如件、

天正十一　筑前守

拾弐月十一日　秀吉(花押)

誉田(河内国)八幡

## 八五七　篠原太郎左衛門尉宛書状　「篠原文書」東大史影写

去四日至阿州表権兵衛尉(千石秀久)相動、河北悉令放火、則河端(阿波国)城押詰、外構乗崩、数輩討取之刻、粉骨旨聞届候、寔度々忠節神妙候、来春者早々可出馬之条、弥無由断心懸肝要候、尚権兵衛尉可申候、恐々謹言、

(天正十一年)十二月十一日　筑前守

秀吉(花押)

篠原太郎左衛門尉殿

## 八五八　千石権兵衛宛書状写　「改撰仙石家譜」東大史謄写

書状之旨、逐一令披見候、

一去四日至阿州表讃岐十河・安富合手、河北(阿波国)不残令放火、則河端(阿波国)城押詰、外構乗崩、首八十余討取被指上、実ニ安度(堵)候、

一今度於阿州表令忠節面々ニ対し一札被遣候、忠節神妙ニ候間、能々可被申聞候、猶以入念、無越度様分別尤ニ候、尚寺木口上ニ相含候、恐々謹言、

(天正十一年)十二月十一日　筑前守直判

千石権兵衛(秀久)殿

尚以今度高名之もの共、能々書付候而可被参候、来春我々褒美可申付候間、出馬之刻聞届、寺木へ申含候、

## 八五九　小西弥九郎宛書状　大阪城天守閣

尚以材木船事、今まで令由断儀曲事候、早々申付、船相越候て材木可召寄候、

従姫路(播磨国)取寄候家材木船事、其方手前不相越候、由断沙汰限候、早々申付可相届候、将亦先度之馬屋かすかい(鎹)不相越由、如何

儀候哉、是又急度可相届候、恐々謹言、

筑前守

（天正十一年ヵ）十二月十四日　秀吉（花押）

小西弥九郎（行長）殿

○『大日本史料』は天正十年とする。

八六〇　丹州保津庄筏士拾五人中宛判物　「五苗財団所蔵文書」

諸役令免除上者、筏之儀、弥向後可入精者也、

（天正十一年）十二月廿一日　秀吉（花押）

（丹波国）丹州保津庄

筏士拾五人中

八六一　羽柴美濃守宛書状　関西大学図書館

態申候、我ら扶持大工共、其許在之家事可明旨申由候、其方被存候て儀候哉、沙汰限次第候、若下々者申儀候者、曲事候条、遂糺明、急度可被成敗候、恐々謹言、

筑前守

（天正十一年ヵ）十二月廿一日　秀吉（花押）

（羽柴秀長）美濃守殿

（御報）□□

八六二　平野中宛自筆請取状　『豊大閤真蹟集』

請取（摂津国平野）ひら野定請金子之事、

合弐拾まい者、

右所請取如件、

天正十一年十二月廿五日　秀吉（花押）

ひらの中

○宛名は秀吉自筆。

八六三　某宛請取状　「浄喜寺文書」東大史写真

請取銀子事

合弐百枚　但壱枚付而弐石八斗替也、

右かな（金）山細工物、所請取如件、

天正十一年十二月廿七日　秀吉（花押）

（宛所欠）

八四　垂水郷百姓中宛判物　「海神社文書」東大史影写

明石《（播磨国）》郡之内垂水郷山内之事、如先々山銭等大明神為祈祷米、
末代申付条、可成其意者也、

天正十一年
十二月廿八日　秀吉（花押）
垂水郷
百姓中

八五　加賀国中宛禁制写　「徳泉寺文書」『武生市史』

禁制
一当手軍勢甲乙人濫妨停止之事、
一盗賊並放火之事、
一還住百姓成煩事、
右令停止畢、於違犯之族、速可処厳科者也、仍下知如件、
天正十一年　月　日　羽柴筑前守在判
加賀国中

○この文書は検討を要する。

八六　ま阿宛自筆書状　『豊大閤真蹟集』

かへす〳〵めうねん《（明年）》な《（ママ）》　大さか《（坂）》へよひ候て、ちん《（陣）》なし
ニひと、こにい申候ハんまゝ、めてたかり候へく候、
五もしへも御心へ候て可給候、以上、
いそき其方へまつ〳〵参可申候へとも、さかもと《（近江国坂本）》ニい申候て、
大ミ《（近江）》うちのちきやう《（知行）》あらためさせ、又ハしろとも《（城共）》わらせ申候
て、こゝもとひま《（隙）》をあけ候ハゝ、大さかをうけとり候て、人
数いれおき、くに〳〵のしろわり《（城破）》候て、これいご《（以後）》こむほう《（謀叛）》なき
やうニいたし申候て、五十ねんもくに〳〵しつまり候ようニ
申つけ候、かしく、

（墨引）
ま阿　より
まいる　御返事　ちくせん

○『大日本史料』は天正十一年八月一日条に置く。

## 年未詳　天正十年（一五八二）六月以前

八六七　平野右京進他宛書状　「一柳文書」

唯今も雖申越候、尚以令啓候、明与四（明石元知）・別孫右（別所重棟）〻の者ニ被相渡候て、早々可被帰候、為其如此候、恐々謹言、

羽藤
秀吉（花押）

正月九日

平右（平野右京進長治）
一市（一柳市介直末）
御宿所

○天正七～九年か。

八六八　原彦次郎宛連署状写　「古今消息集」東大史謄写

今度金五与其方御間、任　御朱印之旨申定一書之面、双方於被相違者、右七人之為肝煎者、急度申上、随其可申候、恐々謹言、

正月十四日　羽筑（花押影）
惟五（丹羽長秀）（花押影）
矢善七（矢野家定）（花押影）
堀久太（秀政）（花押影）
万仙（万見重元）（花押影）
大伝十（大津長昌）（花押影）
菅九右（菅屋九右衛門）（花押影）

原彦次郎（長頼）殿
御宿所

○天正四～六年か。

八六九　中島吉右衛門尉宛書状　「大河原家所蔵文書」

（包紙ウワ書）
「羽柴筑前守
秀吉
中島吉右衛門尉殿
御返報」

寔改年之慶事、重畳更不可有休尽候、早々芳問、殊青銅百疋送給候、祝着之至候、猶賀慶逐日可申述候、恐々謹言、

正月十七日　秀吉（花押）

中島吉右衛門尉殿
御返報

八七〇　長原大宮権之寺社家宛書状　「志紀長吉神社文書」東大史影写

信長（織田）へ為御音信青銅百疋宛、則披露申候、我等相意得可申旨
候、猶水口可申述候、恐々謹言、

木下藤吉郎

正月廿七日　秀吉（花押）

なかはら大宮（河内国長原）

権之寺社家

御中

○元亀二～四年か。

八七一　瀧川彦二郎宛書状　『東京古典会大入札会目録』一九九七年

寔先日者遂面、快然之至候、殊被寄思召、白魚一折贈賜候、
毎々御志程、別而賞翫祝着之至候、少々御隙候者入来待いり
候、相積儀可申述候、爰元逗留可申候条、猶切々可申入候、
かた〳〵期後音可申承候、恐々謹言、

二月七日　秀吉（花押）

「（ウワ書）（墨引）　羽藤

瀧川彦二郎（忠征）殿　秀吉

御返報　」

○天正七～九年か。

八七二　伊藤与左衛門尉宛切手　「安藤祐専氏所蔵文書」東大史影写

猶以北之郡升四十石かへの算用にて、給人へ可相渡候、
以上、

千石配当之内、弐百五十石者金子にて可相渡候也、かしく、

二月十四日　秀吉（花押）

伊藤与左衛門尉（吉次）殿

八七三　某宛書状　「赤木文明堂文書」

此ミきようしよ（御教書）三束　上様（織田信長）江進上申候、書状相副、堀久太（秀政）披
露候て給候へと可相届候、久太へ一束上申候、是又可被届候、
各へ書状も見分相届、返事可越候、将亦何時分御上洛候、慥
聞届可申越候、恐々謹言、

藤吉郎

二月十四日　　秀吉（花押）

（宛所欠）

## 八七四　御長他宛書状　名古屋市博物館

永々御辛労候、仍大橋長兵衛与申者、不断横山（近江国）在城候、彼者在所多芸（美濃国）之内高畠在之、家来共一揆之由候て、御違乱之旨候、右如申入候、大橋儀此方在城ニ付て、家来以下其分候、自然申掠族候共、被遂御糺明、有様ニ憑入候、為其以折紙申入候、恐惶謹言、

二月十七日　　木藤
　　秀吉（花押）

御長
塙九郎左（直政）
市九（市橋九郎左衛門長利）
塚小大（塚本小大膳）
　人々御中

○元亀二～四年か。

## 八七五　室町頭町中宛書状　「京都上京文書」東大史影写

当町（山城国）室町頭寄宿御免除之御下知并朱印有之上者、宿等非分之族有之者、堅申付可令馳走候、恐々謹言、

三月二日　　木下藤吉郎
　　秀吉（花押）

室町頭
　町中

○元亀二～四年か。

## 八七六　石田他百姓中宛判物　『改訂近江国坂田郡志』

就当郷不作田地開発之こめ（たカ）に上免として半分之通指置候、可得其意者也、

三月三日　　羽柴藤吉郎
　　秀吉（花押）

石田（近江国）
七条
八条　　百姓中
今川

○天正二～三年か。

## 八七七　瀧川彦二郎宛書状　日進市岩崎城歴史記念館

為見舞預示、殊更熨斗鮑如御札到来候、遠路誠不始于今、御
懇志之至、難尽紙面候、爰元少普請申付候条、隙明次第可罷
上候間、必其刻可申述候条、不能巨細候、恐々謹言、

三月四日　　　秀吉（花押）

「（ウワ書）
（墨引）　　　羽藤
瀧川彦二郎（忠征）殿　　　秀吉」
御返報

○天正七〜九年か。

## 八七八　上部越中守宛書状写　「続古文書類纂　岐阜県」東大史謄写

猶以十一・十二両（日脱カ）之内、執行頼入候、以上、
今度播州発行（向）ニ付而、為武運久（長脱）之神楽執行頼入存候、仍白銀
卅枚受納宜頼候、猶猪飼九郎次可申候、謹言、

三月九日　　　秀吉（花押影）
上部越中守（貞永）殿

## 八七九　山城賀茂惣中宛書状　「賀茂郷文書」東大史影写

猶以何かと申候者候者、此方へ可承候、何様之儀も自
我等不申者、不可有同心候、此外なし、
其在所へ被遣候御下知御朱印之事、可被相改之儀者、曽以無
之候、可有其意得候、誰々何かと申候共、不可有許容候、
恐々謹言、

三月十一日　　　木藤
　　　　　　　　秀吉（花押）
山城
賀茂惣中

○元亀二〜四年か。

## 八八〇　石井入道他宛書状　『尾張国遺存豊臣秀吉史料写真集』

当所縮御用、しんし（進止）分さいそく（催促）遣候共、使宿之事令用捨候、
年貢等之事ハ、惣百姓並ニ可令覚悟候、謹言、

三月十三日　　　木下藤吉郎
　　　　　　　　秀吉（花押）
石井入道

羽渕中三

○元亀二～四年か。

## 八一　佐野市次郎宛書状　「河毛文書」東大史影写

敵表於相拵、如望可申付候、為其如此候、恐々謹言、

三月十七日　　木下藤吉郎
　　　　　　　　秀吉（花押）

佐野市次郎殿
　　御宿所

○元亀四年以前か。

## 八二　山田郷百姓中宛判物　「脇坂達之輔氏所蔵文書」東大史影写

藤縄之用ニ候、当所ふぢ、此者申次第たゝせ可遣候者也、

三月廿六日　　藤吉郎
　　　　　　　　秀吉（花押）

（近江国）山田郷
　　百姓中

○天正二～天正三年か。

## 八三　喜衛門他宛判物写　「南部文書」東大史影写

（近江国）長浜町人商売之船二艘之事、自然若狭・丹後之海賊於令違乱者、以此折紙可申理者也、

三月廿八日　　筑前守
　　　　　　　　秀吉

喜衛門との
弥四郎との
源十郎との
小次郎との
宗左との
新五郎との

## 八四　某宛判物　「榎戸克弥氏所蔵文書」『兵庫県史』

近来辛労共候、仍兵粮取ニはや小西弥九郎（行長）差返候間、早々（播磨国）室津へ追懸、弥九郎ニ相談、兵粮請取、舟ニつみて早々可帰候、不可由断候也、

卯月十一日　　秀吉（花押）

（宛所欠）

八八五　不動院宛書状　「多賀神社文書」東大史影写

就令帰城預示候、殊更御祈祷之巻数守御香水迄、被懸御意候、畏入候、何様逗留中従是可申入候条不委候、恐々謹言、

四月廿日　　秀吉（花押）

不動院（近江国）

貴報

八八六　某宛書状写　「木倉豊信氏蒐集文書」東大史影写

乍恐致啓上候、今度柴田加州金沢表大略致成敗、宮之腰（加賀国）迄人□（数）引退候之条、我等七尾表（能登国）可致行覚悟ニ付而、加勢之儀申候処、佐久間玄蕃助（盛政）当表へ罷越、既彼面へ相働可申処、従七尾一和之儀懇望申ニ付而、及其取嗳申、我等致在陣福水（能登国）之地、佐久間玄蕃助普請以下迄申付、致帰陣事候、誠無比類仕様ニ候、次七尾ゟ一和之儀申候ハ、知行方之儀者　上意御下知次第与申事候条、最前　御朱印之如御筋目、厳定（ママ）ニ　御下知、忝可奉存候、此等之趣、宜預御披露候、恐々謹言、

卯月廿三日　　秀吉（花押影）

（宛所欠）

○この文書は検討を要する。

八八七　瓶原惣中宛書状　「朱雀文書」

度々御状、殊粽送給候、毎事御音信、遠路旁以令祝着候、此表無異儀付、明日可為帰陣之条、於京都可申承候、人足等永々不及是非候、委曲蜂須賀（正勝）可被申入候、恐々謹言、

羽藤吉郎

卯月廿八日　　秀吉（花押）

瓶原（山城国）

物中

御返報

八八八　広隆寺宛書状　「広隆寺文書」東大史影写

物寺中へも此よし可被仰候、

太秦（山城国）之儀、飯尾右馬助方へ信長（織田）朱印雖被遣候、当寺へ去年朱印被進之候、其筋目毛頭不可有相違之由、飯右馬へ色々被相断、朱印ニも其通文言ニ被入書候間、可御心安候、去年当寺へ被進之候朱印、少も相違有間敷候、尚以面拝可申候、恐々謹言、

（異筆）「天正二年」　　木下藤吉郎

五月十七日　　秀吉（花押）

広隆寺(山城国)
□中

○元亀元～四年か。

## 八九九　菅兵宛書状　宇和島伊達文化保存会

返々上中(上野清信)・三大(三淵藤英)・細兵(細川藤孝)早々御出尤候、談合可仕候、不
可有御由断候、以上、
明十兵(明智光秀)衛従高島(近江国)之注進之折紙進上仕候、御人数早々坂本(近江国)まて
可被下候、談合可仕候、此旨きと御申専用存候、恐惶謹言、

木藤

五月廿一日　秀吉(花押)

菅兵
人々御中

○元亀元～四年か。

## 九〇〇　宗遍宛書状　「吉田文書」東大史影写

(前欠)
謹言、

藤吉郎

五月廿一日　秀吉　(花押)

宗遍
進之候

## 九〇一　池田市右衛門宛書状写　「黄薇古簡集」東大史謄写

先日入城之刻、遅々由其聞在之間、無心許処、無異儀着城之
旨大慶之(候)、今度粉骨之段、不及是非候、猶亀新十郎(亀井茲矩)可被申候、
恐々謹言、

五月廿二日　秀吉(花押影)

池田市右衛門殿

## 九〇二　西山口方之内跡部村百姓中宛書状　「恵利寺文書」東大史影写

西山口方(美濃国)、当村より夕庵(武井)へ出候陣夫之事、何かと隼人分ニ
まきらかし(紛)候て出し候ハぬ由、言語道断曲事候、西山口方田
畠引得候百姓ハ何方ニ候共、夕庵へ如前々陣夫可相立候、於
無沙汰可為成敗候、謹言、

藤吉郎

五月廿三日　秀吉(花押)

西山口方之内跡部村
百姓中

○元亀元～天正三年か。

## 八九三　大御ちの人宛書状写　「黄薇古簡集」東大史謄写

かへす〳〵おほしめし御たち候て、はゝにて候物ともと、御あそひは、てらまいり（寺参）、又ハはなミは御あそひ候へく候、なにようにも御たいとこ（台所）御つかせんハ、せうさ（池田恒興）よりほかにちさう申候て進上可申候、それさまも我等はゝとうせん（母同然）にちさういたし候ハんまゝ、きやうさかい（京・堺）なとへも、はゝにて候物とも御とう〳〵（同道）候て、御ゆさん候へかし、此はしかき（端書）、我等てにて（手）候まま、ミゑ申ましくおもひまいらせ候て、我等てにてかき申候、以上、

仰のことく、此春のめてたさ、おなし御事に候、いつも御うわさまて申候、かならすひめち（織田信包女）へも、三木の五（京極龍子）もしへも、ふと〳〵思しめしたちまいらせ候、まつ〳〵御ふミのことく、せんかん二ツおくり被下候、しうしやく（祝着）申候、仰のことく、せんとハせう九郎（池田元助）殿御出候て、まんそくこれに過候ハす候、猶御めにかゝり、よろつ申うけ可給候、めてかしく、

五月廿四日　　秀吉（花押影）
大御ち（養徳院）の人さま　　ひめちより
まいる　申給へ　　ちくせん

○「天正九年」の付箋あり。

## 八九四　杉原七郎左衛門宛書状　『思文閣墨蹟資料目録』二九七

其方之儀、何とて変々と仕候哉、兎角物このミ申候て相延候者、急度我等自身押詰、可責干候条、早々様子可申越候、為其両人遣候、恐々謹言、

五月廿四日　　藤吉郎
　　秀吉（花押）
杉原（家次）七郎左衛門殿

## 八九五　一牛斎宛書状　『古典籍下見展観大入札会目録』一九八三年

母候人くさ被相煩由候条、賢珍へ書状遣候、早々相届、従其方も懇ニ申候て、急度被相越れう（療）治候様ニ可有馳走候、此方程遠候付而、無心元候、何様ニも馳走肝要候、不及申候へ共、

無由断肝をいり候へく候、恐々謹言、

藤吉郎

秀吉（花押）

五月廿五日

一牛斎

進之候

○天正七～九年か。

## 八九六　赤沢右兵衛尉宛書状

『思文閣古書資料目録』二二二

態御使者被差下候、仍弥九郎殿儀委曲令存知候、信長（織田）可申聞候、定不可有別条候、次　御内書之趣是又意得存候、猶赤沢右兵衛尉殿可被申上候、随而扇子三本、毎々御懇慮之儀候、不図令上洛、相積義可申入之旨、御披露奉憑候、恐々謹言、

五月廿六日　秀吉（花押）

赤沢右兵衛尉殿

○この文書は検討を要する。

## 八九七　桑原次右衛門他宛書状

個人蔵

追而申候、板付之くぎの事、南勘（南条元続）へ可申入、早々被相越候様可申候、又大工之事も来候様ニ可申候、以上、

書状委加披見候、先日申含候様子、具南勘へ申渡之由尤候、南勘へも早々可有御越由申遣候間、其元示合候者、両人も南勘同道仕候て可相越候、恐々謹言、

藤吉郎

秀吉（花押）

五月廿八日

桑原次右衛門（貞也）殿

福屋彦太郎殿

○天正八～九年か。

## 八九八　木下和泉宛書状写

「岡本栄之氏所蔵文書」東大史写真

返〻中書さまへ可然様ニ御取成頼入候、爰本無異儀候、可御心安候、已上、

如仰、其以来不申承候処、御状本望候、殊自中書様切々御せいニ被入、信長（織田）への御音信、私迄畏存候、以直札申上候間、可然様ニ御取成頼入候、我等へかたひら拝領候、これ又被寄思召候段畏存候、随而先日徳雲軒（施薬院全宗）ニ被仰下候一儀、委曲内存之旨申候、爰本之事、不可有疎意候、恐々謹言、

六月四日　秀吉（花押影）

「(ウワ書)(墨引)
木(木下)□(和)泉殿　　木藤
御報　　秀吉」

○元亀元～四年か。

八九九　木下和泉守宛書状写　「岡本栄之氏所蔵文書」東大史写真

「(端裏ウワ書カ)
泉州(木下和泉守)　　藤吉
御宿所　　秀吉」

尚以中書其方へハ御懇之由候間、何とそ可有之と存、
追而可申候、
幸便之由、助左(木下祐久)申候間、一筆申候、中書へ御意得候て可給候、
仍御身上之事、ゆく〳〵御堪忍も難届候様、助左衛門にても
物かたりニ候、然共中書別而御心をそへられ候躰と相聞候間、
何とそ可成候、若其上ニもつ、かさる儀も候ハ丶、秀政(小出)へ
能々理を相つくし候て、横山(近江国)辺へも可有御越候、似合之義ハ
可安候、われ〳〵も具意候、在京のそミの事候間、幸之義た
るへしと、是ゟ中書へ理をくり返し被仰下の儀申候、もとよ
り貴所其御存分と相聞候、委曲者助左ニ申候、此表無異儀可
御心易候、御用候ハ丶可入候、恐々謹言、
六月廿一日　　秀吉(花押影)

○元亀元～四年か。

九〇〇　上京武者少路百姓中宛判物　東京大学史料編纂所

猶以安楽光院数十年当知行之儀候間、誰々違乱候共、
不可有相違候、以上、
当地子之儀ニ付而、自各折紙被付之由候、則彼方へ以折紙申
候、定而不可有異儀候哉、御代々御下知并朱印分明之儀候間、
如前々彼院へ可納所候也、
六月廿六日　　木下藤吉郎
秀吉(花押)
上京(山城国)
武者少路
百姓中

○元亀元～四年か。

九〇一　南禅寺評定衆侍衣閣下宛書状写　名古屋市秀吉清正記念館

尚以御寺領之義懇ニ申遣候条、可被思御心安、相替義
候ハヽ、可被仰下候、聊不可存疎意候、以上、

如尊意其以来不申通、無為御音信御使僧并ニ薄板如御札拝領
仕候、御懇慮之至候、仍貴寺諸塔頭領粟田口(山城国)之内ニ在之分、
明知十兵衛(光秀)方押領之由被仰越候、則申遣候、定而不可有別条
候哉、猶御使僧へ申渡候、可得尊意候、恐惶敬白、

六月廿六日　秀吉(花押影)

南禅寺(山城国)評定衆
侍衣閣下　貴報

○元亀元～天正三年か。

九〇二　神使熊山寺中宛書状　「伊波太岐神社文書」東大史影写

かうつくま(近江国神使熊)の山寺中へ、山林竹木之事、代官すへく候、せつ
かく成敗候て、はやし可被申候、下かりの事ハ寺中へ
さいきよ(裁許)可有候、在所之者共さいきよ候ハヽ、堅可申付候、
可有注進候、恐々謹言、

六月廿八日　藤吉郎
秀吉(花押)

かうつく山(ま脱カ)
寺中

○天正七～九年か。

九〇三　小倉右近大夫宛書状　愛媛大学法文学部

申通儀無之候て、不寄思召申事候へ共、俄用所候間、杉松の
木ニよらす、少申請度候、委曲使者可申入候、恐々謹言、

七月七日　羽柴筑前守
秀吉(花押)

小倉右近大夫(賢治カ)殿
御宿所

○天正四～六年か。

九〇四　伊藤与左衛門尉宛書状　長浜城歴史博物館

尚々大豆・米之事、残分八月ゟ前ニ悉可売候、以上、

態申越候、仍其方預ケ置候金子之事、
一金子拾五まいの事、

一以脇坂甚内(安治)預ケ候金子参枚参候事、
一預ケ候銀子之事、
一小西立佐前ゟ請取置候金子之事、
一右之分何も生熊左介可相渡候事、
一今度一扶持出候外、残□何□売候間、可有其□、猶
生熊左介可申候、恐々謹言、

藤吉郎

七月八日　秀吉(花押)

伊藤与左衛門尉(吉次)殿

○天正七～九年か。

## 九〇五　一色式部少輔宛書状　「榊原家所蔵文書」東大史写真

多賀(山城国、以下同国)・枇杷庄之内ニ有之大喜多、於当知行分者、被止御違乱
可然候、殊御下知朱印有事候、御分別専用候、恐々謹言、

木下藤吉郎

七月十日　秀吉(花押)

一色式部少輔(藤長)殿

人々御中

○永禄十三～元亀四年か。

## 九〇六　小倉右近大夫宛書状　「西村文書」『近江蒲生郡志』

雖些少候、帷二進入候、□□之しるし迄に候、
先日木之事申入処、松十本・杉十本、被懸御意由候、畏入存
候、委曲溝口可申入候条、不能審候、恐々謹言、

羽筑

七月十六日　秀吉(花押)

小倉右近大夫(賢治カ)殿

御宿所

○天正四～六年か。

## 九〇七　徳山右衛門宛書状写　「徳山氏系図」岐阜県歴史資料館

其元之儀、被入御精御調略、可為千喜候、御身之上之事、何
様ニ茂不可有疎意候、諸事御用之儀候ハヽ、不被貽御心可被
仰候、恐々謹言、

木下藤吉郎

七月十七日　秀吉(花押影)

徳(徳山)右衛門殿

御宿所

○元亀四年以前か。

九〇八　立原源太兵衛宛書状写　『姫路城史』

御打紙（折カ）披見申候、今度の時宜不及是非候、依彦太郎事承候、
此方に在之義、幸之事に候間留置候、進退疎意有間敷候、
尚々蜂須賀（正勝）へ可申入候、恐々謹言、

七月十七日　羽柴秀吉御直判

立源太（立原源太兵衛久綱）

御返報

九〇九　性顕寺他宛連署状　「西円寺文書」

川西（美濃国）惣寺内役銭之事、百五拾貫文ニ相果候、自然寺内之内、
無沙汰衆候ハゝ、為御両人有裁許可被出候、恐々謹言、

七月廿九日

市九右（市橋長利）

木藤吉　秀吉（花押）

丹五左（丹羽）　長秀（花押）

菅長（菅屋）　長政（花押）

性顕寺（美濃国）

西円寺（美濃国）

床下

○永禄十一～十二年か。

九一〇　大住名主百姓中宛書状写　「曇華院殿古文書」国立公文書館

今度南又太郎与申者、当庄御代官之儀雖望申候、無御許容候、
就其百姓等少々彼者令一味、構無所存之旨、言語道断之次第
候、此御領之儀者、我等御朱印御取次申、連々不存疎略間、
奉対此　御所様へ、少も於不相届輩者、急度申上、可加成敗
候、恐々謹言、

八月十三日　羽柴筑前守

秀吉（花押影）

大住（山城国）

名主百姓中

○天正三～六年か。

九二一　花光坊宛書状　「下郷共済会所蔵文書」東大史写真

為御音信預示候、殊更二色送被懸御意候、御懇意之段令祝着候、随而此表之事、過半任存分候、於時宜者可御心易候、何様罷上候砌、以面拝可申述候条、不能巨細候、恐々謹言、

八月十五日　　　羽藤

　　　　　　　　秀吉(花押)

花光坊

　　御返報

九二二　松尾社家神方中宛書状　「松尾神社文書」東大史影写

松尾社(山城国)谷山田之内神領之事、当知行無紛上者、従何方違乱之儀雖有之、相拘可被申理候、猶我等も可申届候、恐々謹言、

　　　　　　　　木下藤吉郎

八月十七日　　　　秀吉(花押)

　社家神方中

○元亀元～三年か。

九二三　当所名主百姓中宛書状　安土城考古博物館

南禅寺(山城国)之内、大寧院末寺法皇寺諸末寺領之事、御下知并朱印在之上者、不及異儀、任当知行旨、如前々可令寺納候、為其如此候、謹言、

　　　　　　　　木下藤吉郎

八月廿一日　　　　秀吉(花押)

当所名主

　百姓中

○元亀元～三年か。

九二四　坪内喜太郎宛書状写　「坪内文書」東大史影写

　福長の斗、理在之候、以上、

南北郷(近江国)之内を以五十石、福永郷(近江国)之内を以五十石、合百石進之候、猶連々不可有疎意候、恐々謹言、

　　　　　　　　木下藤吉郎

八月廿三日　　　　秀吉書判

坪内喜太郎(利定)殿

　　御宿所

○永禄十二～元亀三年か。

**九一五　観音寺御寺家中宛判物**　「近江大原観音寺文書」東大史影写

当寺中衆僧如先々還住不可有異儀候、寺領等任当知行之旨、可有寺納者也、仍折紙如件、

八月廿四日　　木下藤吉郎
　　　　　　　　秀吉（花押）

（近江国）
観音寺
　御寺家中

○元亀元～三年か。

**九一六　河井郷新部村山田新介宛判物**　「山田文書」東大史影写

河井郷（播磨国）しんへい（新部）村船頭ニ四人者人夫令免除候之間、可得其意候也、

九月五日　　秀吉（花押）

河井郷しんへい村
　山田新介

**九一七　立入左京亮宛書状写**　「立入家文書」

造酒停止之儀、御倉御用差支候由、仍而洛中之分免除候、此旨御下知可有之候、恐々謹言、

九月十五日　　木下藤吉郎
　　　　　　　　秀吉御判

立入左京亮（宗継）殿

○元亀元～三年か。

**九一八　石見宛判物**　「伊阿弥文書」『図解畳技術宝典』

其方事、畳刺為天下一、上様（織田信長）御大工被仰付、諸公事御免許之儀、任　御朱印之旨尤候、若誰々何角在之儀候共、可相理候也、

九月廿八日　　筑前守
　　　　　　　　秀吉（花押）

石見

九一九　新庄蔵人他宛書状写　「蠹簡集残編」東大史謄写

委曲昨日も如申越候、其元無由断、堅可被申付候、然者さきの様子、為可聞届、毎日折紙可差遣候、又さき衆ゟも追々注進可申越候由□□候間、左右方ゟの折紙、次第送ニ無由断、其々可被相届候、時分柄苦労不及是非候、恐々謹言、

藤吉郎

十月二日　秀吉（花押影）

新庄蔵人殿
山田喜兵衛殿
山内伊右衛門（一豊）殿
大塩金右衛門（正貞）殿

進之候

九二〇　小高見山寺僧中宛書状　「高時村文書」東大史影写

以上、

当寺之儀、為寺僧加修理可有馳走候、於此方用之儀候者、被申越不可有如在候、猶八右衛門尉可申候、恐々謹言、

羽柴筑前守

十月八日　秀吉（花押）

（近江国）小高見山寺僧中

○天正三～六年か。

九二一　神使熊寺家中宛書状　「高時村文書」東大史影写

当寺家中山内之事、為寺家堅令成敗□可申候、縦雖為寺僧、無住山者山林并屋敷等迄出入、伐荒事可為曲事候、無承引輩在之者、可有註進候、恐々謹言、

羽柴筑前守

十月十三日　秀吉（花押）

（近江国）神使熊
寺家中

○天正三～六年か。

九二二　出作在々所々百姓中宛書状　名古屋市博物館

（高倉永相）藤宰相殿御領竹田（山城国、以下同国）・芹川・上三栖三ケ庄之内一色坊田従隣郷出作分之事、被対（帯）御朱印上者、年貢米・地子銭等、為百姓弁可致其沙汰、於難渋之輩者、催促使急与可申付者也、恐々謹言、

木下藤吉郎

十月十三日　秀吉（花押）

出作在々所々

百姓中

○元亀元～三年か。

九三　曽東他百姓中宛判物　「古内文書」東大史影写

山口甚介（秀景）方大石方、懸組年貢諸成物等之事、理済可申之旨、
其間百姓前可相拘也、自然於納所者可為二重成者也、仍如件、

羽柴筑前守

十月十七日　秀吉（花押）

そつか（近江国曽束）
小田原（近江国）

百姓中

○天正三～六年か。

九四　堀田弥右衛門宛書状

「桧垣元吉氏所蔵文書」東大史写真

態申入候、仍堀田次郎八はいとく（売得）の屋敷之事、其方ら徳若ニ
出され候由申候、如何之儀候哉、所詮其方へ上使差越可申付
候、為届如此候、恐々謹言、

木下藤吉郎

十月廿五日　秀吉（花押）

堀田弥右衛門殿

御宿所

○元亀元～三年か。

九五　片岡宇右衛門尉宛書状　「片岡文書」東大史影写

先日各如令啓候、其郷中と神原与介間之儀、別而御馳走之由
本望候、帰陣之刻、引合可申と存候へとも、隙も難計候条、
其以前ニ御引合候やうニ御才覚憑入候、尚勝雲斎可被申候、
恐々謹言、

羽柴藤吉郎

十月廿八日　秀吉（花押）

片岡宇右衛門尉殿

御宿所

○天正七～八年か。

## 九二六　近江与一左衛門尉宛書状写　「児玉韞採集文書」東大史謄写

太刀一腰并百疋送給、祝着至候、猶委細之段富善可被申候、恐々謹言、

十一月朔日　　羽柴藤吉郎

秀吉（花押影）

近江与一左衛門尉殿

御宿所

○天正七～八年か。

## 九二七　妙心寺納所禅師宛書状　「妙心寺文書」東大史影写

当寺之御事、信長《織田》別而馳走之儀候、就其我等式茂不存疎意候条、自然下々猥之儀申候者可被仰越候、猶待来音之時候、恐惶敬白、

霜月朔日　　羽柴藤吉郎

秀吉（花押）

妙心寺《山城国》

納所禅師

## 九二八　浅野弥兵衛宛書状　「浅野文書」東大史影写

来八日河せき《堰》堤申付候、吉川人夫百人くわ《鍬》をもたせ、七日晩景より可寄候、不可有由断候、恐々謹言、

十一月四日　　藤吉郎

秀吉（花押）

浅野弥兵衛《長吉》殿

○天正元～二年か。

## 九二九　筑前留守居けいゐん宛書状写　「玉証鑑」東大史写本

十人可相渡候、以上、

上様《織田信長》より京大く《工》之儀被仰出候間、十人を進上可申候、五郎左《丹羽長秀》へやとハかし候大くをもよひよせ、以上十人進上候へく候、いたつらニ候て、仕事なとをもふさた《無沙汰》仕候大く、相渡候へく候、上様の御仕事ハ、如在あるましく候間、その事候、恐々謹言、

十一月八日　　秀吉（花押影）

ちくせんるすゐ《筑前留守居》

けいゐん

進之候

○天正三～六年か。

## 九三〇　河島一介宛書状　「革島文書」東大史影写

尚以此方相応之儀、無御隔心可承候、不可有疎意候、
かた〳〵以面可申承候、以上、
其在所より家をこほち、めしよせ候、しかれは人足之事申候処、則有馳走可給之由候、令満足候、急度憑入候、尚於様躰者、江□《上カ》兵三可申候、恐々謹言、

羽柴筑前守

十一月十三日　秀吉（花押）

河島一介《秀存カ》殿

御宿所

## 九三一　夫間勝兵衛宛書状　「荘文書」東大史影写

なお〳〵しうちやく《祝着》せしめ候まゝ、たるとして、
ぎんす《銀子》十れう《両》しんし《進》候、かしく、
いまたふしん《普請》もいてき候ハぬニ、こし候事しうちやくせしめ候、しかれは、はる〳〵たこくへこし申候まゝ、のきさりの事あるましく候、そのうへおつと《越度》あひと《届》ゝかさる事あらハ、ちきそせう《直訴訟》あるへく候、よきやうニ申つけ候へく候、かしく、

とう吉らう

十一月十五日　ひて吉（花押）

ふませうひやう《夫間勝兵衛》へ

うちへ　まいる

○天正元～二年か。

## 九三二　善福寺宛書状　「水野家文書」

為御見廻預示、殊色々被取揃送給候、遠路御志之程、別而祝着候、近日可令上洛候間、万々期其節候、恐々謹言、

羽筑

十一月十七日　秀吉（花押）

善福寺《摂津国》

御返報

## 九三三　川勝彦次郎宛書出　個人蔵

秀

羽柴藤吉郎

十一月十九日　　秀吉（花押）
川勝彦次郎殿
　御宿所
○天正七～八年か。

## 九三四　某宛書状写　「下郷共済会所蔵文書」東大史写真

大野さもんてまへの事、昨日申ことく、いよ〳〵めしかへ
し可申、そのこゝろへ可有候、
一おかしまよこ山てまへの事、申こされ候とおり、一たん
もつとも（尤）ニ存候、早々せんしよいたされ候へく、
一かめへ罷下候よし、めミへいたさせられもつともニ候、か
しく、

十一月廿一日　　ゟ
□一郎
　まいる　　ちくせん

○この文書は検討を要する。

## 九三五　金剛寺上綱御坊宛書状　「金剛寺文書」東大史影写

当寺従先規諸役御免除候由、得其意候、自然下々不届働於在
之者、急度可被申越候、得　御諚可被加御成敗候、恐々謹言、

十一月廿二日　　羽柴藤吉郎
　　　　　　　　　秀吉（花押）
（河内国）金剛寺
　上綱御坊

## 九三六　武井夕庵宛書状　名古屋市博物館

御状令拝見候、（山城国）大住之儀、此刻両人間、入魂仕候て可然存候、
双方城をもわり、又者とらへ置候物共返し付候て尤候、左候
てこそ　御寺様御為仰候通も可然候歟、聊不存疎意儀候間、
扨如此候、とかく貴老様次第ニ候、恐々謹言、

十二月朔日　　秀吉（花押）
（武井）夕庵　まいる
　御報
「（ウワ書）（墨付）
夕庵　まいる　　羽藤吉
　御報　　　　　　秀吉」
○天正元～二年か。

九三七　鵤庄惣中宛判物　「平井文書」東大史影写

当庄之事、任　御朱印之旨、諸事可令馳走候、若下々非分之
族在之者、可加成敗者也、

筑前守

十二月六日　秀吉（花押）

（播磨国）鵤庄惣中

○天正五～六年か。

九三八　比延出羽守宛書状　「佐伯文書」東大史影写

尚々時分□（柄カ）炭一入御懇志候、

為御音信、炭弐拾荷送給候、重畳一段令祝着候、仍新市之儀、
弥繁昌候様可有興行候、猶用之儀候者可承候、其許自然不儀
之族於在之者、堅可申付候、可御心易候、恐々謹言、

羽藤

十二月七日　秀吉（花押）

比延□（出羽守カ）

○天正七～八年か。

九三九　野牧弥助左衛門宛書状写　「楓軒文書纂」東大史写真

其方船之儀、飾万津（播磨国）江出入、不可有異儀候、於当国浦諸役令
免許候、恐々謹言、

藤吉郎

十二月十一日　秀吉（花押影）

野牧弥助左衛門殿

○天正七～八年か。

九四〇　森田次郎左衛門宛書状写　「立入家文書」

生魚役銭之儀、下々者取納候て、立入方へ者無納所由候、沙
汰之限候、早々可被納所候、若於同篇者、直務之儀可申付候、
恐々謹言、

木下藤吉郎

十二月十三日　秀吉御判

九条

森田次郎左衛門殿

御宿所

○永禄十一～元亀三年か。

九一　篠岡八右衛門尉他宛書状　「酒井家文書」

尚々御用捨頼存候、以上、

太田清三屋敷之儀ニ付而、坂井半左衛門尉・富田平衛門尉理申候之処ニ、用捨被成候由祝着ニ存候、於此之儀者、上様(織田信長)へ御理可申上候条、其間之儀弥頼存候、猶以面可申候、恐々謹言、

羽柴筑前守
秀吉（花押）

十二月十四日

篠岡八右衛門尉殿
高野(河野氏吉)藤三殿
坂井文助(利貞)殿
山口(太郎兵衛)殿
御宿所

○天正四～六年か。

九二　大橋長兵衛尉宛書状　「大橋文書」東大史影写

高畠(美濃国)之内、其方給所千疋之儀、丸兵(丸毛光兼)違乱之由候、城州以来給所、何かとの儀不可有候、任当知行之旨、所納可有之候、其上横山(近江国)在城之衆、知行方無相違、諸公事御免許之御朱印在之事候、重而兎角之儀候者、丸兵へも可申断候、恐々謹言、

木下藤吉郎
秀吉（花押）

十二月廿日

大橋長兵衛尉殿
御宿所

○元亀元～三年か。

九三　明石日向守宛書状　「本法寺文書」東大史写真

尚以のき口主寄親ゟ先ハ罷のき候事悪と被存候者、此返歌可被仕候、但善事と存□返哥仕まし□□、

おくひやう(臆病)者のき口いそく雪の上、きへはて(消果)なんも人のありさま、

つはものを千代にふるまて残置、後のたからとなすハ此御代

此歌之返歌、早々よミ候て可被相越候、主と不成を人を憑候ても、急度可被申越候、於由断者其曲有(カ)間敷候也、

筑前守
秀吉（花押）

十二月廿五日

明石日向守殿

○この文書は検討を要する。

ちん《陣》中より
おと、

五もしさま

## 八九四　生駒八右衛門宛書状写　「生駒文書」東大史写真

「《端裏ウワ書》（墨引）生八右殿《生駒八右衛門家長》　人々御中　木藤
まいる
」

返々けさ二百文うけ取申候也、
加納《尾張国》年貢御大義ニ候共、壱貫文可給候、百性別々ニ取申候へハ、三貫文令申者取り候へ共、壱貫文可給也、待申候也、恐々謹言、

十二月廿九日　　秀吉（花押影）

○永禄十二年以前か。

## 八九五　五もし宛書状　「石原重臣氏所蔵文書」東大史影写

返々御ゆかしく候、くるい候てあいまちあるましく候、又やいとうをめされ候へく候、おちへ事申候、
そもしけなけにて、くこも一たんまいり候や、うけたまハりたく候、御ゆかしくかならす／＼やかてひめち《播磨国姫路》へよひ可申候まゝ、御心やすく候へく候、なになりともこしよをい《用意》ニいり候はゝ、うけ可給候、かしく、

名古屋市博物館『豊臣秀吉文書集』編集委員会

編集委員

委員長　三鬼清一郎（名古屋大学名誉教授）

副委員長　藤井讓治（京都大学名誉教授）

委　員　跡部　信（大阪城天守閣）

加藤益幹（椙山女学園大学）

播磨良紀（中京大学）

藤田達生（三重大学）

藤田恒春（前京都橘大学）

山口和夫（東京大学史料編纂所）

事務局　鳥居和之（名古屋市博物館）

岡村弘子（名古屋市博物館）

星子桃子（名古屋市博物館）

下村信博（名古屋市秀吉清正記念館）

見﨑美好（愛知県立豊明高校）

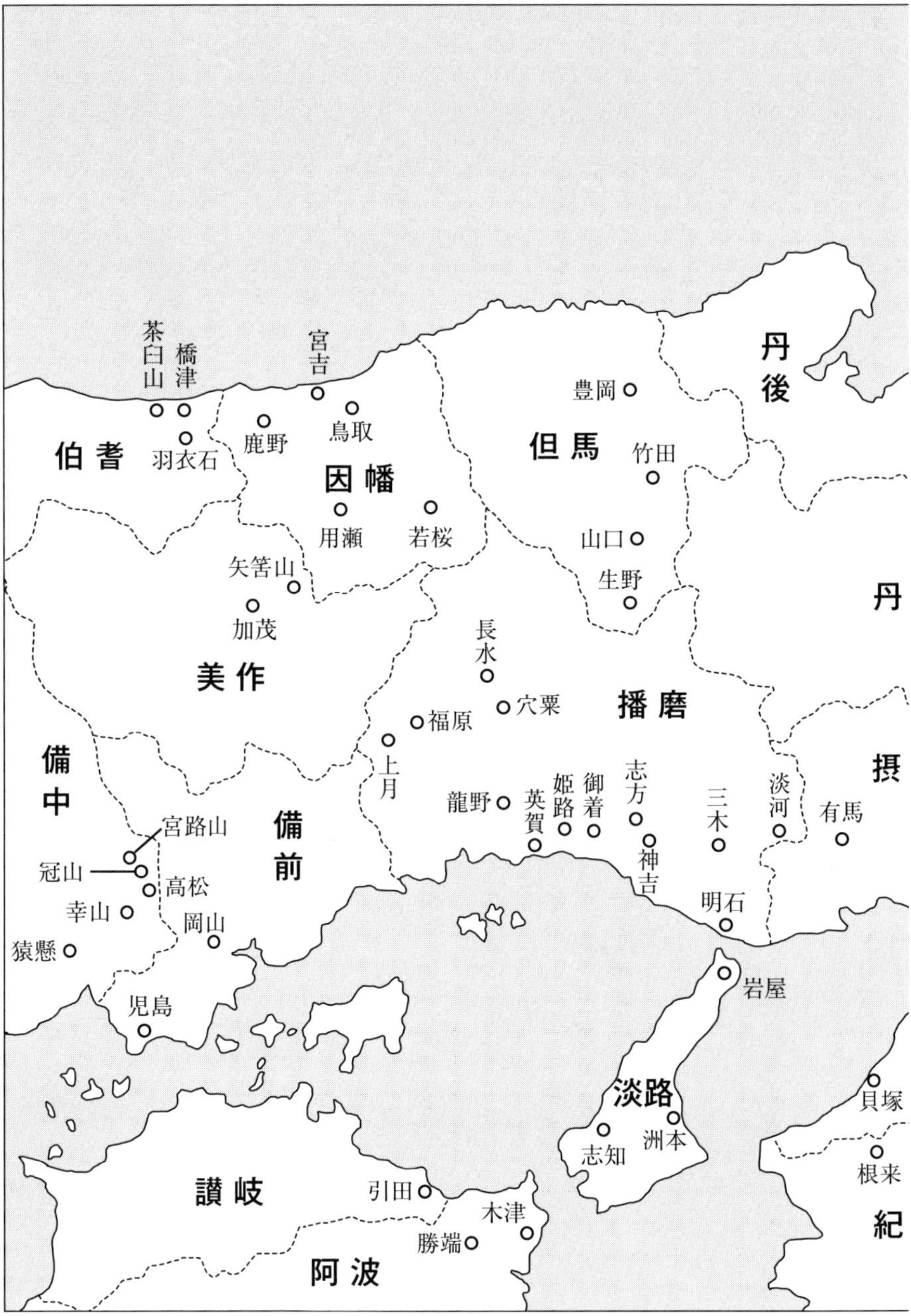

丹後
豊岡
但馬
竹田
山口
生野
丹
摂
有馬
淡河
三木
明石
岩屋
淡路
洲本
志知
貝塚
根来
紀
茶臼山
橋津
宮吉
伯耆
羽衣石
鹿野
鳥取
因幡
用瀬
若桜
矢筈山
加茂
美作
長水
穴粟
福原
播磨
上月
龍野
英賀
姫路
御着
志方
神吉
備中
宮路山
冠山
高松
幸山
猿懸
備前
岡山
児島
讃岐
引田
木津
勝端
阿波


関　係

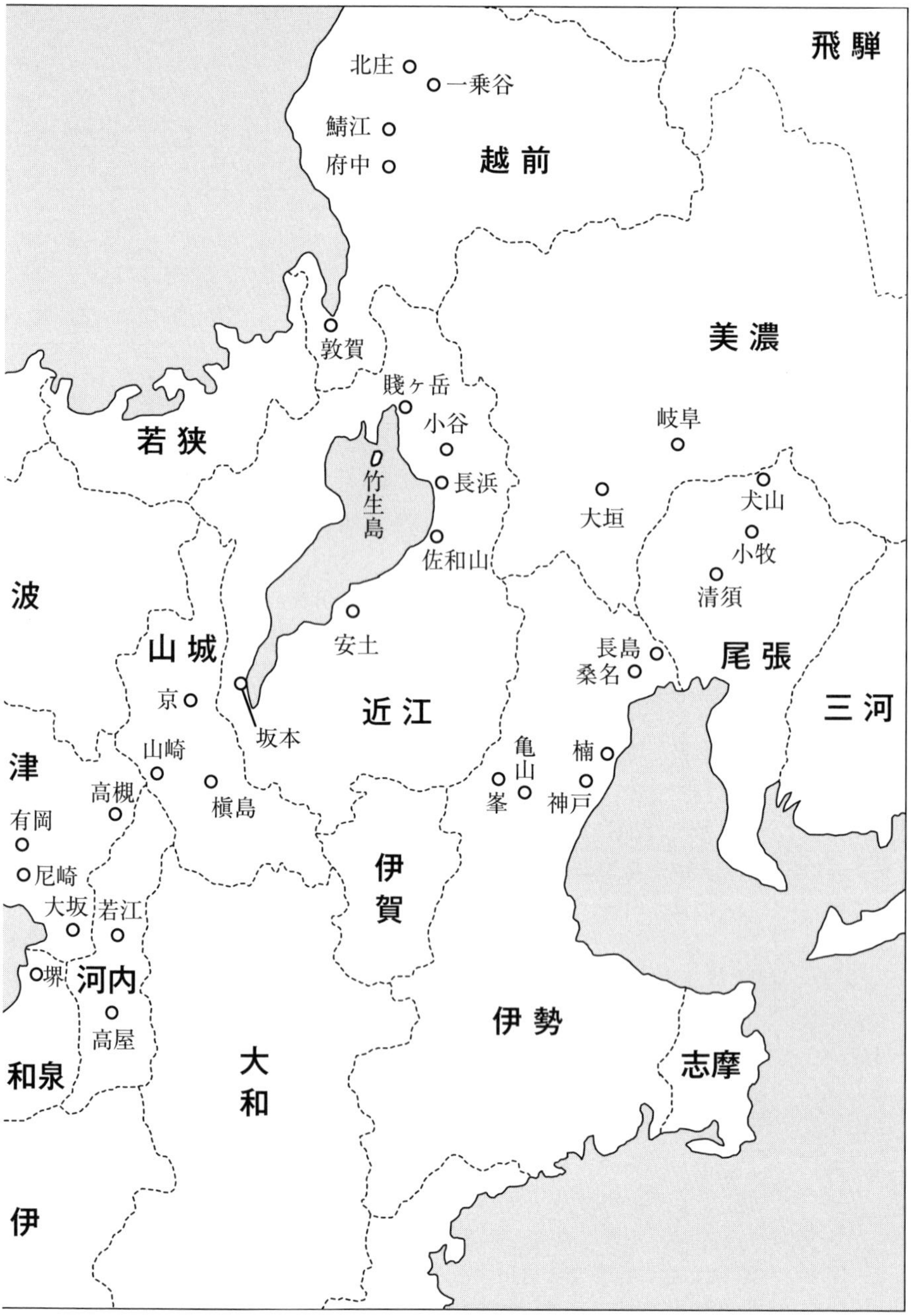
飛騨
北庄
一乗谷
鯖江
府中
越前
敦賀
美濃
賤ヶ岳
小谷
若狭
岐阜
竹生島
長浜
犬山
大垣
佐和山
小牧
波
清須
安土
山城
長島
尾張
桑名
京
近江
三河
坂本
亀山
楠
津
山崎
峯
神戸
高槻
槇島
有岡
尼崎
伊賀
大坂
若江
堺
河内
伊勢
高屋
大和
志摩
和泉
伊

地　図

# 関連略年表

| 年　号 | 事　項 |
|---|---|
| 永禄8年<br>(1565) | 5.19 将軍足利義輝、松永久秀らに殺害される。<br>7.- 信長、尾張・織田信清を攻め犬山城を落とす。 |
| 永禄9年<br>(1566) | 9.- 秀吉、美濃に兵を出し斎藤龍興と戦う。 |
| 永禄10年<br>(1567) | 8.15 信長、美濃・斎藤龍興を破り稲葉山城に入る。<br>11.- 信長、「天下布武」印の使用を始める。 |
| 永禄11年<br>(1568) | 9.26 信長、足利義昭を奉じて入京する。<br>10.1 足利義昭、征夷大将軍に就任する。 |
| 永禄12年<br>(1569) | 1.5 三好長慶長ら、足利義昭を本国寺に囲む。<br>10.- 信長、北畠具教を降伏させ伊勢を支配する。 |
| 元亀元年<br>(1570)<br>改元4.23 | 4.25 信長、越前の朝倉義景を攻めるが、浅井長政の離反により撤兵する。<br>6.28 姉川の戦いで信長、朝倉・浅井軍を破る。秀吉、近江・横山城を守る。<br>10.- 山城西岡に一揆が蜂起し、幕府、徳政令を発する。 |
| 元亀2年<br>(1571) | 8.18 信長、近江に出陣し横山城につく。<br>9.12 信長、延暦寺を焼き討ちする。 |
| 元亀3年<br>(1572) | 9.- 信長、義昭に異見17カ条を示す。<br>9.16 秀吉、近江・虎御前山を守る。 |
| 天正元年<br>(1573)<br>改元7.28 | 4.12 武田信玄、没する。<br>7.18 信長、山城・槇島城を攻め足利義昭を逐う。<br>8.18 信長、越前・一乗谷を攻める。8.20 朝倉義景、自刃する。<br>9.1 浅井長政、自刃する。信長、浅井旧領を秀吉に与える。 |
| 天正2年<br>(1574) | 1.- 信長、越前・一向一揆の蜂起により秀吉らを敦賀に派遣する。<br>春 秀吉、近江・長浜の築城にかかる。<br>9.- 信長、伊勢国一向一揆を降す。 |
| 天正3年<br>(1575) | 3.14 信長、公家衆・諸門跡に徳政令を発する。<br>4.14 信長、大坂の本願寺を攻撃する。<br>5.21 信長、長篠の戦いで武田勝頼を破る。<br>8.15 信長、秀吉らを率い越前の一向一揆を壊滅させる。<br>10.21 信長、本願寺と講和する。<br>11.4 信長、従三位・権大納言に叙任、7日右近衛大将を兼任する。 |
| 天正4年<br>(1576) | 2.23 信長、安土に移る。<br>7.15 信長、秀吉に中国計略を命じる。 |

| | |
|---|---|
| 天正5年<br>(1577) | 10.23 秀吉、中国攻めのため京都をたつ。<br>10.- 山中鹿介、西国行の儀につき馳走する。<br>11.28 秀吉、備前・上月城(七条城)の宇喜多直家を攻める。<br>12.5 秀吉、播磨・龍野に入る。 |
| 天正6年<br>(1578) | 2.23 秀吉、播磨・書写山に着陣。<br>3.29 秀吉、離反した播磨・三木城の別所長治を攻める。<br>3.- 秀吉、播磨・但馬の所々に禁制を与える。<br>4.19 吉川・小早川ら、尼子勝久・山中幸盛を上月城に囲む。<br>7.20 秀吉、播磨・神吉城を攻略する。<br>11.9 摂津・有岡城の荒木村重、信長に離反する。<br>11.24 摂津・茨木城の中川清秀、一旦離反するも帰服する。 |
| 天正7年<br>(1579) | 4.12 織田信忠、播磨に出兵し三木城の付城を築く。<br>5.11 信長、安土城天主に移る。<br>5.5 信長、明智光秀救援のため諸将を丹波に遣わす。<br>9.4 秀吉、備前・宇喜多直家の帰服を請い、信長の怒りを受ける。<br>9.29 荒木村重、摂津・有岡城を脱し尼崎城に移る。<br>10.30 信長、宇喜多直家の帰服を認める。 |
| 天正8年<br>(1580) | 1.17 播磨・三木城の別所長治、自刃する。秀吉、三木町条々を定める。<br>3.17 信長、大坂本願寺と講和する。<br>4.24 秀吉、羽柴秀長に但馬攻略を命じる。<br>4.- 秀吉、姫路城修築を始める。<br>6.5 秀吉、播磨・宍粟城の宇部民部を攻略する。<br>8.- 秀吉、伯耆・羽衣石城の南条元継を攻める。<br>9.21 秀吉、因幡・鳥取城を攻める。山名豊国、秀吉に帰服する。 |
| 天正9年<br>(1581) | 2.28 信長、馬揃を催す。<br>3.18 秀吉、播磨国内で知行を宛行う。<br>5.- 秀吉、因幡・播磨・但馬の所々に禁制を与える。<br>6.25 秀吉、因幡に入り鳥取城の吉川経家を攻める。<br>9.22 吉川元春、伯耆・茶臼山に着陣。<br>10.25 因幡・鳥取城の吉川経家、自害する。秀吉、城を収める。<br>10.28 吉川元春、伯耆・羽衣石城の南条元続を攻める。<br>11.18 秀吉、淡路に入り岩屋・由良城を攻め禁制を下す。 |
| 天正10年<br>(1582) | 3.1 武田勝頼、滅びる。<br>3.15 秀吉、播磨・但馬・因幡の兵を集めて備中に進軍。<br>3.21 美作・備前・備中の所々に禁制を下す。<br>4.25 秀吉、備中・冠山城を落とす。5.2 宮路山城を落とす。<br>5.7 秀吉、備中・高松城を囲み水攻めにする。<br>6.2 本能寺の変。<br>6.13 秀吉、明智光秀と山城・山崎に戦う。 |

| | |
|---|---|
| | 6.27 清須会議。<br>12.20 秀吉、岐阜城の神戸信孝を囲む。長浜城の柴田勝豊、秀吉方に降る。 |
| 天正 11 年<br>(1583) | 2.16 秀吉、兵を率いて伊勢に入り、峯・桑名城を攻める。<br>4.21 賤ヶ岳の戦いで柴田勝家を破り、加賀·金沢に至る。<br>6.5 秀吉、賤ヶ岳の褒美として宛行状を発する。<br>8.1 秀吉、諸士に宛行状を発する。瀧川一益、秀吉に降る。<br>8.17 秀吉、摂津·有馬へ湯治に向かう。<br>9.1 秀吉、大坂築城を始める。 |

豊臣秀吉文書集　一
永禄八年～天正十一年

二〇一五年（平成二十七）二月十日　第一刷発行
二〇一九年（平成三十一）四月一日　第三刷発行

編　者　名古屋市博物館

発行者　吉川道郎

発行所　株式会社　吉川弘文館
郵便番号一一三－〇〇三三
東京都文京区本郷七丁目二番八号
電話〇三－三八一三－九一五一〈代〉
振替口座〇〇一〇〇－五－二四四番
http://www.yoshikawa-k.co.jp/

印刷＝藤原印刷株式会社
製本＝誠製本株式会社


ISBN978-4-642-01421-2